中华人民共和国
公司法

实用问题版

法律出版社法律应用中心　编

本书撰稿人：谢遵振　杨雄飞

法律出版社 LAW PRESS · CHINA

北京

图书在版编目（CIP）数据

中华人民共和国公司法 ：实用问题版 / 法律出版社法律应用出版中心编. -- 北京 ：法律出版社，2024.

ISBN 978 -7 -5197 -9221 -3

Ⅰ. D922.291.91

中国国家版本馆 CIP 数据核字第 20240PJ728 号

中华人民共和国公司法:实用问题版
ZHONGHUA RENMIN GONGHEGUO GONGSIFA:
SHIYONG WENTI BAN

法律出版社法律应用出版中心　编

策划编辑 朱海波　杨雨晴
责任编辑 朱海波　杨雨晴
装帧设计 臧晓飞

出版发行 法律出版社
编辑统筹 法律应用出版分社
责任校对 似　玉
责任印制 刘晓伟
经　　销 新华书店

开本 A5
印张 12　**字数** 300 千
版本 2024 年 7 月第 1 版
印次 2024 年 7 月第 1 次印刷
印刷 北京盛通印刷股份有限公司

地址:北京市丰台区莲花池西里 7 号(100073)
网址:www. lawpress. com. cn
投稿邮箱:info@ lawpress. com. cn
举报盗版邮箱:jbwq@ lawpress. com. cn

销售电话:010 - 83938349
客服电话:010 - 83938350
咨询电话:010 - 63939796

书号:ISBN 978 -7 -5197 -9221 -3
定价:39.00 元

凡购买本社图书,如有印装错误,我社负责退换。电话:010 - 83938349

出版说明

2023年12月29日，十四届全国人大常委会第七次会议修订通过了新的《公司法》，新《公司法》自2024年7月1日起施行。《公司法》的修改与我国社会主义市场经济体制的建立和完善密切相关，对建立健全现代企业制度，促进社会主义市场经济持续健康发展，具有重要作用。同时，《公司法》也是保护公司、股东、职工和债权人的合法权益的基础性法律。为帮助读者更好地理解《公司法》中的法律概念、术语以及具体条文的适用，我们从实用、易懂、便捷的角度出发，编写了本书。

本书具有以下特点：

1. 实用的解读。对重点条文根据立法、司法、行政机关的释义、解读以及相关法律法规的规定等进行精练、准确的注解，为理解、适用《公司法》的条文规定提供实用的解读。

2. 实用的指引。结合司法实践提炼法律实用问题，并依据《公司法》及相关法律法规、司法解释、部门规章的进一步规定进行分析解答，为处理公司相关法律事务、解决公司相关法律问题提供实用的指引。

3. 实用的工具。收录企业名称申报、公司登记(备案)等实用指引，以及公司章程参考样本等实用工具，为处理公司事务性工作提供实用的参考。

4. 实用的依据。收录常用的法律法规、司法解释、部门规章等(电子版免费阅读使用，并持续更新)，并以《公司法》的体例进行划分，条理清晰、查询方便，后续电子版将根据法律法规的变化持续调整，为处理民事法律事务提供实用的依据。

带着问题学习法律，以法律解决实际问题！希望本书能够为广大读者带来切实的法律帮助。

目　录

中华人民共和国公司法

实用问题

关联法规

实用工具

中华人民共和国公司法

中华人民共和国主席令

（第十五号）

《中华人民共和国公司法》已由中华人民共和国第十四届全国人民代表大会常务委员会第七次会议于 2023 年 12 月 29 日修订通过，现予公布，自 2024 年 7 月 1 日起施行。

中华人民共和国主席　习近平

2023 年 12 月 29 日

中华人民共和国公司法

（1993 年 12 月 29 日第八届全国人民代表大会常务委员会第五次会议通过　根据 1999 年 12 月 25 日第九届全国人民代表大会常务委员会第十三次会议《关于修改〈中华人民共和国公司法〉的决定》第一次修正　根据 2004 年 8 月 28 日第十届全国人民代表大会常务委员会第十一次会议《关于修改〈中华人民共和国公司法〉的决定》第二次修正　2005 年 10 月 27 日第十届全国人民代表大会常务委员会第十八次会议第一次修订　根据 2013 年 12 月 28 日第十二届全国人民代表大会常务委员会第六次会议《关于修改〈中华人民共和国海洋环境保护法〉等七部法律的决定》第三次修正　根据 2018 年 10 月 26 日第十三届全国人民代表大会常务委员会第六次会议《关于修改〈中华人民共和国公司法〉的决定》第四次修正　2023 年 12 月 29 日第十四届全国人民代表大会常务委员会第七次会议第二次修订）

目　　录

第一章　总　　则

第一条　【立法宗旨】[1]**为了规范公司的组织和行为，保护公司、股东、职工和债权人的合法权益，完善中国特色现代企业制度，弘扬企业家精神，维护社会经济秩序，促进社会主义市场经济的发展，根据宪法，制定本法。**

条文注解

本条是关于立法宗旨的规定。

本法在本次修订前的原《公司法》立法宗旨的基础上，结合目前已经建立的中国特色社会主义法律体系的实际情况，增加了"完善中国特色现代企业制度，弘扬企业家精神"的立法目的，从而使公司法更加具有中国特色，同时也促使出资设立公司并实际经营管理公司的股东大力弘扬企业家的奉献、吃苦耐劳等中国传统文化精神。

关联法规

《宪法》第15条

第二条　【调整对象】本法所称公司，是指依照本法在中华人民共和国境内设立的有限责任公司和股份有限公司。

条文注解

本条是关于公司形式的规定。

本法所称公司包括有限责任公司和股份有限公司。有限责任公司，是指公司的股东以其认缴的出资额为限对公司承担有限责任，公司以其全部财产对公司的债务承担责任的公司；股份有限公司，是指公司的资本划分为等额股份，公司股东以其认购的股份为限对公司承担有限责任，公司以其全部财产对公司的债务承担责任的公司。根据我国的实际，我国公司不采用无限公司和两合公司等股东对公司承担无限责任的公司形式。同时，就有限责任公司而言，本次修订对原有的一人有限责任公司和国有独资公司特别规定章节进行了删除；就股份有限公司而言，本法还根据上市公司的特点，对上市公司的组织结构作了特别规定。

---

① 条文要旨为编者所加，下同。

第三条 【公司的法律地位及权益】公司是企业法人,有独立的法人财产,享有法人财产权。公司以其全部财产对公司的债务承担责任。

公司的合法权益受法律保护,不受侵犯。

条文注解

本条是关于公司独立法人地位及公司责任的规定。

公司是企业法人,具有民事权利能力和民事行为能力,依法独立享有民事权利和承担民事责任。根据我国《民法典》的规定,公司作为企业法人,应当具备以下条件:(1)依法成立;(2)有必要的财产或者经费;(3)有自己的名称、组织机构和场所;(4)能够独立承担民事责任。确立公司的独立法人地位,也就从法律上保证了公司可以独立地享有财产权及其他权利,独立地从事生产经营活动、与其他经济实体发生权利义务关系,同时要求它独立承担民事责任。

公司的股东对公司承担有限责任。当公司发生债务责任时,股东并不直接对债权人负责,而是由公司以其全部财产对公司债务承担责任。

关联法规

《宪法》第11条;《民法典》第3、57、60、76条

第四条 【股东的责任及权利】有限责任公司的股东以其认缴的出资额为限对公司承担责任;股份有限公司的股东以其认购的股份为限对公司承担责任。

公司股东对公司依法享有资产收益、参与重大决策和选择管理者等权利。

条文注解

本条是关于公司股东责任和股东权利的规定。

公司的股东对公司承担有限责任。当公司发生债务责任时,股东并不直接对债权人负责,而是由公司以其全部财产对公司债务承担责任。股东对公司的债务所承担的责任,体现为股东对公司的出资,股东须以其全部投资,也仅以该投资为限,对公司债务承担责任,也就是说,只要股东不滥用其对公司的有限责任,股东在依照有关法律和公司章程的规定履行了出资义务后,对公司行为将不再承担责任。股东对公司的有限责任是公司制度的基础,股东的有限责任受到法律的充分保护。这一制度有效地降低了投资风险,极大地鼓励了投资,促进了市场经济的发展。

股东是公司的投资者,股东依法享有对公司的各项权利。股东权利又称为股东权,是指股东基于其出资在法律上对公司所享有的权利。出资者向公司投资,其目的是取得收益,但出资后,由于其已不能再占有和直接支配该项资产,故其所享有的权利在内容上发生了变化,即由原来对财产的占有、使用、收益和处分的权利,演变成作为股东对公司享有股东权,股东权是股东与公司之间法律关系和股东法律地位的集中体现,其内容主要是资产收益、参与重大决策和选择管理者等权利。

关联法规

《民法典》第125条

第五条 【公司章程】设立公司应当依法制定公司章程。公司章程对公司、股东、董事、监事、高级管理人员具有约束力。

条文注解

本条是关于公司章程的规定。

公司章程,是由设立公司的股东制定并对公司、股东、董事、监事、高级管理人员具有约束力的调整公司内部组织关系和经营行为的自治规则。公司章程是股东之间合意的体现,属于私法自治的范畴,当然,公司章程不得违背《公司法》的强制性条款。公司章程是公司组织和活动的基本准则,也被称作"公司的宪法",依法制定公司章程是设立公司的必备条件之一。

公司章程的作用,表现在三个方面:一是公司章程是公司内部组织与行为的基本准则;二是对公司外部人员起着公示的作用;三是公司章程是政府进行管理的依据之一。

关联法规

《民法典》第79条

第六条 【公司名称】公司应当有自己的名称。公司名称应当符合国家有关规定。

公司的名称权受法律保护。

条文注解

本条是关于公司名称权的规定。

公司的设立必须有固定的名称,且公司的名称应当符合公序良俗,不得违反我国相关法律法规的规定。设立公司应当由公司的登记机关对公司名称进行审核,只有在公司名称不存在重复、合法合规的情况下才能予以注册并登记。公司名称通过公司登记机关的审核后予以正式登记，并在公司的正式营业执照上进行载明，相应的公司名称权也形成，任何有损公司声誉等的侵权行为即是对公司名称权的损害，公司作为独立的法人主体有权要求侵权者承担相应的法律责任。

关联法规

《民法典》第58、1013、1014、1017条；《市场主体登记管理条例》第10条；《企业名称登记管理规定》第4、5条；《企业名称登记管理规定实施办法》第7条第2款

第七条 【公司名称的规范要求】依照本法设立的有限责任公司，应当在公司名称中标明有限责任公司或者有限公司字样。

依照本法设立的股份有限公司，应当在公司名称中标明股份有限公司或者股份公司字样。

条文注解

本条是关于公司名称的规定。

公司名称即公司的名字，是表示公司的性质并与其他公司相互区别的标志。根据《企业名称登记管理规定》的有关要求，公司名称的构成及确定必须遵循以下要求：(1)其构成必须符合法律规定，公司名称应由行政区划、字号、行业或经营特征、组织形式依次组成。(2)公司只能使用一个名称。(3)使用的文字必须符合法律规定，不得含有禁止使用的文字。(4)公司分支机构名称应当冠以其所从属公司的名称。

公司名称的意义在于：公司名称是公司成为独立民事主体的重要标志之一，是法人人格的表现；公司名称也是法人人格特定化的标志，公司可以其名称区别于其他民事主体；公司的名称还是公司商誉的重要组成部分，是一种无形资产。

企业登记机关对通过企业名称申报系统提交完成的企业名称予以保留，保留期为2个月。设立企业依法应当报经批准或者企业经营范围中有在登记前须经批准的项目的，保留期为1年。申请人应当在保留期届满前办理企业登记。企业名称转让或者授权他人使用的，相关企业应当依法通过国家企业信用信息公示系统向社会公示。

关联法规

《市场主体登记管理条例》第10条；《企业名称登记管理规定》第4～15、18、19条；《企业名称登记管理规定实施办法》第7～20条

第八条 【公司住所】公司以其主要办事机构所在地为住所。

条文注解

本条是关于公司住所的规定。

公司住所,是指法律上所确认的公司的主要经营场所。关于公司住所的确定,大致有三种做法:一是管理中心主义,即以登记时的常设管理机关所在地为住所;二是营业中心主义,即以公司的业务执行地为住所;三是由公司章程确定。

我国以公司主要办事机构所在地为公司住所。"主要办事机构",是指执行公司业务活动、决定和处理公司事务的机构所在地。在公司的"办事机构"只有一个的情况下,即以该机构所在地为公司的住所;在公司的"办事机构"有多个并分别位于不同的地方时,则以"主要办事机构"为公司的住所。

确定公司住所的法律意义具体表现为:便于确定公司的诉讼管辖地;便于确定债务履行地和承担其他民事责任的履行地;便于确定法律文书的送达地点;便于确定公司登记机关和税管机关,加强政府机关对企业的监管;在涉外经济纠纷的解决中,是解决法律冲突的主要依据之一。

关联法规

《民法典》第63条;《市场主体登记管理条例》第11、27、30条

第九条　【公司经营范围】公司的经营范围由公司章程规定。公司可以修改公司章程,变更经营范围。

公司的经营范围中属于法律、行政法规规定须经批准的项目,应当依法经过批准。

条文注解

本条是关于公司的经营范围的规定。

公司经营范围,是指公司章程中载明的公司登记管理机关核准的从事营利性活动的行业范围。它反映企业法人业务活动的内容和生产经营方向,是企业法人业务活动范围的法律界限,体现企业法人民事权利能力和行为能力的核心内容。任何公司在设立时,都必须在其章程中载明其经营范围,并须经工商行政管理机关核准登记。

公司申请登记的经营范围中属于法律、行政法规或者国务院决定规定在登记前须经批准的项目的,应当在申请登记前报经国家有关部门批准,并向公司登记机关提交有关批准文件。

关联法规

《民法典》第505条;《市场主体登记管理条例》第14条;《市场主体登记管理条例实施细则》第12条

第十条 【公司法定代表人】公司的法定代表人按照公司章程的规定，由代表公司执行公司事务的董事或者经理担任。

担任法定代表人的董事或者经理辞任的，视为同时辞去法定代表人。

法定代表人辞任的，公司应当在法定代表人辞任之日起三十日内确定新的法定代表人。

条文注解

本条是关于公司法定代表人的规定。

法定代表人，是指依照法律或者法人组织章程规定，代表法人行使职权的负责人。公司法定代表人对外代表公司，他以公司名义对外实施的行为就是公司的行为，该行为的法律后果直接由公司承担。

公司法定代表人并不限于由董事长担任，代表公司执行公司事务的董事和经理均可以成为公司的法定代表人。公司可以根据其实际情况的需要，通过章程的安排，选择代表公司执行公司事务的董事或经理担任公司的法定代表人。

关联法规

《民法典》第 61 条第 1 款、第 81 条第 3 款

第十一条 【法定代表人的行为后果】法定代表人以公司名义从事的民事活动，其法律后果由公司承受。

公司章程或者股东会对法定代表人职权的限制，不得对抗善意相对人。

法定代表人因执行职务造成他人损害的，由公司承担民事责任。公司承担民事责任后，依照法律或者公司章程的规定，可以向有过错的法定代表人追偿。

条文注解

本条是关于公司法定代表人行为后果的规定。

法定代表人作为公司的授权代表人，在执行公司事务的过程中完全可以代表公司，因此，法定代表人在为公司事务进行商务谈判、签订重大合同等过程中是代表公司的名义进行的法律行为，相应的法律后果应当由公司承担。法定代表人是由股东通过公司章程决议产生的，在司法实务中，虽然法定代表人的行为并不一定是公司股

东的真实意思表示，且公司章程或股东会也对法定代表人的权利进行了限制，但在对外民事活动中，对善意的第三方来说不能因其公司章程或股东会约定的权利受到限制而不认可其与善意第三人之间的法律行为。与此同时，如果法定代表人在执行职务的过程中造成了第三人损害，则对外应当由公司承担法律责任。对内，则由公司根据法定代表人是否存在过错，依照法律或公司章程的规定进行追责。

关联法规

《民法典》第61条第2、3款，第62条

第十二条　【公司形式变更及债务债权继承】有限责任公司变更为股份有限公司，应当符合本法规定的股份有限公司的条件。股份有限公司变更为有限责任公司，应当符合本法规定的有限责任公司的条件。

有限责任公司变更为股份有限公司的，或者股份有限公司变更为有限责任公司的，公司变更前的债权、债务由变更后的公司承继。

条文注解

本条是关于公司形式变更的规定。

公司形式变更又称公司的组织变更，是指将某一种类公司变更为其他种类公司的法律行为。公司形式变更是公司法的一项重要制度。各国公司法大多对此有所规范，各国公司法通常只认可性质（股东对外承担责任）相近的公司间的变更，不允许性质完全不同的公司间的变更。公司形式变更的决议是全体股东意思自治的表示，然而为保护市场经济安全，法律要求变更具备一定的条件并按照严格的法定程序进行。

变更前的公司与变更后的公司系同一主体，其独立的法人资格没有发生变化，只是在公司类型上发生变化，那么变更后的公司是变更前的公司的债权债务继受人，因此债权债务应当由变更后的公司承继。如果公司变更涉及公司注册资本的减少，则公司应当通知和公告债权人，在对债务提前偿还或者取得债权人同意的情况下减少注册资本。

第十三条　【子公司与分公司】公司可以设立子公司。子公司具有法人资格，依法独立承担民事责任。

公司可以设立分公司。分公司不具有法人资格，其民事责任由公司承担。

条文注解

本条是关于子公司、分公司的规定。

公司根据生产经营的需要,可以设立子公司。子公司是相对于母公司而言的,它是独立于向它投资的母公司而存在的主体。子公司具有以下特征:其一定比例以上的股份被另一公司持有或通过协议方式受到另一公司的实际控制,对子公司有控制权的公司是母公司;子公司是独立的法人,在法律上,它具有独立法人资格,可以自己的名义进行各类民事活动,独立承担公司行为所带来的一切后果和责任。

公司根据生产经营的需要,可以设立分公司。分公司是相对于总公司而言的,它是总公司的组成部分。分公司无论是在经济上还是在法律上,都不具有独立性。分公司的非独立性主要表现在以下方面:分公司不具有法人资格,不能独立享有权利、承担责任,其一切行为的后果及责任由总公司承担;分公司没有独立的公司名称及章程;分公司在人事、经营上没有自主权;分公司没有独立的财产。

关联法规

《民法典》第74条第1款;《市场主体登记管理条例》第23、32条

第十四条 【公司的转投资及其限制】公司可以向其他企业投资。

法律规定公司不得成为对所投资企业的债务承担连带责任的出资人的,从其规定。

条文注解

本条是关于公司对外投资责任限制的规定。

公司可以向其他企业投资。这是因为公司是法人,享有自主经营的权利,能够自行承担责任。运用自己的财产进行投资是公司发展的正常要求,法律是允许的。按照这一规定,公司不仅可以向其他有限责任公司或者股份有限公司投资,也可以向公司以外的其他企业投资。一般来说,公司对外投资只能承担有限责任;除法律另有规定外,不得成为对所投资企业的债务承担无限连带责任的出资人。这样规定主要是考虑到公司对外投资有营利的机会,同时也有风险:对外投资失败,如果允许投资的公司承担无限责任,就有可能直接导致公司的破产或利益受到重大损失,进而损害公司股东和债权人的利益,直接危害社会经济秩序的稳定。

关联法规

《合伙企业法》第3条;《最高人民法院关于适用〈中华人民共和国公司法〉时间效力的若干规定》第2条第1项

第十五条　【公司转投资及对外担保的程序规定】公司向其他企业投资或者为他人提供担保,按照公司章程的规定,由董事会或者股东会决议;公司章程对投资或者担保的总额及单项投资或者担保的数额有限额规定的,不得超过规定的限额。

公司为公司股东或者实际控制人提供担保的,应当经股东会决议。

前款规定的股东或者受前款规定的实际控制人支配的股东,不得参加前款规定事项的表决。该项表决由出席会议的其他股东所持表决权的过半数通过。

条文注解

本条是关于公司对外投资及提供担保应遵守的程序规定。

公司对外投资和为他人提供担保,是公司的重大经营行为和民事活动,有较大的风险;如果决策不当,将会给公司、股东和债权人造成损失。对这类行为,应当由公司机关作出决议,公司应当充分考虑其风险,进行合理判断,作出决策。

公司向其他企业投资或者为他人提供担保,一般原则是:公司章程可以根据实际经营的需要,将对外投资和为他人担保的决策权授予股东会或者董事会。对外投资和为他人担保的数额较大的,可以授权由股东会作出决议;数额不大的,为了保持公司经营的灵活性,可以授权董事会作出决议。当然,公司也可以将对外投资和为他人担保的决策权全部授予董事会,但应当在公司章程中明确规定。其特别规定是公司为公司股东或者实际控制人提供担保的,必须经股东会决议。

为了保证交易安全,公司章程可以对投资或者担保的总额及每一项投资或者担保的数额作出限制性规定;公司章程有这类规定的,公司机关在作出决议或在具体进行此类活动时,不得超过规定的限额。

公司为公司股东或者实际控制人提供担保,当股东会作出决议时,该股东及实际控制人支配的股东应当回避,不得参加表决。这样规定主要是为了维护决议的公正性,避免表决事项所涉及的股东,特别是控股股东滥用资本多数决的原则,以公司决议的方式谋求与公司利益不符的股东或实际控制人自己的利益,损害公司和其他股东的利益。

第十六条　【职工权益保护】公司应当保护职工的合法权益,依法与职工签订劳动合同,参加社会保险,加强劳动保护,实现安全生产。

公司应当采用多种形式,加强公司职工的职业教育和岗位培训,提高职工素质。

条文注解

本条是关于职工权益保护与职业教育的规定。

公司职工是直接从事生产经营的劳动者，公司在生产经营过程中，有义务保护职工的合法权益。保护职工的合法权益，主要体现在：(1)依法与职工签订劳动合同。公司应当本着平等自愿、协商一致的原则，与职工签订劳动合同，确立劳动关系、明确双方的权利和义务，充分尊重和保障职工的劳动权益。劳动合同应为书面形式。(2)依法为职工办理社会保险。用人单位和劳动者必须依法参加社会保险，缴纳社会保险费，依法为职工办理社会保险，缴纳保险费是公司的一项法定义务。(3)加强劳动保护，实现安全生产。公司在组织生产经营过程中，必须采取各项保护措施，对劳动者进行保护，为劳动者提供安全、卫生的劳动条件，并不断加以改善，要消除和预防生产经营过程中可能发生的伤亡、职业病和其他伤害劳动者的事故，保障劳动者能以健康的体力参加生产经营活动。

公司职工素质对公司的发展具有重要影响。随着公司的发展，对公司职工素质的要求也越来越高。公司必须加强职工的职业教育和岗位培训，才能适应公司发展对职工素质的要求。将加强职业教育和岗位培训作为公司的一项法定义务，有利于促使公司积极采取措施，提高职工素质，提高劳动生产率和工作效率。

关联法规

《劳动法》第二章；《劳动合同法》

第十七条 【公司的工会及民主管理】公司职工依照《中华人民共和国工会法》组织工会，开展工会活动，维护职工合法权益。公司应当为本公司工会提供必要的活动条件。公司工会代表职工就职工的劳动报酬、工作时间、休息休假、劳动安全卫生和保险福利等事项依法与公司签订集体合同。

公司依照宪法和有关法律的规定，建立健全以职工代表大会为基本形式的民主管理制度，通过职工代表大会或者其他形式，实行民主管理。

公司研究决定改制、解散、申请破产以及经营方面的重大问题、制定重要的规章制度时，应当听取公司工会的意见，并通过职工代表大会或者其他形式听取职工的意见和建议。

条文注解

本条是关于公司职工依法组织工会和参与民主管理的规定。

公司职工有权依照《工会法》的规定组织工会,开展工会活动,为此,公司应当提供必要的条件,支持工会工作。维护职工的合法权益是工会的基本职责,其中一个重要的体现是工会代表职工与企业进行平等协商,签订集体合同。集体合同所涉及的事项应包括职工的劳动报酬、工作时间、福利、保险和劳动安全卫生等涉及职工切身利益的事项。根据《工会法》的规定,公司违反集体合同,侵犯职工劳动权益的,工会可以依法要求企业承担责任;因履行集体合同发生争议的工会可以向劳动争议仲裁机构提请仲裁,对仲裁裁决不服的,可以向人民法院提起诉讼。公司应当依法实行民主管理。公司职工依法参与公司的管理,既有利于充分调动职工的积极性,也有利于促进公司的健康发展,符合现代公司制度发展的潮流。公司职工参与民主管理应当通过职代会和其他民主形式进行,并应主要对经营决策中涉及职工切身利益的问题发表意见。公司在就经营目标、投资计划、利润分配、合并分立、兼并破产等问题作出重大决策以及制定包括公司的奖励制度、工作纪律等方面的重要的规章制度时应当听取公司工会和职工的意见。

关联法规

《宪法》第 42 条第 1 款、第 43 条第 1 款;《劳动法》第 7、8 条;《劳动合同法》第 4 条第 2 款;《工会法》第 2、6 条

第十八条　【公司中的中国共产党组织】在公司中,根据中国共产党章程的规定,设立中国共产党的组织,开展党的活动。公司应当为党组织的活动提供必要条件。

条文注解

本条是关于公司中的中国共产党组织的规定。

我国《宪法》明确规定了中国共产党在我国政治生活和经济建设中的领导地位。为了更好地发挥党的基层组织和党员在公司发展、经济建设中的作用,《公司法》依据《宪法》规定的原则,对公司中党的基层组织活动作了进一步具体的规定。

这一规定包括两层含义:(1)在公司中设立党的组织,开展党的活动,应当遵守《中国共产党章程》的规定。按照《中国共产党章程》的规定,公司中如果有正式党员三人以上的,应当成立党的基层组织,党的基层组织应当按照党章的规定开展活动。(2)公司要为公司中党组织开展活动提供支持,如提供必需的活动场所等。但是,党组织不属于公司的组织机构,不涉及公司的生产运行和经营决策,也不得干预公司的经营自由。

关联法规

《最高人民法院关于强制执行中不应将企业党组织的党费作为企业财产予以冻结或划拨的通知》(法〔2005〕209号)

第十九条 【公司经营活动的基本原则】公司从事经营活动,应当遵守法律法规,遵守社会公德、商业道德,诚实守信,接受政府和社会公众的监督。

条文注解

本条是关于公司经营活动应该遵守的基本原则的规定。

公司作为民事主体,其合法权益受法律保护,同时应遵守一定的行为准则:一是遵守法律法规,合法经营,这是公司最基本、最重要的义务。二是遵守社会公德、商业道德,这也是公司从事生产经营活动的一个重要要求。三是必须诚实守信,诚信是民事主体从事民事活动的基本原则,也是公司应当遵循的原则。四是经营活动要接受政府和社会公众的监督。监督可以促使公司的经营活动更加规范化,更好地维护国家利益、社会公共利益以及公司自身的合法权益。

关联法规

《民法典》第7、8、86条

第二十条 【公司社会责任】公司从事经营活动,应当充分考虑公司职工、消费者等利益相关者的利益以及生态环境保护等社会公共利益,承担社会责任。

国家鼓励公司参与社会公益活动,公布社会责任报告。

条文注解

本条是关于公司社会责任的规定。

公司作为社会主义市场经济的参与主体之一,除自身具有盈利的本质特征外,还应当在经营管理过程中充分考虑职工、消费者等利益相关者的利益以及生态环境等社会公共利益,承担应有的社会责任。对于公司的社会责任,国家也是予以鼓励的,同时鼓励公司积极参与社会公益活动,并且公布社会责任报告。

关联法规

《民法典》第86条

第二十一条 【股东滥用权利的责任】公司股东应当遵守法律、行政法规和公司章程,依法行使股东权利,不得滥用股东权利损害公司或者其他股东的利益。

公司股东滥用股东权利给公司或者其他股东造成损失的,应当承担赔偿责任。

条文注解

本条是关于禁止公司股东权利滥用的规定。

股东权利滥用包括三种:滥用股东权利、滥用公司独立法人地位和滥用股东有限责任。滥用的损害对象有三种:其他股东、公司和债权人。滥用的后果包括给公司造成损失、给其他股东造成损失、严重损害债权人利益。滥用的责任分两类:一是滥用股东权利给其他股东或者公司造成损害的,只承担一般的赔偿责任;二是滥用公司法人独立地位和股东有限责任,逃避债务,严重损害债权人利益的,应当对公司债务承担连带责任。

关联法规

《民法典》第83条第1款、第132条

第二十二条 【禁止关联行为】公司的控股股东、实际控制人、董事、监事、高级管理人员不得利用关联关系损害公司利益。

违反前款规定,给公司造成损失的,应当承担赔偿责任。

条文注解

本条是关于禁止公司关联行为的规定。

关联关系是指公司控股股东、实际控制人、董事、监事、高级管理人员与其直接或者间接控制的企业之间的关系,以及可能导致公司利益转移的其他关系。但是,国家控股的企业之间不仅因为同受国家控股而具有关联关系。因利用关联关系给公司造成损失,必须对公司给予赔偿。

关联法规

《民法典》第84条

第二十三条 【公司法人人格否认】公司股东滥用公司法人独立地位和股东有限责任，逃避债务，严重损害公司债权人利益的，应当对公司债务承担连带责任。

股东利用其控制的两个以上公司实施前款规定行为的，各公司应当对任一公司的债务承担连带责任。

只有一个股东的公司，股东不能证明公司财产独立于股东自己的财产的，应当对公司债务承担连带责任。

条文注解

本条是关于公司法人人格否认制度的规定。

公司法人人格否认，也称为揭开公司面纱，即在承认公司具有法人人格的前提下，对特定法律关系中的公司独立人格和股东有限责任予以否定，直接追索公司背后成员的责任，以规制滥用公司法人人格和股东有限责任的行为。这一制度对于完善股东与债权人的利益平衡机制是非常必要和有效的，可以保护债权人的利益，完善公司法人制度，并能促进公司治理结构的科学化。

关联法规

《民法典》第83条第2款

第二十四条 【采用电子通信方式召开会议和表决】公司股东会、董事会、监事会召开会议和表决可以采用电子通信方式，公司章程另有规定的除外。

条文注解

本条是关于公司决议方式的规定。系本次修订新增条文。

司法实务中，公司股东会、董事会和监事会的召集一般采用EMS邮寄方式通知股东、董事、监事和其他高级管理人员，但随着电子信息化程度的提高以及电子化交易的日益频繁，采取邮件、微信和QQ等方式书面通知股东、董事、监事和其他高级管理人员的形式逐渐普及，也极大方便了股东会、董事会和监事会参与人员，但如果公司的公司章程中有特殊约定通知方式的，还应当以公司章程中特别约定的通知方式为准。

第二十五条　【无效决议及其法律后果】公司股东会、董事会的决议内容违反法律、行政法规的无效。

条文注解

本条是关于公司股东会、董事会决议无效的规定。

公司股东会、董事会决议只有在内容违反法律、行政法规的情形下，方为无效。至于决议内容违反公司章程或者决议存在程序瑕疵的，甚至未依法或依章程作出决议的，则可能导致决议的撤销或不成立。

关联法规

《最高人民法院关于适用〈中华人民共和国公司法〉若干问题的规定（一）》第3条；《最高人民法院关于适用〈中华人民共和国公司法〉若干问题的规定（四）》第1、3、6条

第二十六条　【决议被撤销及撤销权的行使】公司股东会、董事会的会议召集程序、表决方式违反法律、行政法规或者公司章程，或者决议内容违反公司章程的，股东自决议作出之日起六十日内，可以请求人民法院撤销。但是，股东会、董事会的会议召集程序或者表决方式仅有轻微瑕疵，对决议未产生实质影响的除外。

未被通知参加股东会会议的股东自知道或者应当知道股东会决议作出之日起六十日内，可以请求人民法院撤销；自决议作出之日起一年内没有行使撤销权的，撤销权消灭。

条文注解

本条是关于公司股东会、董事会决议可撤销的规定。

本次修订的变化主要有三：一是增加了轻微瑕疵不影响决议效力的规定；二是规定了未被通知参加股东会会议的股东可依法请求撤销决议以及股东撤销权的除斥期间；三是删除了2018年《公司法》关于“人民法院可以应公司的请求，要求股东提供相应担保”的规定。相较于决议无效的情形，决议可撤销事由主要是违反程序性规则或者公司章程，对于公司法律关系各方主体的实质影响相对较小。

关联法规

《民法典》第85条；《最高人民法院关于适用〈中华人民共和国公司法〉若干问题的规定（四）》第2～4、6条；《最高人民法院关于适用〈中华人民共和国公司法〉时间效力的若干规定》第1条第2款第1项

第二十七条　【决议不成立的情形】有下列情形之一的，公司股东会、董事会的决议不成立：

（一）未召开股东会、董事会会议作出决议；

（二）股东会、董事会会议未对决议事项进行表决；

（三）出席会议的人数或者所持表决权数未达到本法或者公司章程规定的人数或者所持表决权数；

（四）同意决议事项的人数或者所持表决权数未达到本法或者公司章程规定的人数或者所持表决权数。

条文注解

本条是关于公司股东会、董事会决议不成立的规定，系本次修订的新增条文。

本条规定的不成立情形，依次是：未开会、未表决、未达到形成决议所需的人数或者表决权数，都从根本上导致了股东会、董事会决议根本就不能成立，比第26条决议可撤销的情形更加严重。

关联法规

《最高人民法院关于适用〈中华人民共和国公司法〉若干问题的规定（四）》第1、3、5条

第二十八条　【决议无效、撤销或确认不成立的法律后果】公司股东会、董事会决议被人民法院宣告无效、撤销或者确认不成立的，公司应当向公司登记机关申请撤销根据该决议已办理的登记。

股东会、董事会决议被人民法院宣告无效、撤销或者确认不成立的，公司根据该决议与善意相对人形成的民事法律关系不受影响。

条文注解

本条是关于公司决议的无效、被撤销或确认不成立的法律后果规定。

公司决议的无效、被撤销或确认不成立,表明公司决议的意思表示存在瑕疵,包括内容上的瑕疵与程序上的瑕疵。根据《最高人民法院关于适用〈中华人民共和国公司法〉若干问题的规定(四)》第1条的规定,公司股东、董事、监事等请求确认股东会或者股东大会、董事会决议无效或者不成立的,人民法院应当依法予以受理。

此外,根据《最高人民法院关于适用〈中华人民共和国公司法〉若干问题的规定(四)》第3条的规定,原告请求确认股东会或者股东大会、董事会决议不成立、无效或者撤销决议的案件,应当列公司为被告。对决议涉及的其他利害关系人,可以依法列为第三人。一审法庭辩论终结前,其他有原告资格的人以相同的诉讼请求申请参加前款规定诉讼的,可以列为共同原告。

关联法规

《最高人民法院关于适用〈中华人民共和国公司法〉若干问题的规定(四)》第1、3、6条;《最高人民法院关于适用〈中华人民共和国公司法〉时间效力的若干规定》第1条第2款第3项

第二章 公司登记

第二十九条 【公司设立登记】设立公司，应当依法向公司登记机关申请设立登记。

法律、行政法规规定设立公司必须报经批准的，应当在公司登记前依法办理批准手续。

条文注解

本条是关于公司设立必须符合法定条件并依法登记的规定。

公司设立是公司取得法人资格的法律行为，必须符合法定条件，按照法定的程序进行。我国对于公司设立采取的是以准则主义为原则，以核准主义为例外的立法方式，即具备了公司法规定的设立条件，即可设立公司，无须经过审批；对法律、行政法规规定设立公司必须报经审批的，在公司登记前应当依法办理审批手续。

设立公司，股东或发起人必须到公司登记机关办理登记手续。公司登记机关应当审查所申请设立的公司是否符合公司法规定的设立条件：对符合规定的，应予登记；不符合规定的，不得登记。公司登记的作用之一是向全社会公示所登记公司的基本情况，注重信誉的公司会如实地填写登记事项，公司的债权人、交易人可以从公司登记机关非常方便地了解到公司的有关情况。另外，公众有权向公司登记机关申请查询公司登记事项，公司登记机关应当允许查询并提供相应的服务，这样有助于增强公司信息的透明度、维护交易安全，有利于建立公司的良好信誉、维护市场经济秩序。

关联法规

《民法典》第58、77条；《市场主体登记管理条例》第3条；《市场主体登记管理条例实施细则》

第三十条 【申请设立公司的文件】申请设立公司，应当提交设立登记申请书、公司章程等文件，提交的相关材料应当真实、合法和有效。

申请材料不齐全或者不符合法定形式的，公司登记机关应当一次性告知需要补正的材料。

条文注解

本条是关于申请公司设立提交材料的规定。

申请办理市场主体登记,应当提交下列材料:(1)申请书;(2)申请人资格文件、自然人身份证明;(3)住所或者主要经营场所相关文件;(4)公司、非公司企业法人、农民专业合作社(联合社)章程或者合伙企业合伙协议;(5)法律、行政法规和国务院市场监督管理部门规定提交的其他材料。国务院市场监督管理部门应当根据市场主体类型分别制定登记材料清单和文书格式样本,通过政府网站、登记机关服务窗口等向社会公开。登记机关能够通过政务信息共享平台获取的市场主体登记相关信息,不得要求申请人重复提供。

关联法规

《市场主体登记管理条例》第16、17、19条

第三十一条 【公司设立的准则主义】申请设立公司,符合本法规定的设立条件的,由公司登记机关分别登记为有限责任公司或者股份有限公司;不符合本法规定的设立条件的,不得登记为有限责任公司或者股份有限公司。

条文注解

本条是关于公司设立准则主义的规定。

我国对一般公司设立采取的是准则主义原则,公司登记机关只是对申请人提交的有关申请材料和证明文件是否齐全进行形式审查,看是否符合有关登记管理法律法规的规定,凡符合法定条件的,不必经国家主管机关批准,一经登记即可设立公司并取得法人资格。在形式审查下,登记机关仅审查申请材料的完整性、相互之间的一致性和是否符合法定形式,以决定是否准予登记,不需要考虑其他信息。采取形式审查标准,登记行为的效率高、结果可预期性强。

关联法规

《市场主体登记管理条例》第19条第1款、第20条

第三十二条 【公司登记事项及公示】公司登记事项包括:

(一)名称;

(二)住所;

(三)注册资本;

（四）经营范围；

（五）法定代表人的姓名；

（六）有限责任公司股东、股份有限公司发起人的姓名或者名称。

公司登记机关应当将前款规定的公司登记事项通过国家企业信用信息公示系统向社会公示。

条文注解

本条是关于申请公司登记事项及其公示的规定，系本次修订新增条文。

值得注意的是，本条规定了6项公司法定的登记事项，前5项对于有限责任公司与股份有限公司都是相同的，就第6项内容而言，有限责任公司的全体股东均属于公司登记的法定事项，就股份有限公司而言，除发起人外的其他股东，不属于登记的法定事项。本条第2款将2018年《公司法》“公众可以向公司登记机关申请查询公司登记事项，公司登记机关应当提供查询服务”的申请查询，修改为“公司登记机关应当将前款规定的公司登记事项通过国家企业信用信息公示系统向社会公示”的主动公示，有利于增强公司登记事项公示的及时性与透明度。

关联法规

《民法典》第66条；《市场主体登记管理条例》第8、35条；《市场主体登记管理条例实施细则》第6条

第三十三条　【公司营业执照】依法设立的公司，由公司登记机关发给公司营业执照。公司营业执照签发日期为公司成立日期。

公司营业执照应当载明公司的名称、住所、注册资本、经营范围、法定代表人姓名等事项。

公司登记机关可以发给电子营业执照。电子营业执照与纸质营业执照具有同等法律效力。

条文注解

本条是关于公司营业执照的规定。

公司登记机关核发的公司营业执照是确定公司成立的法律文件，公司凭公司登记机关核发的《企业法人营业执照》刻制印章，开立银行账户，申请纳税登记。《企业法人营业执照》《营业执照》分为正本和副本，正本和副本具有同等的法律效力。国家推行电子营业执照，电子营业执照与纸质营业执照具有同等的法律效力。《企业法人营业执照》正本或者《营业执照》正本应当置于公司住所或者分公司营业场所的醒目

位置。公司可以根据业务需要向公司登记机关申请核发营业执照副本若干。

公司营业执照应当载明的事项包括公司的名称、住所、注册资本、经营范围、法定代表人姓名等，注意“实收资本”不再作为应载明事项。

关联法规

《民法典》第78条；《市场主体登记管理条例》第21、22、36、37条；《市场主体登记管理条例实施细则》第23条第1款、第64条

第三十四条　【公司登记事项的变更及效力】公司登记事项发生变更的，应当依法办理变更登记。

公司登记事项未经登记或者未经变更登记，不得对抗善意相对人。

条文注解

本条是关于公司登记效力的规定，系在2018年《公司法》关于有限责任公司登记效力相关规定基础上进行补充完善的新增条文。

本条将2018年《公司法》规定的“第三人”明确为“善意相对人”，即对公司未登记事项或未变更登记事项不知情且不应知情者，才受到本条的保护。

关联法规

《民法典》第64、65条；《市场主体登记管理条例》第24条

第三十五条　【变更登记申请文件】公司申请变更登记，应当向公司登记机关提交公司法定代表人签署的变更登记申请书、依法作出的变更决议或者决定等文件。

公司变更登记事项涉及修改公司章程的，应当提交修改后的公司章程。

公司变更法定代表人的，变更登记申请书由变更后的法定代表人签署。

条文注解

本条是关于公司变更登记程序的规定，系本次修订新增条文。

本条第3款是关于变更法定代表人时签署申请书主体的特别规定。由于2018年《公司法》第13条仅规定“公司法定代表人变更，应当办理变更登记”，对于由变更前

还是变更后的法定代表人签署变更申请书没有作出明确规定，此前的行政法规亦未作出明确要求，以往的实践往往要求由变更前的法定代表人签署。对于公司内部产生矛盾的情形，变更前的法定代表人可能不会配合办理法定代理人的变更，因而导致僵局。此次《公司法》修订对此予以明确，有助于解决实践中的此类问题。对于如何确定变更后的法定代表人是真实产生的，应当依据公司章程关于法定代表人的产生办法以及有关法律的规定予以判断。

关联法规

《市场主体登记管理条例实施细则》第31～33条

第三十六条　【营业执照记载事项变更后的换发】公司营业执照记载的事项发生变更的，公司办理变更登记后，由公司登记机关换发营业执照。

关联法规

《市场主体登记管理条例》第28条

第三十七条　【注销登记】公司因解散、被宣告破产或者其他法定事由需要终止的，应当依法向公司登记机关申请注销登记，由公司登记机关公告公司终止。

条文注解

本条是关于公司注销登记的规定，系本次修订新增条文。

通过对注销登记进行明文规定，确保公司登记与公司实际情况相一致，保证公司登记的公示效力。

关联法规

《民法典》第6条；《市场主体登记管理条例》第31条

第三十八条　【分公司的设立】公司设立分公司，应当向公司登记机关申请登记，领取营业执照。

关联法规

《民法典》第74条第1款;《市场主体登记管理条例》第23条

第三十九条　【撤销登记】虚报注册资本、提交虚假材料或者采取其他欺诈手段隐瞒重要事实取得公司设立登记的,公司登记机关应当依照法律、行政法规的规定予以撤销。

条文注解

本条是关于公司设立登记撤销的规定,是关于欺诈取得公司设立登记法律后果的规定。

删除了2018年《公司法》"情节严重的"条件,增加"应当依照法律、行政法规"后单列条文。撤销公司设立登记从根本上否认了公司的民事主体资格的合法性,被撤销设立登记的公司的民事主体资格归于消灭,需要严格依法定程序进行,因此本条规定由公司登记机关依照法律行政法规的规定撤销设立登记。需要注意的是,本条规定的撤销登记仅适用于公司设立登记,对于存在本条规定情形的,除依照本条规定需要撤销设立登记外,还需要依照本法第250条的规定承担相应的法律责任。

关联法规

《市场主体登记管理条例》第40、41、42条;《市场主体登记管理条例实施细则》第50、52条,第53条第1款,第54条;《刑法》第158条

第四十条　【企业信用信息公示】公司应当按照规定通过国家企业信用信息公示系统公示下列事项:

(一)有限责任公司股东认缴和实缴的出资额、出资方式和出资日期,股份有限公司发起人认购的股份数;

(二)有限责任公司股东、股份有限公司发起人的股权、股份变更信息;

(三)行政许可取得、变更、注销等信息;

(四)法律、行政法规规定的其他信息。

公司应当确保前款公示信息真实、准确、完整。

条文注解

本条是关于公司信息公示的规定，系本次《公司法》修订新增内容。

公司信息公示事项属于公司需要向社会提供的信息。与登记事项相比，企业信息公示事项由公司自行披露，对社会公众特别是公司的交易相对人和潜在投资人了解公司资本、经营许可和存续情况起到重要作用，企业信息公示需要通过国家企业信用信息公示系统进行。

关联法规

《企业信息公示暂行条例》第10、11条；《国务院关于实施〈中华人民共和国公司法〉注册资本登记管理制度的规定》第4条

第四十一条 【优化公司登记流程】公司登记机关应当优化公司登记办理流程，提高公司登记效率，加强信息化建设，推行网上办理等便捷方式，提升公司登记便利化水平。

国务院市场监督管理部门根据本法和有关法律、行政法规的规定，制定公司登记注册的具体办法。

条文注解

本条是优化公司登记流程的规定，系本次《公司法》修订新增内容。

本次《公司法》修订借鉴实践总结的经验成果，通过法律形式予以吸收并制度化，有助于进一步优化营商环境，促进社会主义市场经济发展。公司登记效率是对登记机关工作时限的要求，公司登记机关应当根据实际情况：能实现当场办结的，应当让申请人立等可取；能一次办结的，不能让申请人多次折返；无法实现当场办结与一次办结的，应当依照《市场主体登记管理条例》规定的时限办结。推行网上办理等便捷方式，提升公司登记便利化水平，是对登记机关提供便利化服务举措的要求，根据《市场主体登记管理条例》的规定，公司登记机关可以推行集中办理、就近办理、网上办理、异地可办等方式开展登记服务工作，让申请人申请公司登记不受住所地和登记地限制。

关联法规

《市场主体登记管理条例》第4、6、16条；《市场主体登记管理条例实施细则》第3条；《国务院关于实施〈中华人民共和国公司法〉注册资本登记管理制度的规定》第10、11条

第三章　有限责任公司的设立和组织机构

第一节　设　　立

第四十二条　【有限责任公司的股东人数限制】有限责任公司由一个以上五十个以下股东出资设立。

条文注解

本条是关于有限责任公司设立条件的规定。

公司设立只是公司成立的前提条件,公司虽经设立,但未取得登记主管机关颁发的《企业法人营业执照》,其就并未成立,不能成为权利义务主体,不是独立的法律主体,其内部关系和外部关系,如果没有法律特别规定,类推适用有关合伙的规定,其所负债务,由各股东(发起人)依《民法典》有关合伙的规定承担。未成立的公司不得以公司名义开展经营业务或从事其他法律行为。

我国对有限责任公司股东人数的上限作了严格限制,即不超过50人。股东人数的限制,既包括参与公司设立的发起人(原始股东),也包括公司设立后由于新增出资、转让出资、公司合并等原因新增的股东。股东既可以是自然人,也可以是法人或其他组织。

第四十三条　【有限责任公司设立协议】有限责任公司设立时的股东可以签订设立协议,明确各自在公司设立过程中的权利和义务。

条文注解

本条是关于有限责任公司设立时的股东可以签订设立协议的规定。

有限责任公司同股份有限公司一样,都需要有人负责公司筹备事务,如制定公司章程,租用、购买办公场地、设备,申请设立登记等。有限责任公司由设立时的股东充当发起人。考虑到有限责任公司治理的灵活性,不同于股份有限公司强制要求签订设立协议的规定,对有限责任公司不强制要求签订设立协议,而是鼓励签订设立协议。该协议的目的是确定设立时的股东之间的有关设立公司过程中的权利和义务,以避免日后产生纠纷。

第四十四条 【有限责任公司设立后的法律后果】有限责任公司设立时的股东为设立公司从事的民事活动，其法律后果由公司承受。

公司未成立的，其法律后果由公司设立时的股东承受；设立时的股东为二人以上的，享有连带债权，承担连带债务。

设立时的股东为设立公司以自己的名义从事民事活动产生的民事责任，第三人有权选择请求公司或者公司设立时的股东承担。

设立时的股东因履行公司设立职责造成他人损害的，公司或者无过错的股东承担赔偿责任后，可以向有过错的股东追偿。

条文注解

本条为有限责任公司设立后的责任承担法律后果。

本条为2023年《公司法》参考《民法典》第75条的规定及公司法的实践新增加的规定。公司设立的结果有两个：一是设立成功；二是设立失败。公司设立成功的，根据本条第1款的规定其法律后果由公司承担，但需要注意的是，必须是为设立公司所从事的民事活动，如果是与公司无关的个人行为则公司不承担相应的责任。公司设立失败的，此时设立时的股东之间构成合伙关系，设立中产生的债权债务关系及相关费用的承担，由设立时的股东承担连带责任。

关联法规

《民法典》第75条；《最高人民法院关于适用〈中华人民共和国公司法〉若干问题的规定（三）》第2～5条

第四十五条 【有限责任公司章程制定】设立有限责任公司，应当由股东共同制定公司章程。

第四十六条 【有限责任公司章程的法定事项】有限责任公司章程应当载明下列事项：

（一）公司名称和住所；

（二）公司经营范围；

（三）公司注册资本；

（四）股东的姓名或者名称；

(五)股东的出资额、出资方式和出资日期;
(六)公司的机构及其产生办法、职权、议事规则;
(七)公司法定代表人的产生、变更办法;
(八)股东会认为需要规定的其他事项。
股东应当在公司章程上签名或者盖章。

条文注解

本条是关于有限责任公司章程记载事项的规定。

有限责任公司章程记载事项,可分为绝对必要记载事项和任意记载事项。

绝对必要记载事项,是指《公司法》规定的公司章程必须记载的事项,《公司法》有关公司章程绝对必要记载事项的规定属于强制性规范,体现了公司的强制与自治关系中的强制方面,也践行了公司法中国家干预的理念。若不记载或者记载违法,则章程无效。本条规定的前7项都属于绝对必要记载事项。

任意记载事项,是指《公司法》规定的绝对必要记载事项之外,在不违反法律、行政法规强行性规定和社会公共利益的前提下,经由章程制定者同意自愿记载于公司章程的事项。任意记载事项法律不列举,由当事人自主决定,体现公司自治精神,并使公司章程的规定更具可操作性,这类事项非经股东会修改,公司及股东都应遵照章程执行。本条规定的第8项属于任意记载事项。

第四十七条　【有限责任公司的注册资本】有限责任公司的注册资本为在公司登记机关登记的全体股东认缴的出资额。全体股东认缴的出资额由股东按照公司章程的规定自公司成立之日起五年内缴足。

法律、行政法规以及国务院决定对有限责任公司注册资本实缴、注册资本最低限额、股东出资期限另有规定的,从其规定。

条文注解

本条是关于有限责任公司注册资本的规定。

注册资本是设立公司的法定登记事项,没有注册资本,公司登记机关不予登记,不发营业执照。有限责任公司实行注册资本认缴登记制。有限责任公司注册资本为在公司登记机关登记的全体股东认缴的出资额,所谓"认缴的出资额",即股东共同制定的公司章程中规定各股东出资的数额。2023年《公司法》在总结实践的基础上,针对公司注册资本认缴制实践中出现的"认缴出资期限过长""天价出资""空壳公司"影响交易安全、损害债权人利益、扰乱市场秩序等问题,进一步完善了认缴登记制度，以维护资本充实和交易安全，增加了有限责任公司股东认缴期限不得超过5年的规定，另外，按照法律、行政法规以及国务院决定对有限责任公司注册资本实缴、注册资本最低限额另有规定的，注意要从其规定，如《商业银行法》《保险法》《旅行社条例》等都对特定行业的最低注册资本有特别的规定。

关联法规

《最高人民法院关于适用〈中华人民共和国公司法〉若干问题的规定（二）》第22条；《国务院关于实施〈中华人民共和国公司法〉注册资本登记管理制度的规定》第2、9条

第四十八条 【股东出资方式及出资评估】股东可以用货币出资，也可以用实物、知识产权、土地使用权、股权、债权等可以用货币估价并可以依法转让的非货币财产作价出资；但是，法律、行政法规规定不得作为出资的财产除外。

对作为出资的非货币财产应当评估作价，核实财产，不得高估或者低估作价。法律、行政法规对评估作价有规定的，从其规定。

条文注解

本条是关于有限责任公司股东出资方式及出资评估的规定。

有限责任公司股东出资方式包括：货币、实物、知识产权、土地使用权以及可以用货币估价并可以依法转让的非货币财产，如股权、债权、采矿权等，作价出资；法律、行政法规规定不得作为出资的财产，如劳务、信用、自然人姓名、商誉、特许经营权以及设定担保的财产等除外。注意，对货币出资所占比例法律不再作硬性要求。

除货币出资外，其他形式的出资都需要进行价值评估。实物等非货币出资的特殊法律问题在于其价值的评定。非货币出资的价值评估必须客观、真实、准确，应避免过高估价和过低估价的两种倾向和做法。为保证非货币出资估价的客观、真实和准确，非货币出资通常需要由中立的专业资产评估机构进行评估作价，资产评估机构应根据公认或专门的评估规则和办法进行评估，因评估不实，损害公司或其他股东利益的，应承担欺诈或过失的民事责任。对于非货币出资的评估，法律、行政法规有特别或具体规定的，应严格执行。

关联法规

《最高人民法院关于适用〈中华人民共和国公司法〉若干问题的规定（三）》第7～11条；《最高人民法院关于适用〈中华人民共和国公司法〉时间效力的若干规定》第1条第2款第3项

第四十九条　【股东出资义务的履行和出资违约】股东应当按期足额缴纳公司章程规定的各自所认缴的出资额。

股东以货币出资的，应当将货币出资足额存入有限责任公司在银行开设的账户；以非货币财产出资的，应当依法办理其财产权的转移手续。

股东未按期足额缴纳出资的，除应当向公司足额缴纳外，还应当对给公司造成的损失承担赔偿责任。

条文注解

本条是关于有限责任公司股东出资义务履行及出资违约的规定。

出资义务的履行就是股东将用于出资的财产交付公司或向公司履行其他给付义务。由不同出资的特点决定，其履行出资的方式也不同。货币出资的履行方式最为简单，只需货币的实际交付即可，即将应出资的货币足额存入有限责任公司在银行开设的账户。实物等非货币出资的履行方式则较为复杂，其中不仅需要实物或无形财产的实际交付，更需要相应的权属变更。

股东不按照前款规定缴纳出资的，除应当向公司足额缴纳外，还应当向已按期足额缴纳出资的股东承担违约责任，这是关于股东出资违约的规定。

关联法规

《企业破产法》第 35 条；《市场主体登记管理条例实施细则》第 13、26 条；《最高人民法院关于适用〈中华人民共和国公司法〉若干问题的规定（三）》第 13、18 条；《九民纪要》第 6 条

第五十条　【未按期出资、出资不足或出资不实的责任】有限责任公司设立时，股东未按照公司章程规定实际缴纳出资，或者实际出资的非货币财产的实际价额显著低于所认缴的出资额的，设立时的其他股东与该股东在出资不足的范围内承担连带责任。

条文注解

本条是关于有限责任公司设立时股东对出资不足部分承担连带责任的规定。

出资是股东对公司的基本义务，股东不履行出资义务造成公司资本不足的，全体股东应对出资不足部分承担连带责任。这里强调的是设立时股东的连带责任限于公司成立前未按照章程规定缴纳出资和作为实际出资的非货币财产的实际价额显著低于所认缴的出资额两种情形，不包括设立时股东认缴在公司成立后才需要实缴的部分。

第五十一条 【有限责任公司董事会核查催缴义务】有限责任公司成立后，董事会应当对股东的出资情况进行核查，发现股东未按期足额缴纳公司章程规定的出资的，应当由公司向该股东发出书面催缴书，催缴出资。

未及时履行前款规定的义务，给公司造成损失的，负有责任的董事应当承担赔偿责任。

第五十二条 【股东失权决议程序】股东未按照公司章程规定的出资日期缴纳出资，公司依照前条第一款规定发出书面催缴书催缴出资的，可以载明缴纳出资的宽限期；宽限期自公司发出催缴书之日起，不得少于六十日。宽限期届满，股东仍未履行出资义务的，公司经董事会决议可以向该股东发出失权通知，通知应当以书面形式发出。自通知发出之日起，该股东丧失其未缴纳出资的股权。

依照前款规定丧失的股权应当依法转让，或者相应减少注册资本并注销该股权；六个月内未转让或者注销的，由公司其他股东按照其出资比例足额缴纳相应出资。

股东对失权有异议的，应当自接到失权通知之日起三十日内，向人民法院提起诉讼。

条文注解

本条是关于股东失权制度的规定，为2023年《公司法》新增条款，也是此次法律修改的亮点之一。

新增失权制度的目的在于对未按期缴纳出资的股权进行处理，以确保公司出资的充实性，从而保护公司债权人的利益。

股东失权制度的适用条件是“股东未按照公司章程规定的出资日期缴纳出资”以及“宽限期届满股东仍未缴纳出资”。未按期出资既适用设立时的股东也适用于增资时的股东。但需要注意的是，最终通过的法律删去了修订草案中将“非货币财产的实际价额显著低于所认缴的出资额”这个适用情形去掉了，这个考虑是失权制度适用的情形应该是股东严重违反出资义务，且规则应该是比较清晰的，而“非货币财产的实际价额显著低于所认缴的出资额”产生的原因实践中很多，既有涉及股东的原因，也有其他外在的因素，不宜直接定为股东失权的情形。

股东失权规则的行权主体是董事会。在程序要求上，自失权通知发出之日起，该股东即丧失其未缴纳出资的股权。在后续处理方式上，丧失的股权应当依法转让，或者相应减少注册资本并注销该股权;6个月内未转让或者注销的,由公司其他股东按照其出资比例足额缴纳相应出资。在司法救济上,考虑到失权制度对股东权利影响较大,本条第3款规定,股东对失权有异议的,应当自接到失权通知之日起30日内,向人民法院提起诉讼。

第五十三条 【禁止股东抽逃出资】公司成立后,股东不得抽逃出资。

违反前款规定的,股东应当返还抽逃的出资;给公司造成损失的,负有责任的董事、监事、高级管理人员应当与该股东承担连带赔偿责任。

条文注解

本条是关于股东抽逃出资责任的规定,第2款属于新增规定,也是本次《公司法》修订的亮点之一。

股东的出资一旦进入公司,除非经过法定的回购、减资、分配利润等程序,公司不得将公司的资产返还股东,股东也不得将其出资抽回。构成股东抽逃出资有以下三个要件:(1)公司已成立。(2)股东依据公司章程所约定的出资已到位。(3)抽逃出资的直接责任主体为公司股东,包括单位股东与个人股东。实践中,司法部门一般认为以下行为构成抽逃出资:(1)制作虚假财务会计报表虚增利润进行分配;(2)通过虚构债权债务关系将其出资转出;(3)利用关联交易将出资转出;(4)其他未经法定程序将出资抽回的行为。股东在出资后又抽逃其出资的,实际上构成了对法人独立财产权的侵害,故公司有权起诉抽逃股东,要求其归还抽逃的出资。

抽逃出资的性质属于侵害公司财产权的行为,应根据《民法典》第179条的规定,由相关责任人承担返还财产和赔偿损失的法律责任。公司董事、监事、高级管理人员负责公司日常经营管理和监督,因此在股东抽逃出资给公司造成的损失的情况下负有责任的董事、监事、高级管理人员应承担连带赔偿责任。此处的负有责任既包括协助股东抽逃出资,也包括为抽逃出资提供便利或者怠于履行职责放任股东抽逃出资。

关联法规

《最高人民法院关于适用〈中华人民共和国公司法〉若干问题的规定(三)》第12、14、16、17、19条

第五十四条 【股东出资加速到期】公司不能清偿到期债务的,公司或者已到期债权的债权人有权要求已认缴出资但未届出资期限的股东提前缴纳出资。

条文注解

本条是关于股东出资加速到期的规定，为2023年《公司法》新增条款。

2013年《公司法》修正之后，将出资期限交由公司章程规定，实践中产生了不少问题，甚至出现不符合常理的出资期限。此次法律修订，在总结实践经验的基础上对股东出资加速到期制度作了规定。按照本条规定，有权请求未届出资期限股东缴纳出资的主体是公司和已到期债权的债权人，加速到期的时点为公司不能清偿到期债务，比《九民纪要》中规定的“公司已具破产原因，但不申请破产”时点要更加宽泛一些。

关联法规

《企业破产法》第35条

第五十五条 【出资证明书】有限责任公司成立后，应当向股东签发出资证明书，记载下列事项：

（一）公司名称；

（二）公司成立日期；

（三）公司注册资本；

（四）股东的姓名或者名称、认缴和实缴的出资额、出资方式和出资日期；

（五）出资证明书的编号和核发日期。

出资证明书由法定代表人签名，并由公司盖章。

条文注解

本条是关于有限责任公司出资证明书的规定。

出资证明书又称股单，是有限责任公司成立后由公司向股东签发的，确认股东已履行出资义务的法律文件，是投资人成为公司股东，并依法享有股东权利和承担股东义务的法律凭证。

出资证明书必须采用记名方式，上面记载的股东姓名应该用本名，如果多份出资证明书为同一人所有时，应记载同一本名；出资证明书为政府或法人所有时，应记载政府或法人的名称，不能仅记载其代表人的姓名。股东依据出资证明书所记载的出资额对公司享有股权，分享公司的利润，证明股东的资信，必要时可用之担保、抵押。出资证明书不得转让，如果发生股东出资的转让，则应该注销原出资证明书，并发给新股东新的出资证明书。

第五十六条 【股东名册】有限责任公司应当置备股东名册，记载下列事项：

（一）股东的姓名或者名称及住所；

（二）股东认缴和实缴的出资额、出资方式和出资日期；

（三）出资证明书编号；

（四）取得和丧失股东资格的日期。

记载于股东名册的股东，可以依股东名册主张行使股东权利。

条文注解

本条是关于有限责任公司股东名册的规定。

股东名册是指有限责任公司依据《公司法》的规定必须置备的用以记载股东及其出资额、出资证明书编号等事宜的簿册。股东可以亲自查阅，也可以委托律师或其他人代为查阅。

股东名册的效力：(1)具有确定股东身份的效力，记载于股东名册的股东，可以依股东名册主张行使股东权利。(2)具有推定股东和公司关系的效力，公司仅以股东名册上当前记载的股东为其股东。因此，即使出资证明书发生转让，但未将受让人的姓名或名称及住所记载于股东名册，则不得以其转让对抗公司。(3)具有公示的效力，根据本条规定，公司应当将股东的姓名或者名称及其出资额向公司登记机关登记；登记事项发生变更的，应当办理变更登记。未经登记或者变更登记的，不得对抗第三人。(4)具有公司免责的效力，股东名册上记载着股东的姓名或者名称和股东的住所，因此，公司依法对股东名册上记载的股东履行了通知、送达、公告、支付股利、分配公司剩余财产等义务后，即可免除其相应责任。

第五十七条 【有限责任公司股东的知情权】股东有权查阅、复制公司章程、股东名册、股东会会议记录、董事会会议决议、监事会会议决议和财务会计报告。

股东可以要求查阅公司会计账簿、会计凭证。股东要求查阅公司会计账簿、会计凭证的，应当向公司提出书面请求，说明目的。公司有合理根据认为股东查阅会计账簿、会计凭证有不正当目的，可能损害公司合法利益的，可以拒绝提供查阅，并应当自股东提出书面请求之日起十五日内书面答复股东并说明理由。公司拒绝提供查阅的，股东可以向人民法院提起诉讼。

股东查阅前款规定的材料，可以委托会计师事务所、律师事务所等中介机构进行。

股东及其委托的会计师事务所、律师事务所等中介机构查阅、复制有关材料，应当遵守有关保护国家秘密、商业秘密、个人隐私、个人信息等法律、行政法规的规定。

股东要求查阅、复制公司全资子公司相关材料的，适用前四款的规定。

条文注解

本条是关于有限责任公司股东查阅、复制权的规定。

股东的查阅、复制权也被称为股东知情权，它是一组权利的集合，包括查阅、复制公司章程、股东会会议记录、董事会会议决议、监事会会议决议和财务会计报告，此外，股东还可以要求查阅公司会计账簿，这里的会计账簿包括记载公司经营活动的原始凭证、票据等。

根据《最高人民法院关于适用〈中华人民共和国公司法〉若干问题的规定（四）》第7条的规定，股东依据《公司法》第56条、第110条或者公司章程的规定，起诉请求查阅或者复制公司特定文件材料的，人民法院应当依法予以受理。

公司有证据证明前款规定的原告在起诉时不具有公司股东资格的，人民法院应当驳回起诉，但原告有初步证据证明在持股期间其合法权益受到损害，请求依法查阅或者复制其持股期间的公司特定文件材料的除外。

公司享有拒绝权的条件：公司有合理根据认为股东查阅会计账簿有不正当目的，可能损害公司合法利益的，可以拒绝提供查阅。另外，为了避免股东滥用查阅权而影响公司的正常经营活动，或泄露公司商业秘密而损害公司的利益，应该允许公司对股东的查阅权作出某种限制，如对查阅的时间、地点和查阅的目的等方面作出规定。

公司拒绝提供查阅的，股东享有诉权，即股东可以请求人民法院要求公司提供查阅。

对本条第2款规定的"不正当目的"的认定需要根据《最高人民法院关于适用〈中华人民共和国公司法〉若干问题的规定（四）》第8条的规定来解读，根据该条规定，有限责任公司有证据证明股东存在下列情形之一的，人民法院应当认定股东有《公司法》第56条第2款规定的"不正当目的"：

（1）股东自营或者为他人经营与公司主营业务有实质性竞争关系业务的，但公司章程另有规定或者全体股东另有约定的除外；

（2）股东为了向他人通报有关信息查阅公司会计账簿，可能损害公司合法利益的；

（3）股东在向公司提出查阅请求之日前的三年内，曾通过查阅公司会计账簿，向他人通报有关信息损害公司合法利益的；

(4)股东有不正当目的的其他情形。

此外,根据《最高人民法院关于适用〈中华人民共和国公司法〉若干问题的规定(四)》第9条的规定,公司章程、股东之间的协议等实质性剥夺股东依据《公司法》第56条、第110条规定查阅或者复制公司文件材料的权利,公司以此为由拒绝股东查阅或者复制的,人民法院不予支持。

关联法规

《最高人民法院关于适用〈中华人民共和国公司法〉若干问题的规定(四)》第7～12条

第二节　组织机构

第五十八条　【有限公司股东会的组成及地位】有限责任公司股东会由全体股东组成。股东会是公司的权力机构,依照本法行使职权。

条文注解

本条是关于有限责任公司股东会的规定。

有限责任公司股东会由全体股东组成,股东会是公司的最高权力机关,法律一般赋予股东会较大的职权,如有权选举和罢免董事、监事,有权修改公司章程,有权决定公司的经营方针和投资计划等。股东会的设立受法律强制性的约束,当然,也有些例外情况,如一人公司、国有独资公司不设股东会,合营企业设董事会,且董事会为合营企业的最高权力机构等。

第五十九条　【有限公司股东会的职权】股东会行使下列职权:

(一)选举和更换董事、监事,决定有关董事、监事的报酬事项;

(二)审议批准董事会的报告;

(三)审议批准监事会的报告;

(四)审议批准公司的利润分配方案和弥补亏损方案;

(五)对公司增加或者减少注册资本作出决议;

(六)对发行公司债券作出决议;

(七)对公司合并、分立、解散、清算或者变更公司形式作出决议;

(八)修改公司章程;

（九）公司章程规定的其他职权。

股东会可以授权董事会对发行公司债券作出决议。

对本条第一款所列事项股东以书面形式一致表示同意的，可以不召开股东会会议，直接作出决定，并由全体股东在决定文件上签名或者盖章。

条文注解

本条是关于有限责任公司股东会职权的规定。

股东会为公司最高权力机构，因此，股东会行使的职权一般是针对公司的重大事项。股东会有法定职权和章程规定职权两类，公司可以章程的形式规定股东会拥有除法定职权以外的其他职权，但这些职权的规定不得与《公司法》规定的法定职权相矛盾，不得违反相关法律、法规的规定，不得剥夺股东会的法定职权，否则无效。

关联法规

《最高人民法院关于适用〈中华人民共和国公司法〉若干问题的规定（四）》第14条

第六十条　【一人有限责任公司股东行使职权的要求】只有一个股东的有限责任公司不设股东会。股东作出前条第一款所列事项的决定时，应当采用书面形式，并由股东签名或者盖章后置备于公司。

第六十一条　【首次股东会会议的召集和主持】首次股东会会议由出资最多的股东召集和主持，依照本法规定行使职权。

第六十二条　【股东会的会议制度】股东会会议分为定期会议和临时会议。

定期会议应当按照公司章程的规定按时召开。代表十分之一以上表决权的股东、三分之一以上的董事或者监事会提议召开临时会议的，应当召开临时会议。

条文注解

本条是关于有限责任公司股东会的会议制度的规定。

股东会的会议分为定期会议和临时会议。定期会议，是指按照公司章程规定的时间召开的，由全体股东出席的例会，对于有限责任公司股东会定期会议的召开时间等事项，由公司章程作出具体规定。临时会议，是指根据公司需要在股东会定期会议间隔期内由代表1/10以上表决权的股东，1/3以上的董事或者监事会提议而召开的会议。

第六十三条　【股东会会议的召集与主持】股东会会议由董事会召集，董事长主持；董事长不能履行职务或者不履行职务的，由副董事长主持；副董事长不能履行职务或者不履行职务的，由过半数的董事共同推举一名董事主持。

董事会不能履行或者不履行召集股东会会议职责的，由监事会召集和主持；监事会不召集和主持的，代表十分之一以上表决权的股东可以自行召集和主持。

第六十四条　【召开股东会会议的通知期限和会议记录】召开股东会会议，应当于会议召开十五日前通知全体股东；但是，公司章程另有规定或者全体股东另有约定的除外。

股东会应当对所议事项的决定作成会议记录，出席会议的股东应当在会议记录上签名或者盖章。

关联法规

《最高人民法院关于适用〈中华人民共和国公司法〉若干问题的规定(四)》第4~5条

第六十五条　【股东的表决权】股东会会议由股东按照出资比例行使表决权；但是，公司章程另有规定的除外。

条文注解

本条是关于股东表决权的规定。

有限责任公司作为以资本为基础、以信任为纽带的经济组织，股东的表决权，一般应当根据股东对公司的出资以及该出资在公司资本中所占比例的大小，来表达自己对公司事务的意见。但为充分尊重公司自治，本条还规定，“公司章程另有规定的除外”，即股东在股东会会议上的表决权，公司章程可以规定按照实缴出资比例或者不以出资比例行使表决权，并按此规定执行。

第六十六条 【股东会的议事方式和表决程序】股东会的议事方式和表决程序，除本法有规定的外，由公司章程规定。

股东会作出决议，应当经代表过半数表决权的股东通过。

股东会作出修改公司章程、增加或者减少注册资本的决议，以及公司合并、分立、解散或者变更公司形式的决议，应当经代表三分之二以上表决权的股东通过。

条文注解

本条是关于有限责任公司股东会议事方式和表决程序的规定。

股东会的议事方式和表决程序由公司章程规定，法律另有规定的除外。这里除了特别决议事项外，对一般事项的表决法律授权给了公司章程，体现了有限责任公司的人合性和自治性。股东会的议事方式和表决程序是股东会行使权力的具体途径。由于有限责任公司的人合性质，不同的公司往往有不同的做法，法律为保障各方面的合法权益，也有一定的法定要求。

议事方式，是指公司以什么方式就公司的重大问题进行讨论并作出决议。表决程序，是指公司的股东会如何表决和表决时需要多少股东赞成，才能通过某一特定的决议。本条第3款对几项决议规定了法定的表决程序。修改公司章程，公司增加或者减少注册资本，公司合并、分立、解散或者变更公司形式，股东会应通过表决作出决议，并且必须有代表2/3以上表决权的股东通过。这是法定事项，不能用公司章程或其他方式予以改变。

第六十七条 【董事会的职权】有限责任公司设董事会，本法第七十五条另有规定的除外。

董事会行使下列职权：

（一）召集股东会会议，并向股东会报告工作；

（二）执行股东会的决议；

（三）决定公司的经营计划和投资方案；

（四）制订公司的利润分配方案和弥补亏损方案；

（五）制订公司增加或者减少注册资本以及发行公司债券的方案；

（六）制订公司合并、分立、解散或者变更公司形式的方案；

（七）决定公司内部管理机构的设置；

（八）决定聘任或者解聘公司经理及其报酬事项，并根据经理的提名决定聘任或者解聘公司副经理、财务负责人及其报酬事项；

（九）制定公司的基本管理制度；

（十）公司章程规定或者股东会授予的其他职权。

公司章程对董事会职权的限制不得对抗善意相对人。

第六十八条　【有限责任公司董事会的组成】有限责任公司董事会成员为三人以上，其成员中可以有公司职工代表。职工人数三百人以上的有限责任公司，除依法设监事会并有公司职工代表的外，其董事会成员中应当有公司职工代表。董事会中的职工代表由公司职工通过职工代表大会、职工大会或者其他形式民主选举产生。

董事会设董事长一人，可以设副董事长。董事长、副董事长的产生办法由公司章程规定。

条文注解

董事会由董事组成，2023年《公司法》修订删除了公司董事成员的人数上限，只规定"三人以上"，具体设置多少名董事，由公司自主决定。

第六十九条　【审计委员会的组成及职权】有限责任公司可以按照公司章程的规定在董事会中设置由董事组成的审计委员会，行使本法规定的监事会的职权，不设监事会或者监事。公司董事会成员中的职工代表可以成为审计委员会成员。

第七十条　【董事的选任和期限】董事任期由公司章程规定，但每届任期不得超过三年。董事任期届满，连选可以连任。

董事任期届满未及时改选，或者董事在任期内辞任导致董事会成员低于法定人数的，在改选出的董事就任前，原董事仍应当依照法律、行政法规和公司章程的规定，履行董事职务。

董事辞任的，应当以书面形式通知公司，公司收到通知之日辞任生效，但存在前款规定情形的，董事应当继续履行职务。

第七十一条 【董事的解任和责任】股东会可以决议解任董事，决议作出之日解任生效。

无正当理由，在任期届满前解任董事的，该董事可以要求公司予以赔偿。

关联法规

《最高人民法院关于适用〈中华人民共和国公司法〉若干问题的规定（五）》第3条

第七十二条 【董事会会议的召集和主持】董事会会议由董事长召集和主持；董事长不能履行职务或者不履行职务的，由副董事长召集和主持；副董事长不能履行职务或者不履行职务的，由过半数的董事共同推举一名董事召集和主持。

第七十三条 【董事会的议事方式和表决程序】董事会的议事方式和表决程序，除本法有规定的外，由公司章程规定。

董事会会议应当有过半数的董事出席方可举行。董事会作出决议，应当经全体董事的过半数通过。

董事会决议的表决，应当一人一票。

董事会应当对所议事项的决定作成会议记录，出席会议的董事应当在会议记录上签名。

条文注解

2023年《公司法》修订，增加了董事会会议最低出席人数和表决通过比例的内容。董事会是一个集体行使职权的公司内部机构，董事会决议应当一人一票，即董事会全体成员，不论是董事长、副董事长，还是普通的董事，在董事会决议的表决上，都只享有一票权利，不存在表决权大小问题。这表明董事长、副董事长在董事会中，与其他董事的法律地位是平等的，在董事会决议的表决上，既无加重表决权，也无最后决定权。

第七十四条　【有限公司责任经理的产生和职权】有限责任公司可以设经理，由董事会决定聘任或者解聘。

经理对董事会负责，根据公司章程的规定或者董事会的授权行使职权。经理列席董事会会议。

条文注解

本条是关于有限责任公司经理职权的规定。

经理是由董事会聘任的、负责组织日常经营管理活动的公司常设业务执行机关。与股东会、董事会、监事会不同，经理机关并非会议形式的机关，其行为不需要通过会议以多数原则形成意志和决议，而是以担任经理的高级管理者的最终意志为准。

经理是受董事会聘任和委托的管理执行人员，因为董事会作出的决策需要有专职人员组织实施，因而要有主持公司日常生产经营工作的执行层。它在公司组织机构中的层次排列为：股东大会为权力机构，董事会由其选举产生并对其负责，董事会作为经营管理决策机构，聘任经理作为执行者并向其负责，这样才是职责分明，层次有序的。

第七十五条　【不设董事会的有限责任公司】规模较小或者股东人数较少的有限责任公司，可以不设董事会，设一名董事，行使本法规定的董事会的职权。该董事可以兼任公司经理。

第七十六条　【监事会的设立和组成】有限责任公司设监事会，本法第六十九条、第八十三条另有规定的除外。

监事会成员为三人以上。监事会成员应当包括股东代表和适当比例的公司职工代表，其中职工代表的比例不得低于三分之一，具体比例由公司章程规定。监事会中的职工代表由公司职工通过职工代表大会、职工大会或者其他形式民主选举产生。

监事会设主席一人，由全体监事过半数选举产生。监事会主席召

集和主持监事会会议;监事会主席不能履行职务或者不履行职务的，由过半数的监事共同推举一名监事召集和主持监事会会议。

董事、高级管理人员不得兼任监事。

条文注解

本条是关于有限责任公司监事会组成的规定。

监事会由监事组成。关于监事的组成，我国《公司法》规定监事会由股东代表和适当比例的公司职工代表组成，其中职工代表的比例不得低于1/3，具体比例由公司章程规定。监事会中的职工代表由公司职工民主选举产生。

关于监事的任职资格，我国《公司法》对监事任职资格的规定与董事相同。此外，还规定了董事、高级管理人员及财务负责人不得兼任监事。

这是因为监事的职责是监督公司董事会的决策以及董事、高级管理人员的经营活动和公司的财务状况，为了保证监事的独立性，避免监督者与被监督人有利益关系。

第七十七条　【监事的任职期限】监事的任期每届为三年。监事任期届满，连选可以连任。

监事任期届满未及时改选，或者监事在任期内辞任导致监事会成员低于法定人数的，在改选出的监事就任前，原监事仍应当依照法律、行政法规和公司章程的规定，履行监事职务。

第七十八条　【监事会的一般职权】监事会行使下列职权：

（一）检查公司财务；

（二）对董事、高级管理人员执行职务的行为进行监督，对违反法律、行政法规、公司章程或者股东会决议的董事、高级管理人员提出解任的建议；

（三）当董事、高级管理人员的行为损害公司的利益时，要求董事、高级管理人员予以纠正；

（四）提议召开临时股东会会议，在董事会不履行本法规定的召集和主持股东会会议职责时召集和主持股东会会议；

（五）向股东会会议提出提案；

（六）依照本法第一百八十九条的规定，对董事、高级管理人员提起诉讼；

（七）公司章程规定的其他职权。

第七十九条　【监事的质询建议权与调查权】监事可以列席董事会会议，并对董事会决议事项提出质询或者建议。

监事会发现公司经营情况异常，可以进行调查；必要时，可以聘请会计师事务所等协助其工作，费用由公司承担。

第八十条　【监事会的特别职权】监事会可以要求董事、高级管理人员提交执行职务的报告。

董事、高级管理人员应当如实向监事会提供有关情况和资料，不得妨碍监事会或者监事行使职权。

条文注解

本条是关于董事、高级管理人员协助监事会工作的义务性规定。

监事会行使监督职权，需要赋予其相应的手段保障和物质保障等，否则，其监督职权就是形同虚设。根据本法第78条和第189条的规定，监事会有权检查公司财务，监督董事、高级管理人员执行职务的行为并纠正损害公司利益的行为，对董事、高级管理人员提起诉讼等。行使这些职权的前提是监事会拥有知情权。为了确保监事会了解董事、高级管理人员执行公司职务的有关情况，正确有效地行使监督职权，本条从法律上规定了董事、高级管理人员对监事会的说明报告义务。首先，监事会可以要求董事、高级管理人员提交执行职务的报告。其次，对董事、高级管理人员的配合义务也作了规定。要求董事、高级管理人员应当如实向监事会提供有关情况和资料，不得妨碍监事会或者监事行使职权。

第八十一条　【监事会的会议制度】监事会每年度至少召开一次会议，监事可以提议召开临时监事会会议。

监事会的议事方式和表决程序，除本法有规定的外，由公司章程规定。

监事会决议应当经全体监事的过半数通过。

监事会决议的表决，应当一人一票。

监事会应当对所议事项的决定作成会议记录，出席会议的监事应当在会议记录上签名。

第八十二条 【监事行使职权的费用承担】监事会行使职权所必需的费用，由公司承担。

第八十三条 【不设立监事会和监事的情形】规模较小或者股东人数较少的有限责任公司，可以不设监事会，设一名监事，行使本法规定的监事会的职权；经全体股东一致同意，也可以不设监事。

第四章　有限责任公司的股权转让

第八十四条　【股权转让的一般规定】有限责任公司的股东之间可以相互转让其全部或者部分股权。

股东向股东以外的人转让股权的，应当将股权转让的数量、价格、支付方式和期限等事项书面通知其他股东，其他股东在同等条件下有优先购买权。股东自接到书面通知之日起三十日内未答复的，视为放弃优先购买权。两个以上股东行使优先购买权的，协商确定各自的购买比例；协商不成的，按照转让时各自的出资比例行使优先购买权。

公司章程对股权转让另有规定的，从其规定。

条文注解

本条是关于有限责任公司股权转让的一般性规定。

有限责任公司具有人合性，因此，股东之间相互转让股权不受限制。有限责任公司股东向股东以外的人转让股权，会导致新股东的加入，而新股东与其他原有股东之间并不一定存在相互信任关系，为了维持有限责任公司的人合性，本条规定除转让股东以外的其他股东中，有超过一半的股东同意，该股东才能向股东以外的人转让股权。另外，需要注意的是，股权的转让还会导致公司登记事项的变更，应当依法及时办理变更登记，以免产生不必要的纠纷。

根据《最高人民法院关于适用〈中华人民共和国公司法〉若干问题的规定（四）》第16条的规定，有限责任公司的自然人股东因继承发生变化时，其他股东主张依据《公司法》第84条第2款规定行使优先购买权的，人民法院不予支持，但公司章程另有规定或者全体股东另有约定的除外。

根据《最高人民法院关于适用〈中华人民共和国公司法〉若干问题的规定（四）》第17条的规定，有限责任公司的股东向股东以外的人转让股权，应就其股权转让事项以书面或者其他能够确认收悉的合理方式通知其他股东征求同意。其他股东半数以上不同意转让，不同意的股东不购买的，人民法院应当认定视为同意转让。

经股东同意转让的股权，其他股东主张转让股东应当向其以书面或者其他能够确认收悉的合理方式通知转让股权的同等条件的，人民法院应当予以支持。

经股东同意转让的股权，在同等条件下，转让股东以外的其他股东主张优先购买的，人民法院应当予以支持，但转让股东依据本规定第20条放弃转让的除外。

根据《最高人民法院关于适用〈中华人民共和国公司法〉若干问题的规定（四）》

第18条的规定，人民法院在判断是否符合《公司法》第84条第2款及本规定所称的“同等条件”时，应当考虑转让股权的数量、价格、支付方式及期限等因素。

根据《最高人民法院关于适用〈中华人民共和国公司法〉若干问题的规定（四）》第19条的规定，有限责任公司的股东主张优先购买转让股权的，应当在收到通知后，在公司章程规定的行使期间内提出购买请求。公司章程没有规定行使期间或者规定不明确的，以通知确定的期间为准，通知确定的期间短于30日或者未明确行使期间的，行使期间为30日。

根据《最高人民法院关于适用〈中华人民共和国公司法〉若干问题的规定（四）》第20条的规定，有限责任公司的转让股东，在其他股东主张优先购买后又不同意转让股权的，对其他股东优先购买的主张，人民法院不予支持，但公司章程另有规定或者全体股东另有约定的除外。其他股东主张转让股东赔偿其损失合理的，人民法院应当予以支持。

根据《最高人民法院关于适用〈中华人民共和国公司法〉若干问题的规定（四）》第21条的规定，有限责任公司的股东向股东以外的人转让股权，未就其股权转让事项征求其他股东意见，或者以欺诈、恶意串通等手段，损害其他股东优先购买权，其他股东主张按照同等条件购买该转让股权的，人民法院应当予以支持，但其他股东自知道或者应当知道行使优先购买权的同等条件之日起30日内没有主张，或者自股权变更登记之日起超过一年的除外。

前款规定的其他股东仅提出确认股权转让合同及股权变动效力等请求，未同时主张按照同等条件购买转让股权的，人民法院不予支持，但其他股东非因自身原因导致无法行使优先购买权，请求损害赔偿的除外。

股东以外的股权受让人，因股东行使优先购买权而不能实现合同目的的，可以依法请求转让股东承担相应的民事责任。

根据《最高人民法院关于适用〈中华人民共和国公司法〉若干问题的规定（四）》第22条的规定，通过拍卖向股东以外的人转让有限责任公司股权的，适用《公司法》第84条第2款或者第85条规定的“书面通知”“通知”“同等条件”时，根据相关法律、司法解释确定。

在依法设立的产权交易场所转让有限责任公司国有股权的，适用《公司法》第84条第2款或者第85条规定的“书面通知”“通知”“同等条件”时，可以参照产权交易场所的交易规则。

关联法规

《最高人民法院关于适用〈中华人民共和国公司法〉若干问题的规定（四）》第16～22条；《最高人民法院关于适用〈中华人民共和国公司法〉时间效力的若干规定》第1条第2款第4项

第八十五条 【强制执行程序下的股权转让】人民法院依照法律规定的强制执行程序转让股东的股权时,应当通知公司及全体股东,其他股东在同等条件下有优先购买权。其他股东自人民法院通知之日起满二十日不行使优先购买权的,视为放弃优先购买权。

条文注解

本条是关于强制执行程序下优先购买权的规定。

人民法院依照法律规定的强制执行程序转让股东的股权,是指人民法院依照《民事诉讼法》等法律规定的执行程序,强制执行生效的法律文书时,以拍卖、变卖或者其他方式转让有限责任公司股东的股权。需要注意的是:(1)本条中权利行使的期限和上一条中权利行使的期限是不一样的,目的是尽快结束司法程序,防止法院程序的拖延;(2)我国目前的法律体系中没有对何种情况下可以执行有限责任公司股东的股权这一问题加以明确,原因在于有限责任公司股权的流动性较差,随意地强制执行股权会给有限责任公司带来不稳定因素。

对该条“通知”“同等条件”的解读参照上一条条文注解。

第八十六条 【股权转让的通知程序及救济途径】股东转让股权的,应当书面通知公司,请求变更股东名册;需要办理变更登记的,并请求公司向公司登记机关办理变更登记。公司拒绝或者在合理期限内不予答复的,转让人、受让人可以依法向人民法院提起诉讼。

股权转让的,受让人自记载于股东名册时起可以向公司主张行使股东权利。

条文注解

本条是关于办理股权转让后的股东名册变更和公司登记事项的规定,为2023年《公司法》修订新增条文。

为了让公司及时变更股东名册及办理变更登记,股东转让其股权的,应当书面通知公司。公司在收到股东转让其股权的通知后,应当履行相应的程序性义务。除了本条规定的变更股东名册和向公司登记机关办理变更登记,公司还应当依照本法第87条的规定及时注销原股东的出资证明书,向新股东签发出资证明书,并相应修改公司章程。依照本法第56条第2款的规定,记载于股东名册的股东,可以依股东名册主张行使股东权利。故而,股权转让的,受让人自记载于股东名册时起可以向公司主张行使股东权利。但股东名册并非设权文件,不应作为股权变动的效力依据。相反,即便股东名册并未变更相应记载,但其他证据已足以证明受让人为公司股东的,受让人有权向人民法院提起诉讼请求确认股东资格并要求公司变更股东名册。

关联法规

《民法典》第311条；《最高人民法院关于适用〈中华人民共和国公司法〉若干问题的规定（三）》第27条

第八十七条　【股权转让的变更记载】依照本法转让股权后，公司应当及时注销原股东的出资证明书，向新股东签发出资证明书，并相应修改公司章程和股东名册中有关股东及其出资额的记载。对公司章程的该项修改不需再由股东会表决。

第八十八条　【瑕疵出资股东股权转让后的出资责任】股东转让已认缴出资但未届出资期限的股权的，由受让人承担缴纳该出资的义务；受让人未按期足额缴纳出资的，转让人对受让人未按期缴纳的出资承担补充责任。

未按照公司章程规定的出资日期缴纳出资或者作为出资的非货币财产的实际价额显著低于所认缴的出资额的股东转让股权的，转让人与受让人在出资不足的范围内承担连带责任；受让人不知道且不应当知道存在上述情形的，由转让人承担责任。

关联法规

《最高人民法院关于适用〈中华人民共和国公司法〉若干问题的规定（三）》第18条；《最高人民法院关于适用〈中华人民共和国公司法〉时间效力的若干规定》第4条第1项

第八十九条　【异议股东的股权收购请求权】有下列情形之一的，对股东会该项决议投反对票的股东可以请求公司按照合理的价格收购其股权：

（一）公司连续五年不向股东分配利润，而公司该五年连续盈利，并且符合本法规定的分配利润条件；

（二）公司合并、分立、转让主要财产；

（三）公司章程规定的营业期限届满或者章程规定的其他解散事由出现，股东会通过决议修改章程使公司存续。

自股东会决议作出之日起六十日内,股东与公司不能达成股权收购协议的,股东可以自股东会决议作出之日起九十日内向人民法院提起诉讼。

公司的控股股东滥用股东权利,严重损害公司或者其他股东利益的,其他股东有权请求公司按照合理的价格收购其股权。

公司因本条第一款、第三款规定的情形收购的本公司股权,应当在六个月内依法转让或者注销。

条文注解

本条是关于异议股东股权收购请求权的规定。

股东投资一经到有限责任公司账号即为公司资产,股东不得抽逃出资,正常情况下股东退出的途径就是把股权转让给他人,此外,还有两种特殊情况:一是请求公司回购;二是请求法院强制解散公司(见本法第231条)。本条就是关于股权回购请求权的规定,需要注意的是:(1)只要双方不能就此问题达成协议,异议股东就可以直接向法院起诉,而无须等到60日届满;(2)本法第162条仅对股份有限公司回购股份的处理方式作了规定,而对有限责任公司回购后的股权应如何处置没有明确规定,因此,立法还有待完善;(3)在完成回购之后,公司应当注销出让股东的出资证明书,变更股东名册,并在公司登记机关办理变更登记;(4)法律也没有明确在股东有异议的股东会决议不再实施的情况下,股东是否仍享有回购请求权。一般认为,如果在股东异议权的行使期间内,公司决定不再实施股东会的决议,则股东的异议回购请求权的基础即不存在,无继续行使股权收购请求权的必要。

2023年《公司法》修订,增加了公司的控股股东滥用股东权利,严重损害公司或者其他股东利益的,其他股东有权请求公司按照合理的价格收购其股权。实践中,控股股东滥用股东权利侵害小股东权益的情形很多,有些没有通过股东会决议的形式作出,因此利益受到损害的中小股东无法依照本条第1款的规定行使异议回购请求权。因此,《公司法》增加上述规定,为严重受侵害的股东提供退出公司的渠道。

作为保护中小股东合理利益的救济措施,为实现救济手段的可操作性,本条规定了股东要求公司收购其股权的协议期限,即自股东会决议作出之日起60日内。如果双方在该期限内不能达成股权收购协议,则本条赋予请求收购的股东向人民法院提起诉讼,以寻求司法救济的权利,起诉的法定期间为自股东会决议作出之日起90日内。此外,《公司法》还规定公司收购的本公司股权,应当在6个月内依法转让或者注销。

关联法规

《最高人民法院关于适用〈中华人民共和国公司法〉时间效力的若干规定》第4条第2项

第九十条 【自然人股东资格的继承】自然人股东死亡后，其合法继承人可以继承股东资格；但是，公司章程另有规定的除外。

第五章　股份有限公司的设立和组织机构

第一节　设　　立

第九十一条　【股份有限公司的设立】设立股份有限公司，可以采取发起设立或者募集设立的方式。

发起设立，是指由发起人认购设立公司时应发行的全部股份而设立公司。

募集设立，是指由发起人认购设立公司时应发行股份的一部分，其余股份向特定对象募集或者向社会公开募集而设立公司。

条文注解

本条是关于股份有限公司设立方式的规定。

设立股份有限公司，可以采取发起设立或者募集设立两种方式：(1)发起设立是指由发起人认购公司应发行的全部股份而设立公司，即公司股份全部由发起人认购，而不向发起人之外的任何人募集股份。与募集方式设立公司相比，发起设立股份有限公司比较简便。(2)募集设立是指由发起人认购公司应发行股份的一部分，其余部分向社会公开募集或者向特定对象募集而设立公司。即以募集设立方式设立股份有限公司的，在其设立时不仅有发起人认购公司股份，还有发起人之外的其他投资者认购公司的股份，其中，发起人认购的股份不得低于公司股份总数的35%。其他投资者包括两种情况：一是广大的社会公众，即发起人向不特定对象募集股份；二是发起人向特定对象募集股份，即发起人不向社会公众募集股份，而是在一定范围内向特定对象募集股份，如特定的机构投资者等。

第九十二条　【发起人的限制】设立股份有限公司，应当有一人以上二百人以下为发起人，其中应当有半数以上的发起人在中华人民共和国境内有住所。

条文注解

本条是关于股份公司发起人的人数及其资格的规定。

2023年《公司法》修订，将发起人的人数下限从“二人”改为“一人”，即发起人可设立一人股份有限公司，有利于鼓励和引导社会资金投向经济领域，促进市场经济发展。

对于发起人住所是否在我国境内，应当针对不同类型的民事主体结合《民法典》第25、63、108条的相应规定进行判断。

关联法规

《证券法》第9条第2款；《民法典》第25、63、108条

第九十三条 【发起人职责、发起人协议】股份有限公司发起人承担公司筹办事务。

发起人应当签订发起人协议，明确各自在公司设立过程中的权利和义务。

条文注解

本条是关于股份有限公司发起人义务的规定。

股份有限公司的设立有赖于发起人筹办设立公司的有关事务，否则，股份有限公司就不能成立，为此，本条规定股份有限公司发起人承担公司筹办事务。公司筹办事务主要包括制定公司章程，办理公开募集股份的核准手续及办理具体募集事宜，召开创立大会，申请设立登记等。

发起人之间签订发起人协议的规定，突出了发起人协议在公司设立过程中的重要地位。通过发起人之间签订协议，明确各自在设立公司过程中的权利义务关系，以避免日后产生纠纷。发起人协议的内容除符合本法规定外，还应遵守《民法典》等相关法律规范。

关联法规

《最高人民法院关于适用〈中华人民共和国公司法〉若干问题的规定（三）》第1～6条

第九十四条 【股份有限公司章程的制订】设立股份有限公司，应当由发起人共同制订公司章程。

第九十五条　【股份有限公司章程的法定记载事项】股份有限公司章程应当载明下列事项：

（一）公司名称和住所；

（二）公司经营范围；

（三）公司设立方式；

（四）公司注册资本、已发行的股份数和设立时发行的股份数，面额股的每股金额；

（五）发行类别股的，每一类别股的股份数及其权利和义务；

（六）发起人的姓名或者名称、认购的股份数、出资方式；

（七）董事会的组成、职权和议事规则；

（八）公司法定代表人的产生、变更办法；

（九）监事会的组成、职权和议事规则；

（十）公司利润分配办法；

（十一）公司的解散事由与清算办法；

（十二）公司的通知和公告办法；

（十三）股东会认为需要规定的其他事项。

第九十六条　【股份有限公司注册资本】股份有限公司的注册资本为在公司登记机关登记的已发行股份的股本总额。在发起人认购的股份缴足前，不得向他人募集股份。

法律、行政法规以及国务院决定对股份有限公司注册资本最低限额另有规定的，从其规定。

关联法规

《全国人民代表大会常务委员会关于〈中华人民共和国刑法〉第一百五十八条、第一百五十九条的解释》

第九十七条　【发起人认购股份】以发起设立方式设立股份有限公司的，发起人应当认足公司章程规定的公司设立时应发行的股份。

以募集设立方式设立股份有限公司的，发起人认购的股份不得

少于公司章程规定的公司设立时应发行股份总数的百分之三十五；但是，法律、行政法规另有规定的，从其规定。

关联法规

《股票发行与交易管理暂行条例》第8条

第九十八条 【发起人的出资义务】发起人应当在公司成立前按照其认购的股份全额缴纳股款。

发起人的出资，适用本法第四十八条、第四十九条第二款关于有限责任公司股东出资的规定。

关联法规

《市场主体登记管理条例实施细则》第13条

第九十九条 【发起人的出资责任】发起人不按照其认购的股份缴纳股款，或者作为出资的非货币财产的实际价额显著低于所认购的股份的，其他发起人与该发起人在出资不足的范围内承担连带责任。

关联法规

《最高人民法院关于适用〈中华人民共和国公司法〉若干问题的规定（三）》第13条第3款

第一百条 【募集股份公告和认股书】发起人向社会公开募集股份，应当公告招股说明书，并制作认股书。认股书应当载明本法第一百五十四条第二款、第三款所列事项，由认股人填写认购的股份数、金额、住所，并签名或者盖章。认股人应当按照所认购股份足额缴纳股款。

条文注解

本条是关于募集股份公告和认股书的规定。

认股书是发起人向社会公众发出的要约，认股人填写认股书是一种承诺的行为，因此，认股书经认股人填写并签名盖章后，就成为一项合同，作为当事人的发起人和认股人都应当履行。这就意味着发起人有义务使认股人能够购买其所认购的股份，认股人有义务按照认购股份数缴纳股款。如果认股人没有按照所认购股份数足额缴纳股款，就应当依法承担相应的违约责任。

关联法规

《民法典》第473条第1款；《证券法》第11条

第一百零一条　【股款缴足后的验资及证明】向社会公开募集股份的股款缴足后，应当经依法设立的验资机构验资并出具证明。

关联法规

《市场主体登记管理条例实施细则》第26条第2款；《股票发行与交易管理暂行细则》第13条

第一百零二条　【股东名册记载事项】股份有限公司应当制作股东名册并置备于公司。股东名册应当记载下列事项：

（一）股东的姓名或者名称及住所；

（二）各股东所认购的股份种类及股份数；

（三）发行纸面形式的股票的，股票的编号；

（四）各股东取得股份的日期。

关联法规

《上市公司章程指引》第31条

第一百零三条　【股份有限公司成立大会的举行】募集设立股份有限公司的发起人应当自公司设立时应发行股份的股款缴足之日起三十日内召开公司成立大会。发起人应当在成立大会召开十五日前将会议日期通知各认股人或者予以公告。成立大会应当有持有表决权过半数的认股人出席，方可举行。

以发起设立方式设立股份有限公司成立大会的召开和表决程序由公司章程或者发起人协议规定。

第一百零四条 【股份有限公司成立大会的职权、决议程序】公司成立大会行使下列职权：

（一）审议发起人关于公司筹办情况的报告；

（二）通过公司章程；

（三）选举董事、监事；

（四）对公司的设立费用进行审核；

（五）对发起人非货币财产出资的作价进行审核；

（六）发生不可抗力或者经营条件发生重大变化直接影响公司设立的，可以作出不设立公司的决议。

成立大会对前款所列事项作出决议，应当经出席会议的认股人所持表决权过半数通过。

第一百零五条 【返还股款及抽回股本的情形】公司设立时应发行的股份未募足，或者发行股份的股款缴足后，发起人在三十日内未召开成立大会的，认股人可以按照所缴股款并加算银行同期存款利息，要求发起人返还。

发起人、认股人缴纳股款或者交付非货币财产出资后，除未按期募足股份、发起人未按期召开成立大会或者成立大会决议不设立公司的情形外，不得抽回其股本。

关联法规

《最高人民法院关于适用〈中华人民共和国公司法〉若干问题的规定（三）》第6条、第13条第3款

第一百零六条 【申请设立登记】董事会应当授权代表，于公司成立大会结束后三十日内向公司登记机关申请设立登记。

关联法规

《市场主体登记管理条例实施细则》第25条

第一百零七条　【股东、董事、监事、高级管理人员的设立责任及资本充实责任】本法第四十四条、第四十九条第三款、第五十一条、第五十二条、第五十三条的规定，适用于股份有限公司。

条文注解

本法第44条是关于有限责任公司设立时的股东之设立责任的规定，第49条第3款是关于股东瑕疵出资的赔偿责任的规定，第51条是关于董事会催缴出资及负有责任的董事承担赔偿责任的规定，第52条是关于未履行出资义务的股东失权及其救济的规定，第53条是关于抽逃出资及股东返还抽逃出资和负有责任的董事、监事、高级管理人员承担连带赔偿责任的规定。上述规定适用于股份有限公司。

关联法规

《最高人民法院关于适用〈中华人民共和国公司法〉若干问题的规定（三）》第13条第1、3款，第17条第1款

第一百零八条　【有限责任公司变更为股份有限公司的要求】有限责任公司变更为股份有限公司时，折合的实收股本总额不得高于公司净资产额。有限责任公司变更为股份有限公司，为增加注册资本公开发行股份时，应当依法办理。

关联法规

《证券法》第12条

第一百零九条　【重要资料的置备】股份有限公司应当将公司章程、股东名册、股东会会议记录、董事会会议记录、监事会会议记录、财务会计报告、债券持有人名册置备于本公司。

第一百一十条　【股份有限公司股东的知情权】股东有权查阅、复制公司章程、股东名册、股东会会议记录、董事会会议决议、监事会会议决议、财务会计报告，对公司的经营提出建议或者质询。

连续一百八十日以上单独或者合计持有公司百分之三以上股份

的股东要求查阅公司的会计账簿、会计凭证的，适用本法第五十七条第二款、第三款、第四款的规定。公司章程对持股比例有较低规定的，从其规定。

股东要求查阅、复制公司全资子公司相关材料的，适用前两款的规定。

上市公司股东查阅、复制相关材料的，应当遵守《中华人民共和国证券法》等法律、行政法规的规定。

条文注解

本条是股份有限公司关于股东的查阅、建议和质询权的规定。

根据《最高人民法院关于适用〈中华人民共和国公司法〉若干问题的规定（四）》第10条的规定，人民法院审理股东请求查阅或者复制公司特定文件材料的案件，对原告诉讼请求予以支持的，应当在判决中明确查阅或者复制公司特定文件材料的时间、地点和特定文件材料的名录。

股东依据人民法院生效判决查阅公司文件材料的，在该股东在场的情况下，可以由会计师、律师等依法或者依据执业行为规范负有保密义务的中介机构执业人员辅助进行。

根据《最高人民法院关于适用〈中华人民共和国公司法〉若干问题的规定（四）》第11条的规定，股东行使知情权后泄露公司商业秘密导致公司合法利益受到损害，公司请求该股东赔偿相关损失的，人民法院应当予以支持。

根据本规定第10条辅助股东查阅公司文件材料的会计师、律师等泄露公司商业秘密导致公司合法利益受到损害，公司请求其赔偿相关损失的，人民法院应当予以支持。

根据《最高人民法院关于适用〈中华人民共和国公司法〉若干问题的规定（四）》第12条的规定，公司董事、高级管理人员等未依法履行职责，导致公司未依法制作或者保存《公司法》第56条、第110条规定的公司文件材料，给股东造成损失，股东依法请求负有相应责任的公司董事、高级管理人员承担民事赔偿责任的，人民法院应当予以支持。

关联法规

《最高人民法院关于适用〈中华人民共和国公司法〉若干问题的规定（四）》第7条第1款、第10条第1款

第二节　股　东　会

第一百一十一条　【股份有限公司股东会的组成与地位】股份有限公司股东会由全体股东组成。股东会是公司的权力机构，依照本法行使职权。

关联法规

《民法典》第80条

第一百一十二条　【股份有限公司股东会的职权】本法第五十九条第一款、第二款关于有限责任公司股东会职权的规定，适用于股份有限公司股东会。

本法第六十条关于只有一个股东的有限责任公司不设股东会的规定，适用于只有一个股东的股份有限公司。

第一百一十三条　【股份有限公司股东会年会及临时股东大会】股东会应当每年召开一次年会。有下列情形之一的，应当在两个月内召开临时股东会会议：

（一）董事人数不足本法规定人数或者公司章程所定人数的三分之二时；

（二）公司未弥补的亏损达股本总额三分之一时；

（三）单独或者合计持有公司百分之十以上股份的股东请求时；

（四）董事会认为必要时；

（五）监事会提议召开时；

（六）公司章程规定的其他情形。

关联法规

《上市股东大会规则》第4条第1款

第一百一十四条　【股东会会议的召集和主持】股东会会议由董事会召集,董事长主持;董事长不能履行职务或者不履行职务的,由副董事长主持;副董事长不能履行职务或者不履行职务的,由过半数的董事共同推举一名董事主持。

董事会不能履行或者不履行召集股东会会议职责的,监事会应当及时召集和主持;监事会不召集和主持的,连续九十日以上单独或者合计持有公司百分之十以上股份的股东可以自行召集和主持。

单独或者合计持有公司百分之十以上股份的股东请求召开临时股东会会议的,董事会、监事会应当在收到请求之日起十日内作出是否召开临时股东会会议的决定,并书面答复股东。

关联法规

《九民纪要》第29条

第一百一十五条　【召开股东会的通知、公告以及临时提案】召开股东会会议,应当将会议召开的时间、地点和审议的事项于会议召开二十日前通知各股东;临时股东会会议应当于会议召开十五日前通知各股东。

单独或者合计持有公司百分之一以上股份的股东,可以在股东会会议召开十日前提出临时提案并书面提交董事会。临时提案应当有明确议题和具体决议事项。董事会应当在收到提案后二日内通知其他股东,并将该临时提案提交股东会审议;但临时提案违反法律、行政法规或者公司章程的规定,或者不属于股东会职权范围的除外。公司不得提高提出临时提案股东的持股比例。

公开发行股份的公司,应当以公告方式作出前两款规定的通知。

股东会不得对通知中未列明的事项作出决议。

条文注解

本条是关于股份有限公司股东会会议召开和股东临时提案的规定。

股东的临时提案必须符合法定要求:(1)提出临时议案的股东必须符合一定的条件,2023年《公司法》修订时将符合条件的股东的持股比例由单独或者合计持有公司股份3%以上改为1%以上。(2)临时提案必须在股东会会议召开10日前提出并书面提交董事会。(3)临时提案内容不得违反法律、行政法规或者公司章程的规定,应当属于股东会的职权范围,并有明确议题和具体决议事项。

需要注意的是,有权提出临时提案的股东是单独或者合计持有公司1%以上股份的股东。实践中有些公司为了限制股东提案权,规定了比法律规定百分比高的持股股东才能提出临时提案。为了避免公司通过公司章程限制股东提案权,2023年《公司法》增加规定,公司不得提高提出临时提案股东的持股比例。

关联法规

《上市公司收购管理办法》第60条

第一百一十六条　【股份有限公司股东会议事规则】股东出席股东会会议,所持每一股份有一表决权,类别股股东除外。公司持有的本公司股份没有表决权。

股东会作出决议,应当经出席会议的股东所持表决权过半数通过。

股东会作出修改公司章程、增加或者减少注册资本的决议,以及公司合并、分立、解散或者变更公司形式的决议,应当经出席会议的股东所持表决权的三分之二以上通过。

关联法规

《上市公司重大资产重组管理办法》第24条第1款

第一百一十七条　【董事、监事选举以及累积投票制】股东会选举董事、监事,可以按照公司章程的规定或者股东会的决议,实行累积投票制。

本法所称累积投票制,是指股东会选举董事或者监事时,每一股份拥有与应选董事或者监事人数相同的表决权,股东拥有的表决权可以集中使用。

条文注解

本条是关于股份有限公司累积投票制的规定。

股东的表决权以“每一股份有一表决权”为原则,在选举董事、监事时也是如此。

为了防止股东大会中处于控制地位的股东凭其优势把持董事、监事的选举，致使持股分散的公众股东提名的董事、监事丧失当选的机会，在公司法中引入累积投票制，即股东大会选举董事或者监事时，每一股份拥有与应选董事或者监事人数相同的表决权，股东拥有的表决权既可以集中向其中的一名候选人投票，也可以将表决权分配给数名候选人，以得票多者当选。在累积投票制度下，中小股东通过其投票权的集中使用，可以增加其提名人的当选机会。例如，某股份公司有1000股，其中某大股东占70%，其余股东占30%。如公司拟选3名董事，在实行直接投票制的情况下，则只能是大股东中意的人选才有可能当选。而实行累积投票制时，大股东的累积表决权数为2100票，其余股东为900票。如果其余股东将900票集中投向一名候选人，该1人必然当选；而大股东要想使其3名被提名人都能当选，则最少需要超过2700票，在这种情况下，大股东也只能保证其提名的2人当选。通过累计投票制，中小股东提名的人选有可能进入董事会、监事会，参与公司的经营决策和监督。

关联法规

《关于进一步加强资本市场中小投资者合法权益保护工作的意见》第4条；《上市公司独立董事管理办法》第12条第1款

第一百一十八条　【表决权的代理行使】股东委托代理人出席股东会会议的，应当明确代理人代理的事项、权限和期限；代理人应当向公司提交股东授权委托书，并在授权范围内行使表决权。

关联法规

《上市公司股东大会规则》第20条第3款、第24条

第一百一十九条　【股东会会议记录要求】股东会应当对所议事项的决定作成会议记录，主持人、出席会议的董事应当在会议记录上签名。会议记录应当与出席股东的签名册及代理出席的委托书一并保存。

关联法规

《上市公司股东大会规则》第41条

第三节　董事会、经理

第一百二十条　【股份有限公司董事会设置、职权】股份有限公司设董事会，本法第一百二十八条另有规定的除外。

本法第六十七条、第六十八条第一款、第七十条、第七十一条的规定，适用于股份有限公司。

关联法规

《上市公司章程指引》第96条第1、2款；《最高人民法院关于适用〈中华人民共和国公司法〉若干问题的规定（五）》第3条

第一百二十一条　【股份有限公司审计委员会设立及职权】股份有限公司可以按照公司章程的规定在董事会中设置由董事组成的审计委员会，行使本法规定的监事会的职权，不设监事会或者监事。

审计委员会成员为三名以上，过半数成员不得在公司担任除董事以外的其他职务，且不得与公司存在任何可能影响其独立客观判断的关系。公司董事会成员中的职工代表可以成为审计委员会成员。

审计委员会作出决议，应当经审计委员会成员的过半数通过。

审计委员会决议的表决，应当一人一票。

审计委员会的议事方式和表决程序，除本法有规定的外，由公司章程规定。

公司可以按照公司章程的规定在董事会中设置其他委员会。

关联法规

《关于进一步完善国有企业法人治理结构的指导意见》二、（二）第3条；《上市公司独立董事管理办法》第5条第2、3款；《国务院关于实施〈中华人民共和国公司法〉注册资本登记管理制度的规定》第12条

第一百二十二条 【董事长、副董事长的产生及职责】董事会设董事长一人，可以设副董事长。董事长和副董事长由董事会以全体董事的过半数选举产生。

董事长召集和主持董事会会议，检查董事会决议的实施情况。副董事长协助董事长工作，董事长不能履行职务或者不履行职务的，由副董事长履行职务；副董事长不能履行职务或者不履行职务的，由过半数的董事共同推举一名董事履行职务。

关联法规

《关于推进国有资本、运营公司改革试点的实施意见》二、(四)第2条

第一百二十三条 【董事会召开】董事会每年度至少召开两次会议，每次会议应当于会议召开十日前通知全体董事和监事。

代表十分之一以上表决权的股东、三分之一以上董事或者监事会，可以提议召开临时董事会会议。董事长应当自接到提议后十日内，召集和主持董事会会议。

董事会召开临时会议，可以另定召集董事会的通知方式和通知时限。

关联法规

《上市公司章程指引》第115条

第一百二十四条 【董事会议事规则】董事会会议应当有过半数的董事出席方可举行。董事会作出决议，应当经全体董事的过半数通过。

董事会决议的表决，应当一人一票。

董事会应当对所议事项的决定作成会议记录，出席会议的董事应当在会议记录上签名。

第一百二十五条 【董事的出席与责任承担】董事会会议，应当由董事本人出席；董事因故不能出席，可以书面委托其他董事代为出席，委托书应当载明授权范围。

董事应当对董事会的决议承担责任。董事会的决议违反法律、行政法规或者公司章程、股东会决议，给公司造成严重损失的，参与决议的董事对公司负赔偿责任；经证明在表决时曾表明异议并记载于会议记录的，该董事可以免除责任。

关联法规

《董事会试点中央企业董事会规范运作暂行办法》第68条

第一百二十六条 【股份有限公司经理的产生及职权】股份有限公司设经理，由董事会决定聘任或者解聘。

经理对董事会负责，根据公司章程的规定或者董事会的授权行使职权。经理列席董事会会议。

关联法规

《上市公司章程指引》第128条

第一百二十七条 【董事会成员兼任经理】公司董事会可以决定由董事会成员兼任经理。

关联法规

《企业国有资产法》第25条第2款

第一百二十八条 【不设置董事会的股份有限公司】规模较小或者股东人数较少的股份有限公司，可以不设董事会，设一名董事，行使本法规定的董事会的职权。该董事可以兼任公司经理。

第一百二十九条　【董监高报酬的定期披露制定】公司应当定期向股东披露董事、监事、高级管理人员从公司获得报酬的情况。

关联法规

《上市公司信息披露管理办法》第14条

第四节　监　事　会

第一百三十条　【股份有限公司监事会设立及监事选任】股份有限公司设监事会，本法第一百二十一条第一款、第一百三十三条另有规定的除外。

监事会成员为三人以上。监事会成员应当包括股东代表和适当比例的公司职工代表，其中职工代表的比例不得低于三分之一，具体比例由公司章程规定。监事会中的职工代表由公司职工通过职工代表大会、职工大会或者其他形式民主选举产生。

监事会设主席一人，可以设副主席。监事会主席和副主席由全体监事过半数选举产生。监事会主席召集和主持监事会会议；监事会主席不能履行职务或者不履行职务的，由监事会副主席召集和主持监事会会议；监事会副主席不能履行职务或者不履行职务的，由过半数的监事共同推举一名监事召集和主持监事会会议。

董事、高级管理人员不得兼任监事。

本法第七十七条关于有限责任公司监事任期的规定，适用于股份有限公司监事。

关联法规

《企业国有资产法》第25条第3款；《上市公司治理准则》第45条第1款

第一百三十一条　【股份有限公司监事会的职权及费用承担】本法第七十八条至第八十条的规定，适用于股份有限公司监事会。

监事会行使职权所必需的费用，由公司承担。

关联法规

《上市公司章程指引》第141条

第一百三十二条　【监事会议事规则】监事会每六个月至少召开一次会议。监事可以提议召开临时监事会会议。

监事会的议事方式和表决程序，除本法有规定的外，由公司章程规定。

监事会决议应当经全体监事的过半数通过。

监事会决议的表决，应当一人一票。

监事会应当对所议事项的决定作成会议记录，出席会议的监事应当在会议记录上签名。

第一百三十三条　【不设监事会的股份有限公司】规模较小或者股东人数较少的股份有限公司，可以不设监事会，设一名监事，行使本法规定的监事会的职权。

关联法规

《国有企业公司章程制定管理办法》第12条

第五节　上市公司组织机构的特别规定

第一百三十四条　【上市公司的定义】本法所称上市公司，是指其股票在证券交易所上市交易的股份有限公司。

条文注解

本条是关于上市公司概念的规定。

上市公司具有以下两个特征：一是上市公司必须是已向社会发行股票的股份有限公司。即以募集设立方式成立的股份有限公司，可以依照法律规定的条件，申请其股票在证券交易所内进行交易，成为上市公司。以发起设立方式成立的股份有限公司，在公司成立后，经过批准向社会公开发行股份后，又达到公司法规定的上市条件的，也可以依法申请为上市公司。二是上市公司的股票必须在证券交易所开设的交易场所公开竞价交易。

第一百三十五条 【上市公司重大资产买卖与重要担保的议事规则】上市公司在一年内购买、出售重大资产或者向他人提供担保的金额超过公司资产总额百分之三十的，应当由股东会作出决议，并经出席会议的股东所持表决权的三分之二以上通过。

关联法规

《证券法》第80条第2款；《上市公司章程指引》第78条

第一百三十六条 【上市公司独立董事及公司章程载明事项】上市公司设独立董事，具体管理办法由国务院证券监督管理机构规定。

上市公司的公司章程除载明本法第九十五条规定的事项外，还应当依照法律、行政法规的规定载明董事会专门委员会的组成、职权以及董事、监事、高级管理人员薪酬考核机制等事项。

条文注解

本条是关于上市公司独立董事和上市公司章程的规定。

独立董事，是指不在公司担任董事外的其他职务，并与受聘的公司及其主要股东不存在妨碍其进行独立客观判断关系的董事。独立董事的职责是按照相关法律、行政法规、公司章程，认真履行职责，维护公司整体利益，尤其是要关注中小股东的合法权益不受侵害。独立董事应当独立履行职责，不受公司主要股东、实际控制人或者与公司存在利益关系的单位或者个人的影响。一般来说，独立董事由具有法律、经济、财会等方面专业知识、社会信用良好的人士担任。独立董事在任期内应当保证有一定时间在公司了解情况，公司应当为独立董事开展工作提供必要条件。

关联法规

《上市公司独立董事管理办法》；《上市公司章程指引》

第一百三十七条　【须经审计委员会通过的事项】上市公司在董事会中设置审计委员会的，董事会对下列事项作出决议前应当经审计委员会全体成员过半数通过：

（一）聘用、解聘承办公司审计业务的会计师事务所；

（二）聘任、解聘财务负责人；

（三）披露财务会计报告；

（四）国务院证券监督管理机构规定的其他事项。

关联法规

《上市公司独立董事管理办法》第 26 条；《关于上市公司独立董事制度改革的意见》二、（二）

第一百三十八条　【上市公司董事会秘书】上市公司设董事会秘书，负责公司股东会和董事会会议的筹备、文件保管以及公司股东资料的管理，办理信息披露事务等事宜。

条文注解

本条是关于上市公司董事会秘书的规定。

董事会秘书，是指掌管董事会文书并协助董事会成员处理日常事务的人员。董事会秘书的主要职责是负责公司股东大会和董事会会议的筹备、文件保管以及公司股东资料的管理，办理信息披露事务等事宜，它是上市公司固有的职务。董事会秘书只是上市公司董事会设置的服务席位，既不能代表董事会，也不能代表董事长。上市公司董事会秘书是公司的高级管理人员，承担法律、行政法规以及公司章程对公司高级管理人员所要求的义务，享有相应的工作职权，并获取相应的报酬。

关联法规

《上市公司章程指引》第 11 条；《上市公司独立董事管理办法》第 35 条第 2 款

第一百三十九条　【上市公司董事关联交易书面报告及回避制度】上市公司董事与董事会会议决议事项所涉及的企业或者个人有关联关系的，该董事应当及时向董事会书面报告。有关联关系的董事不得对该项决议行使表决权，也不得代理其他董事行使表决权。

该董事会会议由过半数的无关联关系董事出席即可举行，董事会会议所作决议须经无关联关系董事过半数通过。出席董事会会议的无关联关系董事人数不足三人的，应当将该事项提交上市公司股东会审议。

关联法规

《上市公司收购管理办法》第51条；《上市公司重大资产重组管理办法》第24条第2、3款

第一百四十条 【上市公司信息披露制度及禁止股票代持】上市公司应当依法披露股东、实际控制人的信息，相关信息应当真实、准确、完整。

禁止违反法律、行政法规的规定代持上市公司股票。

条文注解

本条是2023年《公司法》修订新增的条文。根据《证券法》第80条的规定，持有公司5%以上股份的股东或者实际控制人持有股份或者控制公司的情况发生较大变化，公司的实际控制人及其控制的其他企业从事与公司相同或者相似业务的情况发生较大变化，公司应当立即将有关该重大事件的情况向国务院证券监督管理机构和证券交易场所报送临时报告，并予公告，说明事件的起因、目前的状态和可能产生的法律后果。本条与该条文相衔接，增加了上市公司应当依法披露股东、实际控制人信息的规定。上市公司对于股东、实际控制人的相关信息应当通过年度报告、中期报告、临时报告等真实、准确、完整披露。同时，上市公司的股东、实际控制人发生相关重大事件时，应当主动告知上市公司董事会，并配合上市公司履行信息披露义务。

禁止代持上市公司股票是信息披露制度的必然要求。依照《证券法》第78条第2款的规定，信息披露义务人披露的信息，应当真实、准确、完整，简明清晰，通俗易懂，不得有虚假记载、误导性陈述或者重大遗漏。上市公司股票若仅由披露的股东代持，而实际出资人却未被依法披露，则影响所披露信息的真实性、准确性和完整性，对于上市公司监管及投资者保护都可能带来不利后果。

关联法规

《证券法》第78条第2款、第83条第1款；《首次公开发行股票注册管理办法》第36条第2款；《上市公司信息披露管理办法》第27条；《最高人民法院关于适用〈中华人民共和国公司法〉时间效力的若干规定》第3条第1项

第一百四十一条　【禁止交叉持股】上市公司控股子公司不得取得该上市公司的股份。

上市公司控股子公司因公司合并、质权行使等原因持有上市公司股份的，不得行使所持股份对应的表决权，并应当及时处分相关上市公司股份。

关联法规

《北京证券交易所股票上市规则（试行）》第4.1.12条第3款；《深圳证券交易所股票上市规则》第3.4.15条；《上海证券交易所科创板股票上市规则》第4.3.17条；《最高人民法院关于适用〈中华人民共和国公司法〉时间效力的若干规定》第3条第2项

第六章　股份有限公司的股份发行和转让

第一节　股份发行

第一百四十二条　【股份及其形式】公司的资本划分为股份。公司的全部股份，根据公司章程的规定择一采用面额股或者无面额股。采用面额股的，每一股的金额相等。

公司可以根据公司章程的规定将已发行的面额股全部转换为无面额股或者将无面额股全部转换为面额股。

采用无面额股的，应当将发行股份所得股款的二分之一以上计入注册资本。

条文注解

本条是关于股份及其形式的规定。

股份是股份有限公司特有的概念，是股份有限公司资本最基本的构成单位。(1)股份是股份有限公司资本的基本构成单位，是公司资本的计算单位。股份有限公司的全部资本划分为股份，且每一股的金额相等，即等额股份。这样，所有股份的总额就是公司的资本总额。(2)股份是股东权利义务的产生根据和计算单位。股东按照其持有的股份数额行使股东权利，如表决权、分红权、剩余财产分配权、新股认购权等。

股票是公司签发的证明股东所持股份的凭证。股票的概念包括以下几层含义：(1)股票是股份的表现形式，作为法律概念的股份在具体生活中的表现形式就是股票。(2)股票是证明股东权利的有价证券。股票可以流通并可以设置质押，因此，股票是一种有价证券，是证明股东权利的凭证。(3)股票是一种要式证券。股票必须由公司签发，由公司的法定代表人签名、公司盖章。同时，股票的形式、记载事项等必须符合法律的规定。

第一百四十三条　【股份发行的原则】股份的发行，实行公平、公正的原则，同类别的每一股份应当具有同等权利。

同次发行的同类别股份，每股的发行条件和价格应当相同；认购人所认购的股份，每股应当支付相同价额。

关联法规

《上市公司章程指引》第16条;《证券法》第二章

第一百四十四条　【类别股的发行】公司可以按照公司章程的规定发行下列与普通股权利不同的类别股:

(一)优先或者劣后分配利润或者剩余财产的股份;

(二)每一股的表决权数多于或者少于普通股的股份;

(三)转让须经公司同意等转让受限的股份;

(四)国务院规定的其他类别股。

公开发行股份的公司不得发行前款第二项、第三项规定的类别股;公开发行前已发行的除外。

公司发行本条第一款第二项规定的类别股的,对于监事或者审计委员会成员的选举和更换,类别股与普通股每一股的表决权数相同。

关联法规

《关于开展优先股试点的指导意见》一、(一)(二)(三)

第一百四十五条　【类别股的公司章程载明事项】发行类别股的公司,应当在公司章程中载明以下事项:

(一)类别股分配利润或者剩余财产的顺序;

(二)类别股的表决权数;

(三)类别股的转让限制;

(四)保护中小股东权益的措施;

(五)股东会认为需要规定的其他事项。

第一百四十六条　【类别股公司的决议事项和表决程序】发行类别股的公司,有本法第一百一十六条第三款规定的事项等可能影响类别股股东权利的,除应当依照第一百一十六条第三款的规定经股东会决议外,还应当经出席类别股股东会议的股东所持表决权的三

分之二以上通过。

公司章程可以对需经类别股股东会议决议的其他事项作出规定。

关联法规

《关于开展优先股试点的指导意见》一、(五)

第一百四十七条 【记名股票】公司的股份采取股票的形式。股票是公司签发的证明股东所持股份的凭证。

公司发行的股票,应当为记名股票。

第一百四十八条 【股票发行的价格】面额股股票的发行价格可以按票面金额,也可以超过票面金额,但不得低于票面金额。

条文注解

本条是关于股票发行价格的规定。

股票的发行价格是股票发行时所使用的价格,也是投资者认购股票时所支付的价格。股票发行价格一般由发行公司根据股票面额、股市行情和其他有关因素决定。股票的发行价格可以分为平价发行价格和溢价发行价格。平价发行也叫等价发行,是指股票的发行价格与股票的票面金额相同。溢价发行是指股票的实际发行价格超过其票面金额。我国不允许折价发行,即不允许股票以低于其票面金额的价格发行。

关联法规

《证券法》第 32 条

第一百四十九条 【股票的形式与应载明的事项】股票采用纸面形式或者国务院证券监督管理机构规定的其他形式。

股票采用纸面形式的,应当载明下列主要事项:

(一)公司名称;

(二)公司成立日期或者股票发行的时间;

(三)股票种类、票面金额及代表的股份数,发行无面额股的,股票代表的股份数。

股票采用纸面形式的，还应当载明股票的编号，由法定代表人签名，公司盖章。

发起人股票采用纸面形式的，应当标明发起人股票字样。

关联法规

《证券法》第39条

第一百五十条 【向股东交付股票的时间】股份有限公司成立后，即向股东正式交付股票。公司成立前不得向股东交付股票。

第一百五十一条 【发行新股的决议事项】公司发行新股，股东会应当对下列事项作出决议：

（一）新股种类及数额；

（二）新股发行价格；

（三）新股发行的起止日期；

（四）向原有股东发行新股的种类及数额；

（五）发行无面额股的，新股发行所得股款计入注册资本的金额。

公司发行新股，可以根据公司经营情况和财务状况，确定其作价方案。

条文注解

本条是关于公司发行新股和确定新股作价方案的规定。

根据本法第148条的规定，我国不允许面额股股票的折价发行，面额股股票的发行价格应当等于或者高于股票的票面金额。除了这一限制以外，法律对公司新股发行价格未规定限制条件，而是由公司自主决定。按照本条的规定，公司发行新股，可以根据公司的经营情况和财务状况来确定其作价方案。在实际操作中，公司在确定其新股作价方案时，需要考虑的因素很多，如公司的投资计划、公司的盈利状况、公司的发展前景等；通过公开发行的方式发行新股的，同时还要考虑股票市场的状况，如股票一级市场的供求情况以及二级市场的整体股价水平、股票市场的走势、股票的市盈率、同类股票的价格水平以及同期银行利率水平等因素。

关联法规

《证券法》第12条

第一百五十二条 【授权董事会发行股份】公司章程或者股东会可以授权董事会在三年内决定发行不超过已发行股份百分之五十的股份。但以非货币财产作价出资的应当经股东会决议。

董事会依照前款规定决定发行股份导致公司注册资本、已发行股份数发生变化的，对公司章程该项记载事项的修改不需再由股东会表决。

第一百五十三条 【董事会发行新股的通过】公司章程或者股东会授权董事会决定发行新股的，董事会决议应当经全体董事三分之二以上通过。

第一百五十四条 【公开募集股份规则】公司向社会公开募集股份，应当经国务院证券监督管理机构注册，公告招股说明书。

招股说明书应当附有公司章程，并载明下列事项：

（一）发行的股份总数；

（二）面额股的票面金额和发行价格或者无面额股的发行价格；

（三）募集资金的用途；

（四）认股人的权利和义务；

（五）股份种类及其权利和义务；

（六）本次募股的起止日期及逾期未募足时认股人可以撤回所认股份的说明。

公司设立时发行股份的，还应当载明发起人认购的股份数。

关联法规

《证券法》第9、13、14条

第一百五十五条 【公开募集股份承销协议】公司向社会公开募集股份，应当由依法设立的证券公司承销，签订承销协议。

条文注解

本条是关于公开发行股份的方式的规定。

证券承销是指发行人委托证券经营机构向社会公开销售证券的行为。发行人向不特定对象公开发行证券，依法应当由证券公司承销。证券承销业务采取代销或者包销方式。

证券代销是指证券公司代发行人发售证券，在承销期结束时，将未售出的证券全部退还给发行人的承销方式。

证券包销是指证券公司将发行人的证券按照协议全部购入或者在承销期结束时将售后剩余证券全部自行购入的承销方式。公开发行证券的发行人有权依法自主选择承销的证券公司。

关联法规

《证券法》第26～28、31、33条；《证券发行与承销管理办法》

第一百五十六条　【公开募集股份时收取股款的方式】公司向社会公开募集股份，应当同银行签订代收股款协议。

代收股款的银行应当按照协议代收和保存股款，向缴纳股款的认股人出具收款单据，并负有向有关部门出具收款证明的义务。

公司发行股份募足股款后，应予公告。

第二节　股份转让

第一百五十七条　【股份可依法转让】股份有限公司的股东持有的股份可以向其他股东转让，也可以向股东以外的人转让；公司章程对股份转让有限制的，其转让按照公司章程的规定进行。

关联法规

《最高人民法院关于适用〈中华人民共和国公司法〉时间效力的若干规定》第5条第1项

第一百五十八条　【转让股份的场所】股东转让其股份，应当在依法设立的证券交易场所进行或者按照国务院规定的其他方式进行。

关联法规

《证券法》第37、38条

第一百五十九条 【股票的转让方式】股票的转让，由股东以背书方式或者法律、行政法规规定的其他方式进行；转让后由公司将受让人的姓名或者名称及住所记载于股东名册。

股东会会议召开前二十日内或者公司决定分配股利的基准日前五日内，不得变更股东名册。法律、行政法规或者国务院证券监督管理机构对上市公司股东名册变更另有规定的，从其规定。

条文注解

本条是关于记名股票转让的规定。

"记名股票，由股东以背书方式或者法律、行政法规规定的其他方式进行"，所谓背书，是有价证券转让的一种法定形式，对记名股票转让而言，是指记名股票上所记载的股东作为背书人，在股票上签章，并在股票背面或者股票所粘附的粘单上记载受让人即被背书人的名称或者姓名，以表示将该股票所代表的股东权利转让给受让人的行为，以背书方式转让的股票，由于其形式上的要求，必须为实物券式的股票。实践中还有很多股份有限公司的股票是采取无纸化的形式，对于这些股票，应依据本条规定，由股东以法律、行政法规规定的其他方式转让。如我国目前上市交易的公司股票，采取的是簿记券式，即以在证券登记结算机构记载股东账户的方式发行股票，不印制实物股票。这些股票的交易，按照有关法律、行政法规的规定，要依照交易者在证券公司开户、委托证券公司买卖、达成交易合同、进行清算交割、办理证券的登记过户手续等程序进行。这种交易方式，就属于"法律、行政法规规定的其他方式"。

关联法规

《上市公司章程指引》第31、32条

第一百六十条 【股份转让限制】公司公开发行股份前已发行的股份，自公司股票在证券交易所上市交易之日起一年内不得转让。法律、行政法规或者国务院证券监督管理机构对上市公司的股东、实际控制人转让其所持有的本公司股份另有规定的，从其规定。

公司董事、监事、高级管理人员应当向公司申报所持有的本公司的股份及其变动情况，在就任时确定的任职期间每年转让的股份不得

超过其所持有本公司股份总数的百分之二十五；所持本公司股份自公司股票上市交易之日起一年内不得转让。上述人员离职后半年内，不得转让其所持有的本公司股份。公司章程可以对公司董事、监事、高级管理人员转让其所持有的本公司股份作出其他限制性规定。

股份在法律、行政法规规定的限制转让期限内出质的，质权人不得在限制转让期限内行使质权。

关联法规

《证券法》第36条

第一百六十一条　【异议股东的股份回购请求权】有下列情形之一的，对股东会该项决议投反对票的股东可以请求公司按照合理的价格收购其股份，公开发行股份的公司除外：

（一）公司连续五年不向股东分配利润，而公司该五年连续盈利，并且符合本法规定的分配利润条件；

（二）公司转让主要财产；

（三）公司章程规定的营业期限届满或者章程规定的其他解散事由出现，股东会通过决议修改章程使公司存续。

自股东会决议作出之日起六十日内，股东与公司不能达成股份收购协议的，股东可以自股东会决议作出之日起九十日内向人民法院提起诉讼。

公司因本条第一款规定的情形收购的本公司股份，应当在六个月内依法转让或者注销。

条文注解

本条是关于股东可以退出公司的规定。

本条是对先前《公司法》第142条作出的修改，旨在进一步对公司法有关资本制度的规定进行修改完善，赋予公司更多自主权，有利于促进完善公司治理、推动资本市场稳定健康发展。此次修正主要从三个方面进行：

一是修正增加允许股份回购的情形，将先前《公司法》第142条规定中“（三）将股份奖励给本公司职工”修改为“（三）用于员工持股计划或者股权激励”，并增加“（五）将股份用于转换上市公司发行的可转换为股票的公司债券”和“（六）上市公司为维护公司价值及股东权益所必需”两种情形。

二是适当简化股份回购的决策程序，提高公司持有本公司股份的数额上限，延长公司持有所回购股份的期限。

三是增加信息披露规定。为防止上市公司滥用股份回购制度，引发操纵市场、内幕交易等利益输送行为，增加规定上市公司收购本公司股份应当依照《证券法》的规定履行信息披露义务。

关联法规

《最高人民法院关于适用〈中华人民共和国公司法〉时间效力的若干规定》第4条第3项

第一百六十二条　【公司股份回购】公司不得收购本公司股份。但是，有下列情形之一的除外：

（一）减少公司注册资本；

（二）与持有本公司股份的其他公司合并；

（三）将股份用于员工持股计划或者股权激励；

（四）股东因对股东会作出的公司合并、分立决议持异议，要求公司收购其股份；

（五）将股份用于转换公司发行的可转换为股票的公司债券；

（六）上市公司为维护公司价值及股东权益所必需。

公司因前款第一项、第二项规定的情形收购本公司股份的，应当经股东会决议；公司因前款第三项、第五项、第六项规定的情形收购本公司股份的，可以按照公司章程或者股东会的授权，经三分之二以上董事出席的董事会会议决议。

公司依照本条第一款规定收购本公司股份后，属于第一项情形的，应当自收购之日起十日内注销；属于第二项、第四项情形的，应当在六个月内转让或者注销；属于第三项、第五项、第六项情形的，公司合计持有的本公司股份数不得超过本公司已发行股份总数的百分之十，并应当在三年内转让或者注销。

上市公司收购本公司股份的，应当依照《中华人民共和国证券法》的规定履行信息披露义务。上市公司因本条第一款第三项、第五项、第六项规定的情形收购本公司股份的，应当通过公开的集中交易

方式进行。

公司不得接受本公司的股份作为质权的标的。

第一百六十三条　【禁止财务资助】公司不得为他人取得本公司或者其母公司的股份提供赠与、借款、担保以及其他财务资助，公司实施员工持股计划的除外。

为公司利益，经股东会决议，或者董事会按照公司章程或者股东会的授权作出决议，公司可以为他人取得本公司或者其母公司的股份提供财务资助，但财务资助的累计总额不得超过已发行股本总额的百分之十。董事会作出决议应当经全体董事的三分之二以上通过。

违反前两款规定，给公司造成损失的，负有责任的董事、监事、高级管理人员应当承担赔偿责任。

关联法规

《上市公司章程指引》第21条；《最高人民法院关于适用〈中华人民共和国公司法〉时间效力的若干规定》第3条第3项

第一百六十四条　【记名股票丢失的救济】股票被盗、遗失或者灭失，股东可以依照《中华人民共和国民事诉讼法》规定的公示催告程序，请求人民法院宣告该股票失效。人民法院宣告该股票失效后，股东可以向公司申请补发股票。

条文注解

本条是关于股票被盗、遗失或灭失后如何处理的规定。

公示催告程序，是我国《民事诉讼法》规定的一种非诉程序，是指在票据持有人丧失票据的情况下，人民法院根据权利人的申请，以公告的方式，告知并催告利害关系人在指定期限内向人民法院申报权利，如不申报权利，人民法院依法作出宣告票据或者其他事项无效的程序。

根据本条和《民事诉讼法》的有关规定，股票被盗、遗失或者灭失，股东依照公示催告程序请求法院宣告该股票无效的，应经过以下程序：(1)提出申请，即股东向人民法院提出公示催告申请，并向人民法院递交申请书，写明股票的主要内容和申请的理由、事实。(2)人民法院决定受理申请的，应当同时通知公司停止该记名股票所代表股东权利的行使，并在3日内发布公告，催促利害关系人申报权利。公示催告的期间，由人民法院根据情况决定，但不得少于60日。(3)有关利害关系人认为股东的公示催告请求与事实不符的，应当在公示催告期间向人民法院申报。如申报该股票并不是被盗、遗失或者灭失，而是被合法转让给自己等。(4)在公示催告期间没有人申报的。人民法院即根据申请人的申请作出判决，宣告该股票无效。

人民法院通过公示催告程序宣告股票无效后，股东可以依据本条规定，请求公司向其补发股票。

关联法规

《民事诉讼法》第十八章、第229条第1款、第230～234条

第一百六十五条　【上市公司的股票交易】上市公司的股票，依照有关法律、行政法规及证券交易所交易规则上市交易。

第一百六十六条　【上市公司的信息披露制度】上市公司应当依照法律、行政法规的规定披露相关信息。

条文注解

本条是关于上市公司信息披露的规定。

上市公司是最典型的资合性公司、开放式公司，其股票在依法设立的证券交易所进行交易，面对的是广大投资者。为了方便投资者进行投资决策、保护投资者的合法权益，上市公司应当将公司的有关情况及时、准确地予以披露。因此，本条规定，上市公司必须依照法律、行政法规的规定，公开其财务状况、经营情况及重大诉讼，在每会计年度内半年公布一次财务会计报告。此外，《证券法》对上市公司的信息披露，作了更详尽、更具体的规定。

关联法规

《证券法》第78～81条；《上市公司信息披露管理办法》

第一百六十七条　【股份有限公司自然人股东资格继承及例外】自然人股东死亡后，其合法继承人可以继承股东资格；但是，股份转让受限的股份有限公司的章程另有规定的除外。

第七章　国家出资公司组织机构的特别规定

第一百六十八条　【国家出资公司的设立】国家出资公司的组织机构，适用本章规定；本章没有规定的，适用本法其他规定。

本法所称国家出资公司，是指国家出资的国有独资公司、国有资本控股公司，包括国家出资的有限责任公司、股份有限公司。

条文注解

本条是关于国家出资公司的规定。

本条将2018年《公司法》的国有独资公司专节改为国家出资公司专章，既包括国家出资的有限责任公司，也涵盖国家出资的股份有限公司；既包括国有独资公司，也包括国有资本控股公司。同时，考虑到国家出资公司与一般公司的主要区别在于其组织机构不同于一般公司，特别是国有独资公司不设股东会，履行出资人职责的机构可以授权公司董事会行使股东会的部分职权。因此，本章主要聚焦于国家出资公司组织机构的特别规定，名称由2018年《公司法》的"国有独资公司的特别规定"修改为"国家出资公司组织机构的特别规定"。

关联法规

《企业国有资产法》第5条

第一百六十九条　【履行国家出资公司出资人职责的主体】国家出资公司，由国务院或者地方人民政府分别代表国家依法履行出资人职责，享有出资人权益。国务院或者地方人民政府可以授权国有资产监督管理机构或者其他部门、机构代表本级人民政府对国家出资公司履行出资人职责。

代表本级人民政府履行出资人职责的机构、部门，以下统称为履行出资人职责的机构。

关联法规

《企业国有资产法》第4、11条

第一百七十条　【国家出资公司中党组织的领导作用】国家出资公司中中国共产党的组织，按照中国共产党章程的规定发挥领导作用，研究讨论公司重大经营管理事项，支持公司的组织机构依法行使职权。

第一百七十一条　【国有独资公司章程】国有独资公司章程由履行出资人职责的机构制定。

第一百七十二条　【国有独资公司重大事项的决定】国有独资公司不设股东会，由履行出资人职责的机构行使股东会职权。履行出资人职责的机构可以授权公司董事会行使股东会的部分职权，但公司章程的制定和修改，公司的合并、分立、解散、申请破产，增加或者减少注册资本，分配利润，应当由履行出资人职责的机构决定。

第一百七十三条　【国有独资公司董事会】国有独资公司的董事会依照本法规定行使职权。

国有独资公司的董事会成员中，应当过半数为外部董事，并应当有公司职工代表。

董事会成员由履行出资人职责的机构委派；但是，董事会成员中的职工代表由公司职工代表大会选举产生。

董事会设董事长一人，可以设副董事长。董事长、副董事长由履行出资人职责的机构从董事会成员中指定。

第一百七十四条　【国有独资公司经理选任】国有独资公司的经理由董事会聘任或者解聘。

经履行出资人职责的机构同意，董事会成员可以兼任经理。

第一百七十五条　【国有独资公司董事、高级管理人员禁止兼职】国有独资公司的董事、高级管理人员，未经履行出资人职责的机构同意，不得在其他有限责任公司、股份有限公司或者其他经济组织兼职。

第一百七十六条　【国有独资公司监事会设置例外】国有独资公司在董事会中设置由董事组成的审计委员会行使本法规定的监事会职权的，不设监事会或者监事。

第一百七十七条　【国有独资公司的风控及合规管理】国家出资公司应当依法建立健全内部监督管理和风险控制制度，加强内部合规管理。

关联法规

《中央企业合规管理办法》

第八章　公司董事、监事、高级管理人员的资格和义务

第一百七十八条　【董监高的资格禁止】有下列情形之一的，不得担任公司的董事、监事、高级管理人员：

（一）无民事行为能力或者限制民事行为能力；

（二）因贪污、贿赂、侵占财产、挪用财产或者破坏社会主义市场经济秩序，被判处刑罚，或者因犯罪被剥夺政治权利，执行期满未逾五年，被宣告缓刑的，自缓刑考验期满之日起未逾二年；

（三）担任破产清算的公司、企业的董事或者厂长、经理，对该公司、企业的破产负有个人责任的，自该公司、企业破产清算完结之日起未逾三年；

（四）担任因违法被吊销营业执照、责令关闭的公司、企业的法定代表人，并负有个人责任的，自该公司、企业被吊销营业执照、责令关闭之日起未逾三年；

（五）个人因所负数额较大债务到期未清偿被人民法院列为失信被执行人。

违反前款规定选举、委派董事、监事或者聘任高级管理人员的，该选举、委派或者聘任无效。

董事、监事、高级管理人员在任职期间出现本条第一款所列情形的，公司应当解除其职务。

关联法规

《最高人民法院关于适用〈中华人民共和国公司法〉若干问题的规定（五）》第3条

第一百七十九条　【董监高的一般义务】董事、监事、高级管理人员应当遵守法律、行政法规和公司章程。

第一百八十条　【董监高的忠实勤勉义务】董事、监事、高级管理人员对公司负有忠实义务，应当采取措施避免自身利益与公司利益冲突，不得利用职权牟取不正当利益。

董事、监事、高级管理人员对公司负有勤勉义务，执行职务应当为公司的最大利益尽到管理者通常应有的合理注意。

公司的控股股东、实际控制人不担任公司董事但实际执行公司事务的，适用前两款规定。

关联法规

《最高人民法院关于适用〈中华人民共和国公司法〉时间效力的若干规定》第4条第4项

第一百八十一条　【董监高的禁止行为】董事、监事、高级管理人员不得有下列行为：

（一）侵占公司财产、挪用公司资金；

（二）将公司资金以其个人名义或者以其他个人名义开立账户存储；

（三）利用职权贿赂或者收受其他非法收入；

（四）接受他人与公司交易的佣金归为己有；

（五）擅自披露公司秘密；

（六）违反对公司忠实义务的其他行为。

关联法规

《最高人民法院关于适用〈中华人民共和国公司法〉时间效力的若干规定》第5条第2项

第一百八十二条　【董监高及其关联人交易报告】董事、监事、高级管理人员，直接或者间接与本公司订立合同或者进行交易，应当就与订立合同或者进行交易有关的事项向董事会或者股东会报告，并按照公司章程的规定经董事会或者股东会决议通过。

董事、监事、高级管理人员的近亲属，董事、监事、高级管理人员或者其近亲属直接或者间接控制的企业，以及与董事、监事、高级管理人员有其他关联关系的关联人，与公司订立合同或者进行交易，适用前款规定。

关联法规

《最高人民法院关于适用〈中华人民共和国公司法〉时间效力的若干规定》第5条第2、4项

第一百八十三条　【董监高合法牟取商业机会】董事、监事、高级管理人员，不得利用职务便利为自己或者他人谋取属于公司的商业机会。但是，有下列情形之一的除外：

（一）向董事会或者股东会报告，并按照公司章程的规定经董事会或者股东会决议通过；

（二）根据法律、行政法规或者公司章程的规定，公司不能利用该商业机会。

关联法规

《最高人民法院关于适用〈中华人民共和国公司法〉时间效力的若干规定》第5条第2、3项

第一百八十四条　【董监高的竞业禁止】董事、监事、高级管理人员未向董事会或者股东会报告，并按照公司章程的规定经董事会或者股东会决议通过，不得自营或者为他人经营与其任职公司同类的业务。

关联法规

《最高人民法院关于适用〈中华人民共和国公司法〉时间效力的若干规定》第5条第2、3项

第一百八十五条　【董事关联交易回避制度】董事会对本法第一百八十二条至第一百八十四条规定的事项决议时，关联董事不得参与表决，其表决权不计入表决权总数。出席董事会会议的无关联关系董事人数不足三人的，应当将该事项提交股东会审议。

第一百八十六条　【董监高违规收入的处理】董事、监事、高级管理人员违反本法第一百八十一条至第一百八十四条规定所得的收入应当归公司所有。

关联法规

《证券法》第44条

第一百八十七条　【董监高列席股东会并接受股东质询】股东会要求董事、监事、高级管理人员列席会议的，董事、监事、高级管理人员应当列席并接受股东的质询。

第一百八十八条　【董监高对公司的损害赔偿责任】董事、监事、高级管理人员执行职务违反法律、行政法规或者公司章程的规定，给公司造成损失的，应当承担赔偿责任。

第一百八十九条　【股东代表诉讼】董事、高级管理人员有前条规定的情形的，有限责任公司的股东、股份有限公司连续一百八十日以上单独或者合计持有公司百分之一以上股份的股东，可以书面请求监事会向人民法院提起诉讼；监事有前条规定的情形的，前述股东可以书面请求董事会向人民法院提起诉讼。

监事会或者董事会收到前款规定的股东书面请求后拒绝提起诉讼，或者自收到请求之日起三十日内未提起诉讼，或者情况紧急、不立即提起诉讼将会使公司利益受到难以弥补的损害的，前款规定的股东有权为公司利益以自己的名义直接向人民法院提起诉讼。

他人侵犯公司合法权益，给公司造成损失的，本条第一款规定的股东可以依照前两款的规定向人民法院提起诉讼。

公司全资子公司的董事、监事、高级管理人员有前条规定情形，或者他人侵犯公司全资子公司合法权益造成损失的，有限责任公司的股东、股份有限公司连续一百八十日以上单独或者合计持有公司百分之一以上股份的股东，可以依照前三款规定书面请求全资子公司的监事会、董事会向人民法院提起诉讼或者以自己的名义直接向人民法院提起诉讼。

条文注解

本条是关于股东代表诉讼的规定。

在实践中，大股东操纵董事、高级管理人员损害公司利益以及公司中小股东利益的情况时有发生，迫切需要强化对公司利益和中小股东利益的保护机制。本条就规定了股东享有提起代表诉讼的权利。在董事、高级管理人员违反忠实和勤勉义务，给公司利益造成损害，而公司又怠于追究其责任时，股东可以代表公司提起诉讼，维护公司的合法权益。股东提起代表诉讼应当符合以下法定要求：(1)提起代表诉讼的股东资格。根据本条规定，有限责任公司的股东以及股份有限公司连续180日以上单独或者合计持有公司1%以上股份的股东，有权提起股东代表诉讼。(2)提起代表诉讼的前置条件。根据本法规定，当发生董事、监事、高级管理人员违反法定义务，损害公司利益的情形时，股东应当依法先向有关公司机关提出请求，请有关公司机关向人民法院提起诉讼。如果有关公司机关拒绝履行职责或者怠于履行职责，则股东为维护公司利益可以向人民法院提起代表诉讼。这样一方面符合法定程序，另一方面也可以对股东诉讼做适当限制，避免滥诉给公司造成不利影响。(3)诉讼事由。股东代表诉讼主要是针对董事、监事、高级管理人员违反对公司的忠实和勤勉义务，给公司造成损害的行为提起的诉讼。当然，公司董事、监事、高级管理人员以外的其他人侵犯公司合法权益，给公司造成损害的，也同样适用股东代表诉讼。

根据《最高人民法院关于适用〈中华人民共和国公司法〉若干问题的规定（四）》第23条的规定，监事会或者不设监事会的有限责任公司的监事依据《公司法》第189条第1款规定对董事、高级管理人员提起诉讼的，应当列公司为原告，依法由监事会主席或者不设监事会的有限责任公司的监事代表公司进行诉讼。

董事会或者不设董事会的有限责任公司的执行董事依据《公司法》第189条第1款规定对监事提起诉讼的，或者依据《公司法》第189条第3款规定对他人提起诉讼的，应当列公司为原告，依法由董事长或者执行董事代表公司进行诉讼。

根据《最高人民法院关于适用〈中华人民共和国公司法〉若干问题的规定（四）》第24条的规定，符合《公司法》第189条第1款规定条件的股东，依据《公司法》第189

条第2款、第3款规定,直接对董事、监事、高级管理人员或者他人提起诉讼的,应当列公司为第三人参加诉讼。

一审法庭辩论终结前,符合《公司法》第189条第1款规定条件的其他股东,以相同的诉讼请求申请参加诉讼的,应当列为共同原告。

根据《最高人民法院关于适用〈中华人民共和国公司法〉若干问题的规定(四)》第25条的规定,股东依据《公司法》第189条第2款、第3款规定直接提起诉讼的案件,胜诉利益归属于公司。股东请求被告直接向其承担民事责任的,人民法院不予支持。

根据《最高人民法院关于适用〈中华人民共和国公司法〉若干问题的规定(四)》第26条的规定,股东依据《公司法》第189条第2款、第3款规定直接提起诉讼的案件,其诉讼请求部分或者全部得到人民法院支持的,公司应当承担股东因参加诉讼支付的合理费用。

关联法规

《最高人民法院关于适用〈中华人民共和国公司法〉若干问题的规定(一)》第4条;《最高人民法院关于适用〈中华人民共和国公司法〉若干问题的规定(二)》第23条;《最高人民法院关于适用〈中华人民共和国公司法〉若干问题的规定(四)》第23~26条;《最高人民法院关于适用〈中华人民共和国公司法〉若干问题的规定(五)》第1、2条

第一百九十条 【股东直接诉讼】董事、高级管理人员违反法律、行政法规或者公司章程的规定,损害股东利益的,股东可以向人民法院提起诉讼。

条文注解

本条是关于股东直接诉讼的规定。

股东是公司的投资人,有权维护自己在公司的合法权益。公司董事、高级管理人员违反法律、行政法规或者公司章程的规定,损害股东利益的,股东有权为自己的利益向人民法院提起诉讼。本条对股东为维护自身权益向人民法院提起对董事、高级管理人员诉讼的规定,主要有以下内容:(1)每一个股东都可以在董事、高级管理人员损害其自身权益时提起诉讼。(2)提起诉讼的事由,是董事、高级管理人员违反法律、行政法规或者公司章程的规定,损害了股东的利益。(3)提起诉讼的时间。本法未做限制,根据《民法典》的规定,除法律另有规定外,向人民法院请求保护民事权利的诉讼时效期间为3年,股东从知道或者应当知道其权利被侵害时起3年内向人民法院提起诉讼,其权利都可以获得合法有效的保护;但是,从权利被侵害之日起超过20年的,人民法院不予保护。因此,股东在知道自己的利益被损害后,应当及时提起诉讼,保护自己的合法权益。

第一百九十一条 【董事、高级管理人员的损害赔偿责任】董事、高级管理人员执行职务，给他人造成损害的，公司应当承担赔偿责任；董事、高级管理人员存在故意或者重大过失的，也应当承担赔偿责任。

关联法规

《民法典》第1191条第1款；《证券法》第85条

第一百九十二条 【控股股东、实际控制人指示责任】公司的控股股东、实际控制人指示董事、高级管理人员从事损害公司或者股东利益的行为的，与该董事、高级管理人员承担连带责任。

条文注解

本条是关于控股股东，实际控制人指示责任的规定，系2023年《公司法》新增条文。

本条旨在强化控股股东、实际控制人的法律责任。控股股东、实际控制人基于其表决权、投资关系、协议或者其他安排对公司具有影响力，具备指示董事、高级管理人员执行职务的可能。根据本条规定，公司的控股股东、实际控制人指示董事、高级管理人员从事损害公司或者股东利益的行为的，与该董事、高级管理人员承担连带责任。实践中，需要注意的是"指示"的意义在于让董事或者高级管理人员按照指示人的意图而非公司的意图执行业务。指示可以直接作出，也可以间接、迂回、默示性作出。对指示的认定，最终是以结果来判断，即是否能够实际左右董事、高级管理人员执行职务的行为。

关联法规

《民法典》第1169条第1款；《最高人民法院关于适用〈中华人民共和国公司法〉时间效力的若干规定》第4条第5项

第一百九十三条 【董事责任保险】公司可以在董事任职期间为董事因执行公司职务承担的赔偿责任投保责任保险。

公司为董事投保责任保险或者续保后，董事会应当向股东会报告责任保险的投保金额、承保范围及保险费率等内容。

条文注解

本条是关于董事购买责任保险的规定，系2023年《公司法》新增条文。

董事责任保险是以董事对公司及第三人承担民事赔偿责任为保险标的的一种职业责任保险。依照本条规定，投保人是公司，被保险人是董事。当董事在履行职责时，存在因不当履职行为损害公司及其股东利益而遭受索赔的风险时。由所承保的保险公司依法承担赔偿责任。

当然，法律也没有限制公司为监事、高级管理人员购买责任保险，公司可以根据自身安排决定是否为监事、高级管理人员等购买责任险。

关联法规

《上市公司独立董事管理办法》第40条；《上市公司治理准则》第24条

第九章　公司债券

第一百九十四条　【公司债券的定义及发行规定】本法所称公司债券,是指公司发行的约定按期还本付息的有价证券。

公司债券可以公开发行,也可以非公开发行。

公司债券的发行和交易应当符合《中华人民共和国证券法》等法律、行政法规的规定。

条文注解

本条是关于公司债券定义和发行方式的规定。

公司债券,是指公司依照法定程序发行、约定在一定期限还本付息的有价证券。《证券法》第15条规定,公开发行公司债券,应当符合下列条件:(1)具备健全且运行良好的组织机构;(2)最近三年平均可分配利润足以支付公司债券一年的利息;(3)国务院规定的其他条件。公开发行公司债券筹集的资金,必须按照公司债券募集办法所列资金用途使用;改变资金用途,必须经债券持有人会议作出决议。公开发行公司债券筹集的资金,不得用于弥补亏损和非生产性支出。上市公司发行可转换为股票的公司债券,除应当符合第一款规定的条件外,还应当遵守《证券法》第12条第2款的规定。但是,按照公司债券募集办法,上市公司通过收购本公司股份的方式进行公司债券转换的除外。

关联法规

《证券法》第2条第1款,第9、12、15、37条

第一百九十五条　【公司债券募集办法】公开发行公司债券,应当经国务院证券监督管理机构注册,公告公司债券募集办法。

公司债券募集办法应当载明下列主要事项:

(一)公司名称;

(二)债券募集资金的用途;

(三)债券总额和债券的票面金额;

(四)债券利率的确定方式;

(五)还本付息的期限和方式;

(六)债券担保情况;

（七）债券的发行价格、发行的起止日期；
（八）公司净资产额；
（九）已发行的尚未到期的公司债券总额；
（十）公司债券的承销机构。

关联法规

《证券法》第23条

第一百九十六条　【公司债券票面的记载事项】公司以纸面形式发行公司债券的，应当在债券上载明公司名称、债券票面金额、利率、偿还期限等事项，并由法定代表人签名，公司盖章。

第一百九十七条　【公司债券的种类】公司债券应当为记名债券。

第一百九十八条　【公司债券持有人名册】公司发行公司债券应当置备公司债券持有人名册。

发行公司债券的，应当在公司债券持有人名册上载明下列事项：
（一）债券持有人的姓名或者名称及住所；
（二）债券持有人取得债券的日期及债券的编号；
（三）债券总额，债券的票面金额、利率、还本付息的期限和方式；
（四）债券的发行日期。

第一百九十九条　【公司债券登记结算机构的制度要求】公司债券的登记结算机构应当建立债券登记、存管、付息、兑付等相关制度。

条文注解

本条是关于公司债券登记结算机构应当建立相关制度的规定。

《公司债券发行与交易管理办法》第76条规定，发行公司债券并在证券交易场所交易或转让的，应当由中国证券登记结算有限责任公司依法集中统一办理登记结算业务。非公开发行公司债券并在证券公司柜台转让的，可以由中国证券登记结算有限责任公司或者其他依法从事证券登记、结算业务的机构办理。

关联法规

《证券法》第145、147条；《公司债券发行与交易管理办法》第76条

第二百条 【公司债券转让】公司债券可以转让，转让价格由转让人与受让人约定。

公司债券的转让应当符合法律、行政法规的规定。

关联法规

《证券法》第36～38条

第二百零一条 【公司债券的转让方式】公司债券由债券持有人以背书方式或者法律、行政法规规定的其他方式转让；转让后由公司将受让人的姓名或者名称及住所记载于公司债券持有人名册。

第二百零二条 【可转换债券的发行及载明事项】股份有限公司经股东会决议，或者经公司章程、股东会授权由董事会决议，可以发行可转换为股票的公司债券，并规定具体的转换办法。上市公司发行可转换为股票的公司债券，应当经国务院证券监督管理机构注册。

发行可转换为股票的公司债券，应当在债券上标明可转换公司债券字样，并在公司债券持有人名册上载明可转换公司债券的数额。

条文注解

本条是关于发行可转换公司债券的规定。

可转换公司债券的持有人，享有在一定期限内将所持有的公司债券转换成公司股票的权利，通过行使转换权取得公司股权，使其对公司的债权消灭，即可转换公司债券潜在地拥有股票的性质。债券持有人通常在经过一定时间后，根据股价行情选择是否行使转换权。债券持有人如果不行使转换权，那么不管公司经营效益如何，都可以得到确定的利息收益。发行可转换公司债券，可以为具有不同投资偏好的认购人提供一种更加灵活的选择机制，有利于债券持有人回避风险、保障收益。同时，对发行公司来说，发行可转换公司债券也是公司筹资的重要手段。

为了规范可转换公司债券的发行，本条对发行程序作了原则规定，主要包含以下内容：(1)发行主体；(2)发行事项的决定；(3)发行程序；(4)债券的票面格式及登记。

关联法规

《北京证券交易所上市公司证券发行注册管理办法》第13条

第二百零三条　【债券持有人对可转换债券享有选择权】发行可转换为股票的公司债券的，公司应当按照其转换办法向债券持有人换发股票，但债券持有人对转换股票或者不转换股票有选择权。法律、行政法规另有规定的除外。

关联法规

《可转换公司债券管理办法》第8、9条

第二百零四条　【债券持有人会议】公开发行公司债券的，应当为同期债券持有人设立债券持有人会议，并在债券募集办法中对债券持有人会议的召集程序、会议规则和其他重要事项作出规定。债券持有人会议可以对与债券持有人有利害关系的事项作出决议。

除公司债券募集办法另有约定外，债券持有人会议决议对同期全体债券持有人发生效力。

关联法规

《证券法》第92条第1款

第二百零五条　【债券受托管理人的聘任】公开发行公司债券的，发行人应当为债券持有人聘请债券受托管理人，由其为债券持有人办理受领清偿、债权保全、与债券相关的诉讼以及参与债务人破产程序等事项。

关联法规

《证券法》第92条第2、3款

第二百零六条 【债券受托管理人的职责】债券受托管理人应当勤勉尽责，公正履行受托管理职责，不得损害债券持有人利益。

受托管理人与债券持有人存在利益冲突可能损害债券持有人利益的，债券持有人会议可以决议变更债券受托管理人。

债券受托管理人违反法律、行政法规或者债券持有人会议决议，损害债券持有人利益的，应当承担赔偿责任。

条文注解

本条是关于债券受托管理人义务和责任的规定。

《公司债券发行与交易管理办法》第59条规定，公开发行公司债券的受托管理人应当按规定或约定履行下列职责：(1)持续关注发行人和保证人的资信状况、担保物状况、增信措施及偿债保障措施的实施情况，出现可能影响债券持有人重大权益的事项时，召集债券持有人会议；(2)在债券存续期内监督发行人募集资金的使用情况；(3)对发行人的偿债能力和增信措施的有效性进行全面调查和持续关注，并至少每年向市场公告一次受托管理事务报告；(4)在债券存续期内持续督导发行人履行信息披露义务；(5)预计发行人不能偿还债务时，要求发行人追加担保，并可以依法申请法定机关采取财产保全措施；(6)在债券存续期内勤勉处理债券持有人与发行人之间的谈判或者诉讼事务；(7)发行人为债券设定担保的，债券受托管理人应在债券发行前或债券募集说明书约定的时间内取得担保的权利证明或其他有关文件，并在增信措施有效期内妥善保管；(8)发行人不能按期兑付债券本息或出现募集说明书约定的其他违约事件的，可以接受全部或部分债券持有人的委托，以自己名义代表债券持有人提起、参加民事诉讼或者破产等法律程序，或者代表债券持有人申请处置抵质押物。第60条规定，非公开发行公司债券的，债券受托管理人应当按照债券受托管理协议的约定履行职责。

关联法规

《公司债券发行与交易管理办法》第59、60条

第十章　公司财务、会计

第二百零七条　【公司制定财务、会计制度的依据】公司应当依照法律、行政法规和国务院财政部门的规定建立本公司的财务、会计制度。

关联法规

《中华人民共和国会计法》第3、4、5、23、24条;《企业财务会计报告条例》

第二百零八条　【财务会计报告编制要求】公司应当在每一会计年度终了时编制财务会计报告,并依法经会计师事务所审计。

财务会计报告应当依照法律、行政法规和国务院财政部门的规定制作。

关联法规

《中华人民共和国会计法》第9~13、16~21条

第二百零九条　【财务会计报告送交股东及公示】有限责任公司应当按照公司章程规定的期限将财务会计报告送交各股东。

股份有限公司的财务会计报告应当在召开股东会年会的二十日前置备于本公司,供股东查阅;公开发行股份的股份有限公司应当公告其财务会计报告。

第二百一十条　【公司税后利润的分配】公司分配当年税后利润时,应当提取利润的百分之十列入公司法定公积金。公司法定公积金累计额为公司注册资本的百分之五十以上的,可以不再提取。

公司的法定公积金不足以弥补以前年度亏损的,在依照前款规定提取法定公积金之前,应当先用当年利润弥补亏损。

公司从税后利润中提取法定公积金后，经股东会决议，还可以从税后利润中提取任意公积金。

公司弥补亏损和提取公积金后所余税后利润，有限责任公司按照股东实缴的出资比例分配利润，全体股东约定不按照出资比例分配利润的除外；股份有限公司按照股东所持有的股份比例分配利润，公司章程另有规定的除外。

公司持有的本公司股份不得分配利润。

条文注解

本条是关于公司税后利润分配的规定。

公司税后利润应当按照下列顺序分配：(1)弥补公司的亏损。公司的法定公积金不足以弥补以前年度亏损的，应当首先用当年利润弥补公司的亏损。(2)提取法定公积金。公司当年的税后利润在弥补亏损后，如有剩余，应当提取10%列入法定公积金。公司的法定公积金累积金额达到公司注册资本的50%后，可以不再提取。(3)提取任意公积金。在提取了法定公积金后，公司可以根据实际情况，由股东会或者股东大会决定另外再从税后利润中提取一定的任意公积金。(4)支付股利。公司税后利润在进行以上分配后，如仍有剩余，可以按确定的利润分配方案向公司股东支付股利。法律赋予了股东或公司章程决定分配原则的规定，体现了公司分配中的意思自治原则。公司持有的本公司股份不得分配股利。

《最高人民法院关于适用〈中华人民共和国公司法〉若干问题的规定（四）》第13条规定，股东请求公司分配利润案件，应当列公司为被告。一审法庭辩论终结前，其他股东基于同一分配方案请求分配利润并申请参加诉讼的，应当列为共同原告。

《最高人民法院关于适用〈中华人民共和国公司法〉若干问题的规定（四）》第14条规定，股东提交载明具体分配方案的股东会或者股东大会的有效决议，请求公司分配利润，公司拒绝分配利润且其关于无法执行决议的抗辩理由不成立的，人民法院应当判决公司按照决议载明的具体分配方案向股东分配利润。

《最高人民法院关于适用〈中华人民共和国公司法〉若干问题的规定（四）》第15条规定，股东未提交载明具体分配方案的股东会或者股东大会决议，请求公司分配利润的，人民法院应当驳回其诉讼请求，但违反法律规定滥用股东权利导致公司不分配利润，给其他股东造成损失的除外。

关联法规

《证券法》第91条

第二百一十一条　【违规利润分配的责任承担】公司违反本法规定向股东分配利润的，股东应当将违反规定分配的利润退还公司；给公司造成损失的，股东及负有责任的董事、监事、高级管理人员应当承担赔偿责任。

关联法规

《最高人民法院关于适用〈中华人民共和国公司法〉时间效力的若干规定》第1条第2款第5项

第二百一十二条　【公司利润分配期限】股东会作出分配利润的决议的，董事会应当在股东会决议作出之日起六个月内进行分配。

关联法规

《最高人民法院关于适用〈中华人民共和国公司法〉时间效力的若干规定》第1条第2款第6项

第二百一十三条　【公司资本公积金构成】公司以超过股票票面金额的发行价格发行股份所得的溢价款、发行无面额股所得股款未计入注册资本的金额以及国务院财政部门规定列入资本公积金的其他项目，应当列为公司资本公积金。

第二百一十四条　【公积金的用途及限制】公司的公积金用于弥补公司的亏损、扩大公司生产经营或者转为增加公司注册资本。

公积金弥补公司亏损，应当先使用任意公积金和法定公积金；仍不能弥补的，可以按照规定使用资本公积金。

法定公积金转为增加注册资本时，所留存的该项公积金不得少于转增前公司注册资本的百分之二十五。

关联法规

《最高人民法院关于适用〈中华人民共和国公司法〉时间效力的若干规定》第2条第2项

第二百一十五条 【公司对会计师事务所的聘用及解聘】公司聘用、解聘承办公司审计业务的会计师事务所，按照公司章程的规定，由股东会、董事会或者监事会决定。

公司股东会、董事会或者监事会就解聘会计师事务所进行表决时，应当允许会计师事务所陈述意见。

第二百一十六条 【公司对会计师事务所的诚实义务】公司应当向聘用的会计师事务所提供真实、完整的会计凭证、会计账簿、财务会计报告及其他会计资料，不得拒绝、隐匿、谎报。

第二百一十七条 【禁止另立账簿及开立个人账户】公司除法定的会计账簿外，不得另立会计账簿。

对公司资金，不得以任何个人名义开立账户存储。

第十一章　公司合并、分立、增资、减资

第二百一十八条　【公司合并的种类】公司合并可以采取吸收合并或者新设合并。

一个公司吸收其他公司为吸收合并，被吸收的公司解散。两个以上公司合并设立一个新的公司为新设合并，合并各方解散。

第二百一十九条　【公司简易合并】公司与其持股百分之九十以上的公司合并，被合并的公司不需经股东会决议，但应当通知其他股东，其他股东有权请求公司按照合理的价格收购其股权或者股份。

公司合并支付的价款不超过本公司净资产百分之十的，可以不经股东会决议；但是，公司章程另有规定的除外。

公司依照前两款规定合并不经股东会决议的，应当经董事会决议。

条文注解

本条是关于特定情形下由董事会决议进行简易合并的规定，是2023年《公司法》修订新增的条文。

依照本法第66条、第116条的原则性规定，公司合并属于公司重大事项，应当经股东会特别决议通过。本条规定对上述原则性规定设置两种例外情形：一是母子公司之间的简易合并，当公司与其持股90%以上的公司合并时，持股不足10%的其他股东无法通过行使表决权阻碍合并，且这些股东将可能成为合并后存续的公司（母公司）的股东，赋予这些股东股权或股份收购请求权已足以保护其合法权益。二是小规模的简易合并，即公司与被合并的公司在净资产规模方面存在巨大差异，合并对存续的公司影响轻微，原则上也可以不经股东会决议。

简易合并情形下虽然可以不经股东会决议，但为了处理合并各项事宜，提升合并效率并切实维护利益相关者合法权益，仍有经董事会决议之必要。此外，本条第1款中的合并后存续的公司以及第2款中的被合并的公司，仍需经股东会决议。

关联法规

《最高人民法院关于适用〈中华人民共和国公司法〉时间效力的若干规定》第2条第3项

第二百二十条 【公司合并的程序和债权人异议权】公司合并，应当由合并各方签订合并协议，并编制资产负债表及财产清单。公司应当自作出合并决议之日起十日内通知债权人，并于三十日内在报纸上或者国家企业信用信息公示系统公告。债权人自接到通知之日起三十日内，未接到通知的自公告之日起四十五日内，可以要求公司清偿债务或者提供相应的担保。

第二百二十一条 【公司合并的债权债务承继】公司合并时，合并各方的债权、债务，应当由合并后存续的公司或者新设的公司承继。

关联法规

《民法典》第67条

第二百二十二条 【公司分立时的财产分割和分立程序】公司分立，其财产作相应的分割。

公司分立，应当编制资产负债表及财产清单。公司应当自作出分立决议之日起十日内通知债权人，并于三十日内在报纸上或者国家企业信用信息公示系统公告。

第二百二十三条 【公司分立前的债务承继】公司分立前的债务由分立后的公司承担连带责任。但是，公司在分立前与债权人就债务清偿达成的书面协议另有约定的除外。

条文注解

本条是关于公司分立前债务承继的规定。

公司分立前债务承继的办法：一是按约定办理。债权人与分立的公司就债务清偿问题达成书面协议的，按照协议办理。如一方不履行协议，另一方可依法定程序请求其履行协议。二是承担连带责任。债权人可以向分立后的任何一方请求自己的债权，要求其履行偿还义务，被请求的一方不得以各种非法定理由拒绝履行偿还义务。

第二百二十四条 【普通减资程序】公司减少注册资本，应当编制资产负债表及财产清单。

公司应当自股东会作出减少注册资本决议之日起十日内通知债权人，并于三十日内在报纸上或者国家企业信用信息公示系统公告。债权人自接到通知之日起三十日内，未接到通知的自公告之日起四十五日内，有权要求公司清偿债务或者提供相应的担保。

公司减少注册资本，应当按照股东出资或者持有股份的比例相应减少出资额或者股份，法律另有规定、有限责任公司全体股东另有约定或者股份有限公司章程另有规定的除外。

关联法规

《最高人民法院关于适用〈中华人民共和国公司法〉时间效力的若干规定》第1条第2款第7项

第二百二十五条 【简易减资程序】公司依照本法第二百一十四条第二款的规定弥补亏损后，仍有亏损的，可以减少注册资本弥补亏损。减少注册资本弥补亏损的，公司不得向股东分配，也不得免除股东缴纳出资或者股款的义务。

依照前款规定减少注册资本的，不适用前条第二款的规定，但应当自股东会作出减少注册资本决议之日起三十日内在报纸上或者国家企业信用信息公示系统公告。

公司依照前两款的规定减少注册资本后，在法定公积金和任意公积金累计额达到公司注册资本百分之五十前，不得分配利润。

第二百二十六条 【违规减少注册资本的法律后果】违反本法规定减少注册资本的，股东应当退还其收到的资金，减免股东出资的应当恢复原状；给公司造成损失的，股东及负有责任的董事、监事、高级管理人员应当承担赔偿责任。

关联法规

《最高人民法院关于适用〈中华人民共和国公司法〉时间效力的若干规定》第1条第2款第5项

第二百二十七条 【股东优先认购权】有限责任公司增加注册资本时，股东在同等条件下有权优先按照实缴的出资比例认缴出资。但是，全体股东约定不按照出资比例优先认缴出资的除外。

股份有限公司为增加注册资本发行新股时，股东不享有优先认购权，公司章程另有规定或者股东会决议决定股东享有优先认购权的除外。

第二百二十八条 【公司增加注册资本】有限责任公司增加注册资本时，股东认缴新增资本的出资，依照本法设立有限责任公司缴纳出资的有关规定执行。

股份有限公司为增加注册资本发行新股时，股东认购新股，依照本法设立股份有限公司缴纳股款的有关规定执行。

第十二章　公司解散和清算

第二百二十九条　【公司解散的原因及事由公示】公司因下列原因解散：

（一）公司章程规定的营业期限届满或者公司章程规定的其他解散事由出现；

（二）股东会决议解散；

（三）因公司合并或者分立需要解散；

（四）依法被吊销营业执照、责令关闭或者被撤销；

（五）人民法院依照本法第二百三十一条的规定予以解散。

公司出现前款规定的解散事由，应当在十日内将解散事由通过国家企业信用信息公示系统予以公示。

关联法规

《民法典》第69条

第二百三十条　【为使公司存续的议事规则】公司有前条第一款第一项、第二项情形，且尚未向股东分配财产的，可以通过修改公司章程或者经股东会决议而存续。

依照前款规定修改公司章程或者经股东会决议，有限责任公司须经持有三分之二以上表决权的股东通过，股份有限公司须经出席股东会会议的股东所持表决权的三分之二以上通过。

第二百三十一条　【股东请求法院强制解散公司的情形】公司经营管理发生严重困难，继续存续会使股东利益受到重大损失，通过其他途径不能解决的，持有公司百分之十以上表决权的股东，可以请求人民法院解散公司。

条文注解

本条是关于公司僵局时股东请求法院解散公司的规定。

公司经营管理出现严重困难，是指因股东间或者公司管理人员之间的利益冲突和矛盾导致公司的有效运行失灵，股东会或者董事会因对方的拒绝参加会议而无法有效召集，任何一方的提议都不被对方接受和认可，即使能够举行会议也无法通过任何议案，公司的一切事务处于一种瘫痪状态。公司的经营管理出现严重困难，是公司内部的事情，应当先由公司内部解决，如果通过自力救济、行政管理、仲裁等手段能够解决公司经营管理出现的严重困难问题，公司无须解散，只有在公司及其股东的利益会受到严重损害，并且通过其他途径不能解决时，才应当解散公司，保护公司及其股东的利益。依本条规定，认定公司僵局，要同时具备三个条件：公司经营发生严重困难；继续存续会使股东利益受到重大损失；通过其他途径不能解决的。本条还规定，可以提出解散公司请求的应当是单独或者合并持有公司全部股东表决权10%以上的股东。上述股东提出解散公司，只能向人民法院提出。

关联法规

《最高人民法院关于适用〈中华人民共和国公司法〉若干问题的规定（二）》第1条

第二百三十二条　【清算义务人及其责任】公司因本法第二百二十九条第一款第一项、第二项、第四项、第五项规定而解散的，应当清算。董事为公司清算义务人，应当在解散事由出现之日起十五日内组成清算组进行清算。

清算组由董事组成，但是公司章程另有规定或者股东会决议另选他人的除外。

清算义务人未及时履行清算义务，给公司或者债权人造成损失的，应当承担赔偿责任。

关联法规

《民法典》第70条；《最高人民法院关于适用〈中华人民共和国公司法〉时间效力的若干规定》第6条

第二百三十三条　【逾期拒不清算的救济途径】公司依照前条第一款的规定应当清算，逾期不成立清算组进行清算或者成立清算组后不清算的，利害关系人可以申请人民法院指定有关人员组成清算

组进行清算。人民法院应当受理该申请，并及时组织清算组进行清算。

公司因本法第二百二十九条第一款第四项的规定而解散的，作出吊销营业执照、责令关闭或者撤销决定的部门或者公司登记机关，可以申请人民法院指定有关人员组成清算组进行清算。

第二百三十四条　【清算组的职权】清算组在清算期间行使下列职权：

（一）清理公司财产，分别编制资产负债表和财产清单；

（二）通知、公告债权人；

（三）处理与清算有关的公司未了结的业务；

（四）清缴所欠税款以及清算过程中产生的税款；

（五）清理债权、债务；

（六）分配公司清偿债务后的剩余财产；

（七）代表公司参与民事诉讼活动。

关联法规

《民法典》第71条；《最高人民法院关于适用〈中华人民共和国公司法〉若干问题的规定（二）》第2、7条

第二百三十五条　【清算期间的债权申报】清算组应当自成立之日起十日内通知债权人，并于六十日内在报纸上或者国家企业信用信息公示系统公告。债权人应当自接到通知之日起三十日内，未接到通知的自公告之日起四十五日内，向清算组申报其债权。

债权人申报债权，应当说明债权的有关事项，并提供证明材料。清算组应当对债权进行登记。

在申报债权期间，清算组不得对债权人进行清偿。

关联法规

《最高人民法院关于适用〈中华人民共和国公司法〉若干问题的规定(二)》第11条

第二百三十六条 【制定清算方案及处分公司财产】清算组在清理公司财产、编制资产负债表和财产清单后,应当制订清算方案,并报股东会或者人民法院确认。

公司财产在分别支付清算费用、职工的工资、社会保险费用和法定补偿金,缴纳所欠税款,清偿公司债务后的剩余财产,有限责任公司按照股东的出资比例分配,股份有限公司按照股东持有的股份比例分配。

清算期间,公司存续,但不得开展与清算无关的经营活动。公司财产在未依照前款规定清偿前,不得分配给股东。

条文注解

本条是关于公司的清算方案,剩余财产分配比例和清算期间公司法律地位的规定。

依据本条规定,清算组处分公司的财产应遵循一定的原则:(1)顺序清偿原则。公司财产的支付应按照支付清算费用、职工的工资,社会保险费用和法定补偿金,缴纳所欠税款,清偿公司债务,剩余财产的分配的顺序进行清偿。(2)先债权后股权原则。清算组必须在清偿公司全部债务后再向股东分配公司的剩余财产。(3)风险收益统一原则。取得公司剩余财产的分配权,是公司股东自益权的一项重要内容,是公司股东的基本权利,清算组在处分公司剩余财产时必须按照股东的出资比例或者持股比例进行分配,处分公司的剩余财产不得违反风险与收益统一的原则。

公司解散并不意味着公司法人资格立即消灭。公司于清算期间被称为"清算中的公司",又称清算法人。对"清算中的公司"的法律地位,学者有不同看法,但无论采用何种学说解释,公司在清算期间,其法人地位仍然存在,但行为能力受到限制,只能从事与清算有关的业务,不能开展与清算无关的经营活动,本条第3款对此予以明确。

关联法规

《民法典》第72条

第二百三十七条　【解散清算转化为破产清算的情形】清算组在清理公司财产、编制资产负债表和财产清单后，发现公司财产不足清偿债务的，应当依法向人民法院申请破产清算。

人民法院受理破产申请后，清算组应当将清算事务移交给人民法院指定的破产管理人。

关联法规

《企业破产法》第2、7条

第二百三十八条　【清算组成员的义务与责任】清算组成员履行清算职责，负有忠实义务和勤勉义务。

清算组成员怠于履行清算职责，给公司造成损失的，应当承担赔偿责任；因故意或者重大过失给债权人造成损失的，应当承担赔偿责任。

第二百三十九条　【清算报告和注销公司登记】公司清算结束后，清算组应当制作清算报告，报股东会或者人民法院确认，并报送公司登记机关，申请注销公司登记。

关联法规

《市场主体登记管理条例》第31、32、34条；《企业注销指引》（2023年修订）

第二百四十条　【公司简易注销】公司在存续期间未产生债务，或者已清偿全部债务的，经全体股东承诺，可以按照规定通过简易程序注销公司登记。

通过简易程序注销公司登记，应当通过国家企业信用信息公示系统予以公告，公告期限不少于二十日。公告期限届满后，未有异议的，公司可以在二十日内向公司登记机关申请注销公司登记。

公司通过简易程序注销公司登记，股东对本条第一款规定的内容承诺不实的，应当对注销登记前的债务承担连带责任。

条文注解

本条是关于简易注销公司登记的规定。

根据《市场主体登记管理条例》第33条规定，市场主体未发生债权债务或者已将债权债务清偿完结，未发生或者已结清清偿费用、职工工资、社会保险费用、法定补偿金、应缴纳税款（滞纳金、罚款），并由全体投资人书面承诺对上述情况的真实性承担法律责任的，可以按照简易程序办理注销登记。市场主体应当将承诺书及注销登记申请通过国家企业信用信息公示系统公示，公示期为20日。在公示期内无相关部门、债权人及其他利害关系人提出异议的，市场主体可以于公示期届满之日起20日内向登记机关申请注销登记。个体工商户按照简易程序办理注销登记的，无需公示，由登记机关将个体工商户的注销登记申请推送至税务等有关部门，有关部门在10日内没有提出异议的，可以直接办理注销登记。市场主体注销依法须经批准的，或者市场主体被吊销营业执照、责令关闭、撤销，或者被列入经营异常名录的，不适用简易注销程序。

关联法规

《市场主体登记管理条例》第33条

第二百四十一条　【公司强制注销制度】公司被吊销营业执照、责令关闭或者被撤销，满三年未向公司登记机关申请注销公司登记的，公司登记机关可以通过国家企业信用信息公示系统予以公告，公告期限不少于六十日。公告期限届满后，未有异议的，公司登记机关可以注销公司登记。

依照前款规定注销公司登记的，原公司股东、清算义务人的责任不受影响。

条文注解

本条为公司被吊销营业执照、责令关闭或者被撤销，公司登记机关申请注销公司登记的规定。

该条是《公司法》修订后新增的一项制度，称之为强制注销制度。根据该条规定，强制注销制度的适用范围是：公司被吊销营业执照、责令关闭或者被撤销，满三年未向公司登记机关申请注销登记的；强制注销制度的程序要求：公司登记机关在国家企业信用信息公示系统进行公告，公告期限不少于60日。《国务院关于实施〈中华人民共和国公司法〉注册资本登记管理制度的规定》对新《公司法》中的公司强制注销规定作了细化：一是公司自被吊销营业执照、责令关闭或者被撤销之日起，满3年未向公司登记机关申请注销公司登记的，公司登记机关可以通过国家企业信用信息公示系统予以公告,公告期限不少于60日;二是公告期内,相关部门、债权人以及其他利害关系人向公司登记机关提出异议的,注销程序终止;三是公告期限届满后无异议的,公司登记机关可以注销公司登记,并在国家企业信用信息公示系统作出特别标注。

关联法规

《中华人民共和国市场主体登记管理条例》第31~34条;《国务院关于实施〈中华人民共和国公司法〉注册资本登记管理制度的规定》第8条

第二百四十二条　【公司破产清算】公司被依法宣告破产的,依照有关企业破产的法律实施破产清算。

关联法规

《企业破产法》第2、7条

第十三章　外国公司的分支机构

第二百四十三条　【外国公司的定义】本法所称外国公司，是指依照外国法律在中华人民共和国境外设立的公司。

第二百四十四条　【外国公司分支机构的设立程序】外国公司在中华人民共和国境内设立分支机构，应当向中国主管机关提出申请，并提交其公司章程、所属国的公司登记证书等有关文件，经批准后，向公司登记机关依法办理登记，领取营业执照。

外国公司分支机构的审批办法由国务院另行规定。

第二百四十五条　【外国公司分支机构的设立条件】外国公司在中华人民共和国境内设立分支机构，应当在中华人民共和国境内指定负责该分支机构的代表人或者代理人，并向该分支机构拨付与其所从事的经营活动相适应的资金。

对外国公司分支机构的经营资金需要规定最低限额的，由国务院另行规定。

第二百四十六条　【外国公司分支机构的名称要求及章程置备】外国公司的分支机构应当在其名称中标明该外国公司的国籍及责任形式。

外国公司的分支机构应当在本机构中置备该外国公司章程。

第二百四十七条　【外国公司分支机构的法律地位】外国公司在中华人民共和国境内设立的分支机构不具有中国法人资格。

外国公司对其分支机构在中华人民共和国境内进行经营活动承担民事责任。

第二百四十八条　【外国公司分支机构的活动原则】经批准设立的外国公司分支机构,在中华人民共和国境内从事业务活动,应当遵守中国的法律,不得损害中国的社会公共利益,其合法权益受中国法律保护。

第二百四十九条　【外国公司分支机构的撤销与清算】外国公司撤销其在中华人民共和国境内的分支机构时,应当依法清偿债务,依照本法有关公司清算程序的规定进行清算。未清偿债务之前,不得将其分支机构的财产转移至中华人民共和国境外。

第十四章　法律责任

第二百五十条　【欺诈取得公司登记的法律责任】违反本法规定，虚报注册资本、提交虚假材料或者采取其他欺诈手段隐瞒重要事实取得公司登记的，由公司登记机关责令改正，对虚报注册资本的公司，处以虚报注册资本金额百分之五以上百分之十五以下的罚款；对提交虚假材料或者采取其他欺诈手段隐瞒重要事实的公司，处以五万元以上二百万元以下的罚款；情节严重的，吊销营业执照；对直接负责的主管人员和其他直接责任人员处以三万元以上三十万元以下的罚款。

条文注解

本条是关于欺诈取得公司登记的法律责任的规定。

根据《防范和查处假冒企业登记违法行为规定》第2条的规定，假冒企业登记违法行为，是指提交虚假材料或者采取其他欺诈手段隐瞒重要事实，冒用其他企业名义，将其登记为有限责任公司股东、股份有限公司发起人、非公司企业法人出资人、合伙企业合伙人等的违法行为。提交虚假材料或者采取其他欺诈手段隐瞒重要事实，具体情形包括：(1)伪造、变造其他企业的印章、营业执照、批准文件、授权文书等；(2)伪造身份验证信息；(3)提交虚假承诺；(4)其他隐瞒重要事实的情形。

关联法规

《刑法》第158条；《市场主体登记管理条例》第40条；《防范和查处假冒企业登记违法行为规定》

第二百五十一条　【未按照规定公示信息或不如实公示信息的法律责任】公司未依照本法第四十条规定公示有关信息或者不如实公示有关信息的，由公司登记机关责令改正，可以处以一万元以上五万元以下的罚款。情节严重的，处以五万元以上二十万元以下的罚款；对直接负责的主管人员和其他直接责任人员处以一万元以上十万元以下的罚款。

条文注解

本条是关于公司不公示或不如实公示信息的法律责任的规定。

2023年《公司法》将实缴出资信息作为公司强制公示事项，明确违反公示法律责任的行政处罚。进一步加强了公司的信息公示义务，明确了对未按规定公示实缴出资相关信息或者隐藏真实情况、弄虚作假的，市场监管部门应当责令改正，并对公司、主管人员及其他直接管理人员处以罚款。上述规定有利于督促公司及时准确履行公示义务，有利于强化社会监督、保护交易安全、建设诚信的市场环境。

第二百五十二条 【虚假出资的行政处罚】公司的发起人、股东虚假出资，未交付或者未按期交付作为出资的货币或者非货币财产的，由公司登记机关责令改正，可以处以五万元以上二十万元以下的罚款；情节严重的，处以虚假出资或者未出资金额百分之五以上百分之十五以下的罚款；对直接负责的主管人员和其他直接责任人员处以一万元以上十万元以下的罚款。

第二百五十三条 【抽逃出资的行政处罚】公司的发起人、股东在公司成立后，抽逃其出资的，由公司登记机关责令改正，处以所抽逃出资金额百分之五以上百分之十五以下的罚款；对直接负责的主管人员和其他直接责任人员处以三万元以上三十万元以下的罚款。

关联法规

《刑法》第159条

第二百五十四条 【公司财务违法行为的法律责任】有下列行为之一的，由县级以上人民政府财政部门依照《中华人民共和国会计法》等法律、行政法规的规定处罚：

（一）在法定的会计账簿以外另立会计账簿；

（二）提供存在虚假记载或者隐瞒重要事实的财务会计报告。

关联法规

《中华人民共和国会计法》第40~47条

第二百五十五条 【公司合并、分立、减少注册资本和清算中的违法行为及其法律责任】公司在合并、分立、减少注册资本或者进行清算时，不依照本法规定通知或者公告债权人的，由公司登记机关责令改正，对公司处以一万元以上十万元以下的罚款。

第二百五十六条 【违规清算的法律处罚资产评估、验资或验证机构违法的法律责任】公司在进行清算时，隐匿财产，对资产负债表或者财产清单作虚假记载，或者在未清偿债务前分配公司财产的，由公司登记机关责令改正，对公司处以隐匿财产或者未清偿债务前分配公司财产金额百分之五以上百分之十以下的罚款；对直接负责的主管人员和其他直接责任人员处以一万元以上十万元以下的罚款。

关联法规

《刑法》第162条

第二百五十七条 【资产评估、验资或验证机构违法的法律责任】承担资产评估、验资或者验证的机构提供虚假材料或者提供有重大遗漏的报告的，由有关部门依照《中华人民共和国资产评估法》、《中华人民共和国注册会计师法》等法律、行政法规的规定处罚。

承担资产评估、验资或者验证的机构因其出具的评估结果、验资或者验证证明不实，给公司债权人造成损失的，除能够证明自己没有过错的外，在其评估或者证明不实的金额范围内承担赔偿责任。

关联法规

《刑法》第229条

第二百五十八条　【登记机关违法的法律责任】公司登记机关违反法律、行政法规规定未履行职责或者履行职责不当的，对负有责任的领导人员和直接责任人员依法给予政务处分。

第二百五十九条　【假冒公司名义的法律责任】未依法登记为有限责任公司或者股份有限公司，而冒用有限责任公司或者股份有限公司名义的，或者未依法登记为有限责任公司或者股份有限公司的分公司，而冒用有限责任公司或者股份有限公司的分公司名义的，由公司登记机关责令改正或者予以取缔，可以并处十万元以下的罚款。

第二百六十条　【逾期开业、停业、不依法办理变更登记的法律责任】公司成立后无正当理由超过六个月未开业的，或者开业后自行停业连续六个月以上的，公司登记机关可以吊销营业执照，但公司依法办理歇业的除外。

公司登记事项发生变更时，未依照本法规定办理有关变更登记的，由公司登记机关责令限期登记；逾期不登记的，处以一万元以上十万元以下的罚款。

关联法规

《市场主体登记管理条例》第30条

第二百六十一条　【外国公司擅自设立分支机构的法律责任】外国公司违反本法规定，擅自在中华人民共和国境内设立分支机构的，由公司登记机关责令改正或者关闭，可以并处五万元以上二十万元以下的罚款。

第二百六十二条　【危害国家安全与社会公共利益的法律责任】利用公司名义从事危害国家安全、社会公共利益的严重违法行为的，吊销营业执照。

第二百六十三条 【民事赔偿优先】公司违反本法规定，应当承担民事赔偿责任和缴纳罚款、罚金的，其财产不足以支付时，先承担民事赔偿责任。

关联法规

《民法典》第187条；《证券法》第220条

第二百六十四条 【刑事责任】违反本法规定，构成犯罪的，依法追究刑事责任。

条文注解

本条是关于违反公司法规定构成犯罪的刑事责任的规定。

具体在《刑法》中有以下规定：

第一百五十八条 【虚报注册资本罪】申请公司登记使用虚假证明文件或者采取其他欺诈手段虚报注册资本，欺骗公司登记主管部门，取得公司登记，虚报注册资本数额巨大、后果严重或者有其他严重情节的，处三年以下有期徒刑或者拘役，并处或者单处虚报注册资本金额百分之一以上百分之五以下罚金。

单位犯前款罪的，对单位判处罚金，并对其直接负责的主管人员和其他直接责任人员，处三年以下有期徒刑或者拘役。

第一百五十九条 【虚假出资、抽逃出资罪】公司发起人、股东违反公司法的规定未交付货币、实物或者未转移财产权，虚假出资，或者在公司成立后又抽逃其出资，数额巨大、后果严重或者有其他严重情节的，处五年以下有期徒刑或者拘役，并处或者单处虚假出资金额或者抽逃出资金额百分之二以上百分之十以下罚金。

单位犯前款罪的，对单位判处罚金，并对其直接负责的主管人员和其他直接责任人员，处五年以下有期徒刑或者拘役。

第一百六十条 【欺诈发行证券罪】在招股说明书、认股书、公司、企业债券募集办法等发行文件中隐瞒重要事实或者编造重大虚假内容，发行股票或者公司、企业债券、存托凭证或者国务院依法认定的其他证券，数额巨大、后果严重或者有其他严重情节的，处五年以下有期徒刑或者拘役，并处或者单处罚金；数额特别巨大、后果特别严重或者有其他特别严重情节的，处五年以上有期徒刑，并处罚金。

控股股东、实际控制人组织、指使实施前款行为的，处五年以下有期徒刑或者拘役，并处或者单处非法募集资金金额百分之二十以上一倍以下罚金；数额特别巨大、后果特别严重或者有其他特别严重情节的，处五年以上有期徒刑，并处非法募集资金金额百分之二十以上一倍以下罚金。

单位犯前两款罪的，对单位判处非法募集资金金额百分之二十以上一倍以下罚金，并对其直接负责的主管人员和其他直接责任人员，依照第一款的规定处罚。

第一百六十一条　【违规披露、不披露重要信息罪】依法负有信息披露义务的公司、企业向股东和社会公众提供虚假的或者隐瞒重要事实的财务会计报告，或者对依法应当披露的其他重要信息不按照规定披露，严重损害股东或者其他人利益，或者有其他严重情节的，对其直接负责的主管人员和其他直接责任人员，处五年以下有期徒刑或者拘役，并处或者单处罚金；情节特别严重的，处五年以上十年以下有期徒刑，并处罚金。

前款规定的公司、企业的控股股东、实际控制人实施或者组织、指使实施前款行为的，或者隐瞒相关事项导致前款规定的情形发生的，依照前款的规定处罚。

犯前款罪的控股股东、实际控制人是单位的，对单位判处罚金，并对其直接负责的主管人员和其他直接责任人员，依照第一款的规定处罚。

第一百六十二条　【妨害清算罪】公司、企业进行清算时，隐匿财产，对资产负债表或者财产清单作虚伪记载或者在未清偿债务前分配公司、企业财产，严重损害债权人或者其他人利益的，对其直接负责的主管人员和其他直接责任人员，处五年以下有期徒刑或者拘役，并处或者单处二万元以上二十万元以下罚金。

第一百六十二条之一　【隐匿、故意销毁会计凭证、会计帐簿、财务会计报告罪】隐匿或者故意销毁依法应当保存的会计凭证、会计帐簿、财务会计报告，情节严重的，处五年以下有期徒刑或者拘役，并处或者单处二万元以上二十万元以下罚金。

单位犯前款罪的，对单位判处罚金，并对其直接负责的主管人员和其他直接责任人员，依照前款的规定处罚。

第一百六十二条之二　【虚假破产罪】公司、企业通过隐匿财产、承担虚构的债务或者以其他方法转移、处分财产，实施虚假破产，严重损害债权人或者其他人利益的，对其直接负责的主管人员和其他直接责任人员，处五年以下有期徒刑或者拘役，并处或者单处二万元以上二十万元以下罚金。

第一百六十三条　【非国家工作人员受贿罪】公司、企业或者其他单位的工作人员，利用职务上的便利，索取他人财物或者非法收受他人财物，为他人谋取利益，数额较大的，处三年以下有期徒刑或者拘役，并处罚金；数额巨大或者有其他严重情节的，处三年以上十年以下有期徒刑，并处罚金；数额特别巨大或者有其他特别严重情节的，处十年以上有期徒刑或者无期徒刑，并处罚金。

公司、企业或者其他单位的工作人员在经济往来中，利用职务上的便利，违反国家规定，收受各种名义的回扣、手续费，归个人所有的，依照前款的规定处罚。

【受贿罪】国有公司、企业或者其他国有单位中从事公务的人员和国有公司、企业或者其他国有单位委派到非国有公司、企业以及其他单位从事公务的人员有前两款行为的，依照本法第三百八十五条、第三百八十六条的规定定罪处罚。

第一百六十四条　【对非国家工作人员行贿罪】为谋取不正当利益，给予公司、企业或者其他单位的工作人员以财物，数额较大的，处三年以下有期徒刑或者拘役，并处罚金；数额巨大的，处三年以上十年以下有期徒刑，并处罚金。

【对外国公职人员、国际公共组织官员行贿罪】为谋取不正当商业利益，给予外国公职人员或者国际公共组织官员以财物的，依照前款的规定处罚。

单位犯前两款罪的，对单位判处罚金，并对其直接负责的主管人员和其他直接责任人员，依照第一款的规定处罚。

行贿人在被追诉前主动交待行贿行为的，可以减轻处罚或者免除处罚。

第一百六十五条 【非法经营同类营业罪】国有公司、企业的董事、监事、高级管理人员，利用职务便利，自己经营或者为他人经营与其所任职公司、企业同类的营业，获取非法利益，数额巨大的，处三年以下有期徒刑或者拘役，并处或者单处罚金；数额特别巨大的，处三年以上七年以下有期徒刑，并处罚金。

其他公司、企业的董事、监事、高级管理人员违反法律、行政法规规定，实施前款行为，致使公司、企业利益遭受重大损失的，依照前款的规定处罚。

第一百六十六条 【为亲友非法牟利罪】国有公司、企业、事业单位的工作人员，利用职务便利，有下列情形之一，致使国家利益遭受重大损失的，处三年以下有期徒刑或者拘役，并处或者单处罚金；致使国家利益遭受特别重大损失的，处三年以上七年以下有期徒刑，并处罚金：

（一）将本单位的盈利业务交由自己的亲友进行经营的；

（二）以明显高于市场的价格从自己的亲友经营管理的单位采购商品、接受服务或者以明显低于市场的价格向自己的亲友经营管理的单位销售商品、提供服务的；

（三）从自己的亲友经营管理的单位采购、接受不合格商品、服务的。

其他公司、企业的工作人员违反法律、行政法规规定，实施前款行为，致使公司、企业利益遭受重大损失的，依照前款的规定处罚。

第一百六十七条 【签订、履行合同失职被骗罪】国有公司、企业、事业单位直接负责的主管人员，在签订、履行合同过程中，因严重不负责任被诈骗，致使国家利益遭受重大损失的，处三年以下有期徒刑或者拘役；致使国家利益遭受特别重大损失的，处三年以上七年以下有期徒刑。

第一百六十八条 【国有公司、企业、事业单位人员失职罪】【国有公司、企业、事业单位人员滥用职权罪】国有公司、企业的工作人员，由于严重不负责任或者滥用职权，造成国有公司、企业破产或者严重损失，致使国家利益遭受重大损失的，处三年以下有期徒刑或者拘役；致使国家利益遭受特别重大损失的，处三年以上七年以下有期徒刑。

国有事业单位的工作人员有前款行为，致使国家利益遭受重大损失的，依照前款的规定处罚。

国有公司、企业、事业单位的工作人员，徇私舞弊，犯前两款罪的，依照第一款的规定从重处罚。

第一百六十九条 【徇私舞弊低价折股、出售公司、企业资产罪】国有公司、企业或者其上级主管部门直接负责的主管人员，徇私舞弊，将国有资产低价折股或者低价出售，致使国家利益遭受重大损失的，处三年以下有期徒刑或者拘役；致使国家利益遭受特别重大损失的，处三年以上七年以下有期徒刑。

其他公司、企业直接负责的主管人员，徇私舞弊，将公司、企业资产低价折股或者低价出售,致使公司、企业利益遭受重大损失的,依照前款的规定处罚。

第一百六十九条之一 【背信损害上市公司利益罪】上市公司的董事、监事、高级管理人员违背对公司的忠实义务,利用职务便利,操纵上市公司从事下列行为之一,致使上市公司利益遭受重大损失的,处三年以下有期徒刑或者拘役,并处或者单处罚金;致使上市公司利益遭受特别重大损失的,处三年以上七年以下有期徒刑,并处罚金:

(一)无偿向其他单位或者个人提供资金、商品、服务或者其他资产的;

(二)以明显不公平的条件,提供或者接受资金、商品、服务或者其他资产的;

(三)向明显不具有清偿能力的单位或者个人提供资金、商品、服务或者其他资产的;

(四)为明显不具有清偿能力的单位或者个人提供担保,或者无正当理由为其他单位或者个人提供担保的;

(五)无正当理由放弃债权、承担债务的;

(六)采用其他方式损害上市公司利益的。

上市公司的控股股东或者实际控制人,指使上市公司董事、监事、高级管理人员实施前款行为的,依照前款的规定处罚。

犯前款罪的上市公司的控股股东或者实际控制人是单位的,对单位判处罚金,并对其直接负责的主管人员和其他直接责任人员,依照第一款的规定处罚。

关联法规

《刑法》第二编第三章第三节

第十五章　附　　则

第二百六十五条　【本法相关用语的含义】本法下列用语的含义：

（一）高级管理人员，是指公司的经理、副经理、财务负责人，上市公司董事会秘书和公司章程规定的其他人员。

（二）控股股东，是指其出资额占有限责任公司资本总额超过百分之五十或者其持有的股份占股份有限公司股本总额超过百分之五十的股东；出资额或者持有股份的比例虽然低于百分之五十，但依其出资额或者持有的股份所享有的表决权已足以对股东会的决议产生重大影响的股东。

（三）实际控制人，是指通过投资关系、协议或者其他安排，能够实际支配公司行为的人。

（四）关联关系，是指公司控股股东、实际控制人、董事、监事、高级管理人员与其直接或者间接控制的企业之间的关系，以及可能导致公司利益转移的其他关系。但是，国家控股的企业之间不仅因为同受国家控股而具有关联关系。

关联法规

《最高人民法院关于适用〈中华人民共和国公司法〉时间效力的若干规定》第5条第4项

第二百六十六条　【施行日期、出资期限及出资额的调整】本法自2024年7月1日起施行。

本法施行前已登记设立的公司，出资期限超过本法规定的期限的，除法律、行政法规或者国务院另有规定外，应当逐步调整至本法规定的期限以内；对于出资期限、出资额明显异常的，公司登记机关可以依法要求其及时调整。具体实施办法由国务院规定。

条文注解

本条是关于施行日期和出资期限调整的规定。

2023年《公司法》第47条第1款增加规定:有限责任公司全体股东认缴的出资额由股东按照公司章程的规定自公司成立之日起5年内缴足。要求股份有限公司采用实缴制,公司成立前,发起人和认购人应当根据其认购的股份全额缴纳股款。2014年实施注册资本认缴登记制,取消最低注册资本、取消首期出资比例后,允许公司在公司章程中约定股东出资日期。实践中,有大量的公司约定了比较长的认缴期限,甚至有很多约定了不符合商业常理的过长的出资期限。如果不对现有公司进行规范,将导致某些出资期限过长的公司长期存在,影响出资诚信、交易安全、公共利益,也不利于公司质量的提高,不利于营造良好的营商环境。如果存量公司不适用新规定,将导致存在两套出资制度,可能会引起制度套利,增加执法和司法成本。因此,本条对2023年《公司法》施行前已登记设立的公司出资期限的调整作了规定,并授权国务院制定具体办法:本法施行前已登记设立的公司,出资期限超过本法规定的期限的,除法律、行政法规或者国务院另有规定外,应当逐步调整至本法规定的期限以内;对于出资期限、出资额明显异常的,公司登记机关可以依法要求其及时调整。

为推动新《公司法》平稳施行,2024年7月1日,国务院公布了《国务院关于实施〈中华人民共和国公司法〉注册资本登记管理制度的规定》,为存量公司调整出资期限预留较为充裕的时间。根据我国当前存量公司数量和出资情况,并结合有关方面的意见建议,《国务院关于实施〈中华人民共和国公司法〉注册资本登记管理制度的规定》为存量公司调整出资期限设置了为期3年的过渡期,具体而言:一是有限责任公司剩余认缴出资期限自2027年7月1日起超过5年的,应当在2027年6月30日前将其剩余认缴出资期限调整至5年内,股东应当在调整后的认缴出资期限内足额缴纳认缴的出资额;二是股份有限公司的发起人应当在2027年6月30日前按照其认购的股份全额缴纳股款。此外,《国务院关于实施〈中华人民共和国公司法〉注册资本登记管理制度的规定》在遵循新《公司法》基本原则和要求前提下,对涉国家利益或者重大公共利益的存量公司出资期限调整作出例外安排,规定公司生产经营涉及国家利益或者重大公共利益,国务院有关主管部门或者省级人民政府提出意见的,国务院市场监督管理部门可以同意其按原出资期限出资。

关联法规

《最高人民法院关于适用〈中华人民共和国公司法〉时间效力的若干规定》;《国务院关于实施〈中华人民共和国公司法〉注册资本登记管理制度的规定》第1~4条

实用问题

第一章 总 则

1. 有限责任公司和股份有限公司中谁承担“有限”责任?

股东的有限责任制度,是现代公司法律制度的重要基石。根据《公司法》第4条的规定,有限责任公司的股东以其认缴的出资额为限对公司承担责任;股份有限公司的股东以其认购的股份为限对公司承担责任。股东拥有的对公司认缴出资额或认购股份之外的其他个人财产,与公司无关。因此,此处的“有限”责任是指股东对公司承担有限责任。而公司是企业法人,有独立的法人财产,享有法人财产权;具有民事权利能力和民事行为能力,依法独立享有民事权利和承担民事义务,具有独立的法律人格,因此,像自然人一样,公司必须对自己的行为承担责任。就其责任范围而言,公司必须以其全部财产对公司的债务承担责任,直至公司被注销,所以公司对其债务承担的是无限责任。

2. 股东的有限责任是不是无条件的?

否。股东承担有限责任必须以股东正确行使股东权利为必要。根据《公司法》第21条第1款的规定,公司股东应当遵守法律、行政法规和公司章程,依法行使股东权利,不得滥用股东权利损害公司或者其他股东的利益。第23条第1款规定,公司股东滥用公司法人独立地位和股东有限责任,逃避债务,严重损害公司债权人利益的,应当对公司债务承担连带责任。这就是公司法人人格否认制度的体现,也叫“揭开公司的面纱”,它是在承认公司具有独立法人资格的前提下,对特定法律关系中的公司独立人格和股东有限责任予以否定,通过公司去追索其股东的责任,以规制滥用公司独立人格和股东有限责任的行为。这一制度是对公司法人制度的必要补充和根本维护,对于完善股东与债权人的利益平衡机制,促进公司治理结构科学化都是十分必要和有效的。

3. 未经登记的法定代表人的签字对公司是否有效?

公司法定代表人是代表法人行使职权的负责人,对外代表公司,他以公司的名义对外实施的行为就是公司的行为,该行为的法律后果直接由公司承担。法定代表人的行为要构成公司的行为，应具备以下三个要件：第一，具有代表人身份，公司法定代表人依照公司章程的规定，由董事长、执行董事或者经理担任，并依法登记；第二，在公司章程规定的权限范围内实施的行为；第三，法定代表人必须以公司法人的名义进行活动。对于未经登记的法定代表人的签字对公司是否有效，应区别不同的情形：

(1)前任法定代表人虽已经离职，但由于公司未及时进行变更登记，公司登记机关登记的公司法定代表人仍是该人。这时该人的签字对公司内部当然不会再生效；但这一变动不得对抗第三人，因为从公司外部来看，该人仍是公司登记的法定代表人，除非相对人知道或应该知道其已经离职，否则根据《民法典》的有关规定，该人对外签字对公司仍然产生法律效力。

(2)后任法定代表人虽已被任命，但公司未及时将其登记为公司的法定代表人。同理，这时后任法定代表人对公司内部的签字当然有效，但对公司外部的签字就难以确定。如果公司主张生效，相对人也主张生效，当然生效；如果公司主张生效，而相对人主张不生效，就很难被认定为生效。

4. 分公司与子公司有何不同？

分公司是与总公司或本公司相对应的一个概念。分公司是总公司下属的直接从事业务经营活动的分支机构或附属机构，是总公司的一个组成部分。分公司的非独立性主要表现在：第一，分公司不具有法人资格，其民事责任由总公司承担；第二，分公司没有独立的公司名称及公司章程；第三，分公司没有完全的经营自主权；第四，分公司没有独立的财产。因此，分公司无论在经济上还是在法律上，都不具有独立性，它不是真正意义上的公司。

子公司是相对于母公司而言的，是指一定比例以上的股份被另一公司所拥有或通过协议方式受到另一公司实际控制的公司。尽管在经济上，子公司要受到母公司的支配与控制，但在法律上子公司是独立的法人，拥有独立的公司名称和公司章程，具有独立的组织机构，拥有独立的法人财产，可以独立承担民事责任。

5. 如何看待公司章程？在实务中应注意哪些问题？

公司章程，是指公司依法制定的，规定公司名称、住所、经营范围、经营管理制度等重大事项的基本文件。公司章程是股东共同一致的意思表示，载明了公司组织和活动的基本规则，是“公司的宪法”。公司章程具有法定性、真实性、自治性和公开性等基本特征。作为公司组织与行为的基本准则，公司章程对公司的成立和运营具有十分重要的意义，它既是公司成立的基础，也是公司赖以生存的灵魂。

关于公司章程，实务中应该注意以下几点：第一，公司章程内容的法定性。公司章程记载的事项可以分为必要记载事项和任意记载事项，必要记载事项不可或缺，另外，公司章程内容不得违背《公司法》的强制性条款，否则，公司章程无效。第二，公司章程约束的主体范围包括公司、股东、董事、监事、高级管理人员，不包括职工，当然，不排除它可以通过转化为公司内部管理制度，间接约束职工。第三，需注意其他法律法规对于特定领域中的公司章程的特别规定。比如，对于上市公司，证监会专门制定了《上市公司章程指引》，对于境外上市公司，证监会等专门出台了《到境外上市公司章程必备条款》。第四，关于公司章程的修改。公司章程的重要性决定了修改公司章程是一件极为严肃的事情，修改公司章程是公司股东会的专属职权，而且属于它的特别决议事项。

6. 公司章程变更要经过哪些程序？

(1)提议修改公司章程。

一般由董事会提出修改建议。董事会是公司经营的决策机构，对公司经营情况以及公司章程的执行和变化情况较为了解，能够对公司章程的修改提出具有积极意义的建议。根据《公司法》第 67 条第 2 款和第 120 条的规定，由董事会召集股东会。但是修改公司章程事关公司发展的大局，不得以临时动议提出。如果董事会怠于提出修改公司章程的提议，则股东可以提出修改提议。根据《公司法》第 63 条第 2 款的规定，董事会不能履行或者不履行召集股东会会议职责的，由监事会召集和主持；监事会不召集和主持的，代表 1/10 以上表决权的股东可以自行召集和主持;根据《公司法》第 123 条的规定,代表 1/10 以上表决权的股东、1/3 以上董事或者监事会,可以提议召开董事会临时会议。董事长应当自接到提议后 10 日内,召集和主持董事会会议。

(2)将修改公司章程的提议通知股东。

公司章程修改属于股东会的特别决议事项。有限责任公司应当于会议召开 15 日前通知全体股东;股份有限公司应于会议召开 20 日前通知各股东,临时会应当于会议召开 15 日前通知各股东。负责通知义务的主体,一般是董事会。但是在监事(会)或者股东召集和主持股东会时,则由其通知。

(3)股东会决议。

一般情况下,修改公司章程需要股东会决议。公司章程修改属于股东会的法定职权。我国《公司法》第 59 条和第 112 条规定了股东会修改公司章程的职权。有限责任公司章程修改需经代表以 2/3 上表决权的股东通过,股份有限公司章程修改需经出席会议的股东所持表决权的 2/3 以上通过。但是,有些情况下公司章程修改并不需要股东会决议。有限责任公司股东转让股权后,公司应当及时注销原股东的出资证明书,向新股东签发出资证明书,并相应修改公司章程。对公司章程的此项修改不需要再由股东会表决。

(4)类别股股东的同意。

根据《公司法》第 147 条第 2 款的规定,股份有限公司发行的股票,应当为记名股票。当公司章程的修改涉及类别股股东的利益时,除应当依照《公司法》第 116 条第 3 款的规定经股东会决议外,还应当经出席类别股股东会的股东所持表决权的 2/3 以上通过。公司章程可以对需经类别股股东会决议的其他事项作出规定。

(5)特定公司章程变更事项应经主管机关审批。

股东会决议通过的公司章程变更事项应经主管机关审批的,需报主管机关批准。

(6)特定公司章程变更事项的公告。

公司章程变更事项属于法律、法规要求披露的信息,按规定予以公告。比如经营范围是公司章程必须记载的事项,经营范围的重大变化,应当予以公告。《证券法》第 80 条第 2 款第 1 项规定,公司的经营方针和经营范围的重大变化,应当予以公告。

(7)公司章程变更登记。

公司章程变更后,公司董事会应向工商行政管理机关申请变更登记。公司变更登记事项涉及公司章程的,应当向公司登记机关提交由公司法定代表人签署的修改后的公司章程或者公司章程修正案。公司章程修改未涉及登记事项的,公司应当将修改的公司章程或者公司章程修正案送公司登记机关备案。

7. 对于公司转投资,法律作何限制?

公司转投资,是指公司作为投资主体,以企业法人财产对另一家企业出资,从而使本公司成为另一企业成员的行为。公司转投资可以增加公司资本运作效率,拓宽公司盈利渠道,也有利于扩大公司的经营规模。根据《公司法》第14条的规定,公司可以向其他企业投资;法律规定公司不得成为对所投资企业的债务承担连带责任的出资人的,从其规定。相较于以前,法律对公司转投资的限制有所放松,表现在:一是转投资对象大大放宽,不再限于有限责任公司或股份有限公司,特别是有限合伙得到法律认可后,公司可以向合伙企业转投资从而成为其有限合伙人;二是对转投资数额,也取消了原来规定的累计投资额不得超过本公司净资产50%的限制。法律对公司转投资的限制集中体现在,公司不得成为对所投资企业债务承担连带责任的出资人,因此,法律仍禁止公司向合伙企业出资从而成为其普通合伙人。

8. 公司为他人提供担保和为股东或实际控制人提供担保所需条件有何不同?

关于公司对外担保问题,《公司法》第15条第1款规定,公司向其他企业投资或者为他人提供担保,按照公司章程的规定,由董事会或者股东会决议;公司章程对投资或者担保的总额及单项投资或者担保的数额有限额规定的,不得超过规定的限额。第2款规定,公司为公司股东或者实际控制人提供担保的,应当经股东会决议。第3款规定,前款规定的股东或者受前款规定的实际控制人支配的股东,不得参加前款规定事项的表决。该项表决由出席会议的其他股东所持表决权的过半数通过。《公司法》第 186 条规定，董事、监事、高级管理人员违反第 181 条至第 184 条规定所得的收入应当归公司所有。

(1) 为他人提供担保。对外担保的决定权在董事会或者股东会，董事、高级管理人员无权决定，具体由谁决定，由公司章程规定，这属于公司自治的范畴。公司章程也可对担保金额及单笔担保数额作出限制。在公司章程对所需表决权没有规定时，只需全体股东所持表决权的过半数通过即可。

(2) 为股东或实际控制人提供担保。这属于股东会的职权，董事会无权决定。为了保护中小股东的利益，防止控股股东和实际控制人的道德风险，股东会在决议时，被担保的股东和受实际控制人支配的股东必须回避，不得参与表决。其他股东所持表决权的过半数通过时，才能为股东和实际控制人提供担保。

9. 股东会(或董事会)决议内容违法与程序违法是否产生相同后果？

不同。股东会和董事会决议的瑕疵分为内容瑕疵和程序瑕疵：内容瑕疵分为违反法律、法规的瑕疵和违反公司章程的瑕疵；程序瑕疵主要指召集程序、表决方式违反法律、行政法规及违反公司章程的瑕疵。考虑到决议内容的瑕疵和程序瑕疵在法律后果上轻重有别，违反法律及违反公司章程的瑕疵从性质及后果上也不相同，故法律作了分别规定。

《公司法》第 25 条第 1 款规定，公司股东会、董事会的决议内容违反法律、行政法规的无效。任何股东认为公司股东会、董事会的决议内容违反本法及有关法律、法规的，可以提起决议无效之诉，决议被人民法院认定无效的，自始无效。

《公司法》第 26 条规定，公司股东会、董事会的会议召集程序、表决方式违反法律、行政法规或者公司章程，或者决议内容违反公司章程的，股东自决议作出之日起 60 日内，未被通知参加股东会的股东自知道或者应当知道股东会决议作出之日起 60 日内，可以请求人民法院撤销。但是，股东会、董事会会议的召集程序或者表决方式仅有轻微瑕疵，对决议未产生实质影响的除外。根据《最高人民法院关于适用〈中华人民共和国公司法〉若干问题的规定(四)》第21条第1款的规定,有限责任公司的股东向股东以外的人转让股权,未就其股权转让事项征求其他股东意见,或者以欺诈、恶意串通等手段,损害其他股东优先购买权,其他股东主张按照同等条件购买该转让股权的,人民法院应当予以支持,但其他股东自知道或者应当知道行使优先购买权的同等条件之日起三十日内没有主张,或者自股权变更登记之日起超过一年的除外。

10. 公司决议无效或被撤销的案件中,诉讼股东的资格要求应注意什么?

对于提起诉讼股东的资格要求,毫无疑问,要求股东在提起诉讼时,应当持有公司的股权,即具有公司股东的适格性。异议股东主要有两种情形:一种情形是股东有可能因为决议程序违法,如未参加股东会决议,因而丧失了提出异议的机会;另一种情形即股东参加了表决,且对决议当场表示异议而未被采纳。在这两种情形下,股东都应享有提起诉讼的权利。但是,如果该股东在表决时同意了决议,事后反悔,然后提出认为决议违法或违反公司章程的诉讼请求,则可能导致公司决策的混乱和无序,对公司乃至交易相对人都将产生不利影响。因此,对于表决时未提出异议的股东,一般而言,不应赋予其提起诉讼的权利。但是,针对公司决议严重违法的情形,可以作为例外,即任何人均可向司法机关提出,以保护公司和股东的合法权益。

11. 股东诉股东会决议无效并要求承担赔偿责任的案件中,诉讼主体应如何确定?

股东会决议是公司权力机关作出的代表公司意志的决策行为,其法律后果应由公司承担,因此,此类案件应以公司为被告。

原告起诉被告主体不符的,法院应告知原告予以变更;原告不予变更的,应裁定驳回原告的起诉。

12. 判决股东会、董事会决议无效或者撤销是否具有溯及力?

人民法院判决股东会、董事会决议无效或者撤销上述决议时,该决议自始没有法律约束力，但公司依据该决议设立的对外法律关系，不当然失去法律效力。

当事人因股东会、董事会决议设立的其他法律关系发生争议时，可以请求与决议无效或者撤销之诉案件合并审理，也可以另行提起诉讼。

第二章　公司登记

13. 申请设立公司需要登记的事项有哪些？

申请设立新的公司应当依法向公司登记机关申请设立登记。法律、行政法规规定设立公司应当报经批准的，应当在公司登记前依法办理批准手续。公司的登记事项具体包括名称、住所、注册资本、经营范围、法定代表人的姓名、有限责任公司股东（股份有限公司发起人）的姓名或者名称。

14. 公司设立后申请变更登记应当提交哪些材料？

公司成立后，公司登记事项发生变更的，应当依法办理变更登记。公司申请变更登记，应当向公司登记机关提交公司法定代表人签署的变更登记申请书、依法作出的变更决议或者决定等文件。公司变更登记事项涉及修改公司章程的，应当提交修改后的公司章程。公司变更法定代表人的，变更登记申请书由变更后的法定代表人签署。公司营业执照记载的事项发生变更的，公司办理变更登记后，由公司登记机关换发营业执照。

15. 公司登记后需要在企业信息公示系统公示的内容有哪些？

随着信息化的普及以及政府信息公开的要求，成立后的公司应当按照规定通过统一的企业信息公示系统公示下列事项：(1)有限责任公司股东认缴和实缴的出资额、出资方式和出资日期，股份有限公司发起人认购的股份数；(2)有限责任公司股东股权转让等股权变更信息；(3)行政许可取得、变更、注销等信息；(4)法律、行政法规规定的其他信息。上述基本信息的公示一方面可以促进市场经济活动下交易风险的事先防控，另一方面也促使公司在经营过程中遵循诚信经营的基本理念和原则。

第三章 有限责任公司的设立和组织机构

16. 不得作为股东出资的财产有哪些?

关于股东的出资方式,《公司法》第 48 条第 1 款规定,股东可以用货币出资,也可以用实物、知识产权、土地使用权、股权、债券等可以用货币评估并可以依法转让的非货币财产作价出资;但是,法律、行政法规规定不得作为出资的财产除外。该款确立了判断股东出资形式适格性的标准,即需具备价值评估性、可转让性以及合法性。因此,股东的出资方式既包括货币,也可以是实物、知识产权、土地使用权、股权、债券等可以用货币估价并依法转让的非货币财产。不具备上述适格性标准的非货币出资方式,就不得作为股东出资,另外,《市场主体登记管理条例》第 13 条第 2 款进一步明确,公司股东、非公司企业法人出资人、农民专业合作社(联合社)成员不得以劳务、信用、自然人姓名、商誉、特许经营权或者设定担保的财产等作价出资。

17. 什么是注册资本认缴登记制?

有限责任公司的注册资本为在公司登记机关登记的全体股东认缴的出资额。注册资本对公司至关重要,可以说,资本制度是公司制度的核心,注册资本登记制度是公司登记制度的核心。

注册资本认缴登记制是相对注册资本实缴登记制而言的。实缴是指实际到位的资金数额,注册资本实缴登记制即登记机关以企业银行账户实际到位资金或按照约定于一定期限内到位的资金数额为注册资金数额(还需要出具验资证明)来作登记。实缴登记制的好处是便于监管,一定程度上有利于公司通过营业执照向交易相对人传达公司资本实力的信息,弊端是公司设立成本太高,且易导致资本闲置。认缴是指注册登记的企业承诺缴纳资金数额(并不一定真的缴纳到企业银行账户),注册资本认缴登记制即企业在申请注册登记时,拟定并承诺注册资金为多少,公司设立时不要求该资金全部实际到位。实行注册资本认缴登记制,取消缴足出资期限的限制,由公司股东(发起人)自主约定缴足出资的期限,除法律、行政法规以及国务院决定对公司注册资本实缴另有规定外,取消了关于股东(发起人)应当自公司成立之日起2年内缴足出资,投资公司可以在5年内缴足出资的规定;取消了一人有限责任公司股东应当一次足额缴纳出资的规定,股东(发起人)只需按公司章程规定的出资方式、出资额和出资期限缴付出资即可。这一制度的实行,降低了公司设立的成本,提高了公司股东(发起人)资金使用效率。

18. 股东如何履行出资义务?

公司财产是公司取得法人资格的基本要件,也是公司从事民事活动的经济基础,公司财产的原始来源只能是股东出资,因此,出资是股东最基本、最重要的义务。《公司法》第49条对股东履行出资义务作了规定,股东应当按期足额缴纳公司章程规定的各自所认缴的出资额。股东以货币出资的,应当将货币出资足额存入有限责任公司在银行开设的账户;以非货币财产出资的,应当依法办理其财产权的转移手续。因此,法律对股东出资义务的基本要求是按期足额缴纳。具体而言,股东以货币出资的,可以现金或者转账方式缴付,在缴付出资时应当将货币足额存入有限责任公司在银行开设的账户;股东以非货币财产出资的,应当先经依法设立的资产评估机构评估作价,然后通过签订合同、协议或者其他合法形式将财产权益转移至公司名下。

19. 其他股东对违反出资义务的股东有什么样的请求权?

根据《公司法》第49条第3款的规定,股东未按期足额缴纳出资给公司造成损失的,应当承担赔偿责任。从股东之间的关系来看,股东为设立公司而共同制定的公司章程是全体股东共同一致的意思表示,公司章程一经签署和批准,就对全体股东有约束力,它也构成约束股东的合同,各股东须按照公司章程的约定享有权利、承担义务,每一位缔约当事人都负有按照公司章程进行出资的合同义务,如果其中一个或几个股东没有履行或没有完全履行其出资义务,即构成对协议的违反,应当对其他股东承担违约责任。当然,如果其他股东本身也违反了出资义务,是无权要求其他股东承担违约责任的。

20. 公司对违反出资义务的股东有什么样的请求权?

公司章程对公司和全体股东都有约束力,公司章程中对各股东出资方式和出资额的约定,是股东基于其股东地位,对公司作出的为一定给付的承诺,是股东必须履行的义务。股东不履行出资义务,公司当然享有出资请求权,根据《公司法》第49条的规定,股东未按期足额缴纳出资的,应当向公司足额缴纳出资。应当明确,出资请求权属于公司对股东的权利,而非股东对股东的权利,因此,此类出资纠纷,原告应当为公司,未依法履行出资义务的股东为被告。同时要注意,对出资不实责任的追究是《公司法》的强制性规定,无论公司还是公司的股东都无权改变或放弃,如果公司不予追究,其他股东有权代表公司提起诉讼,《最高人民法院关于适用〈中华人民共和国公司法〉若干问题的规定(三)》第13条规定,股东未履行或者未全面履行出资义务,公司或者其他股东请求其向公司依法全面履行出资义务的,人民法院应予支持。如果公司放任不履行出资行为,则可能构成虚假出资而受到法律追究。

21. 有限责任公司成立后,发现作为出资的非货币财产的实际价额显著低于所定价额的,责任如何承担?

(1)应当由交付该出资的股东补足其差额,并且向已足额出资的股东承担违约责任。

(2)公司设立时的其他股东承担连带责任,此连带责任是《公司法》强制规定的法定责任,不以发起人之间的约定为必要。同时先行承担补交责任的发起人,可向违反出资义务的股东求偿,亦可要求其他发起人分担。

此外,根据《最高人民法院关于适用〈中华人民共和国公司法〉若干问题的规定(三)》第15条的规定,出资人以符合法定条件的非货币财产出资后,因市场变化或者其他客观因素导致出资财产贬值,公司、其他股东或者公司债权人请求该出资人承担补足出资责任的,人民法院不予支持。但是,当事人另有约定的除外。

22. 申请设立有限责任公司，应当向公司登记机关提交哪些文件?

根据《公司法》第 30 条和《市场主体登记管理条例》第 16 条的规定，申请设立有限责任公司，应当向公司登记机关提交下列文件：公司法定代表人签署的设立登记申请书；全体股东指定代表或者共同委托代理人的证明；公司章程；股东的主体资格证明或者自然人身份证明；载明公司董事、监事、经理的姓名、住所的文件以及有关委派、选举或者聘用的证明；公司法定代表人任职文件和身份证明；企业名称预先核准通知书；公司住所证明；国家工商管理总局规定要求提交的其他文件。法律、行政法规或者国务院决定规定设立有限责任公司必须报经批准的，还应提交有关批准文件。

23. 公司成立之后，当事人以发起人协议为依据请求确认发起人协议无效或请求判令终止或解除发起人协议，能否得到法院的支持?

这是对发起人协议性质和作用的误解。发起人协议调整的是公司设立过程的法律关系和法律行为，因而它的效力期间是从设立行为开始到设立过程终止，公司的成立即意味着协议的终止。既然发起人协议的使命在公司成立后已告完结，因而确认发起人协议无效的确认之诉或请求终止或解除设立协议的变更之诉也就无从提起，这样的司法裁决也不会产生确认或改变当事人之间实体权利义务关系的任何实际意义。如果当事人的意图在于肯定或否定股东或公司的某种权利义务或责任，则通过此种诉讼请求也无法达到目的。

24. 如何理解“法律、行政法规以及国务院决定对有限责任公司注册资本实缴、注册资本最低限额另有规定的，从其规定”?

这些规定主要包括：

(1)按照《商业银行法》的规定，设立全国性商业银行的注册资本最低限额为 10 亿元人民币。设立城市商业银行的注册资本最低限额为 1 亿元人民币，设立农村合作商业银行的注册资本最低限额为 5000

万元人民币。注册资本应当是实缴资本。国务院银行业监督管理机构根据审慎监管的要求可以调整注册资本最低限额,但不得少于法定限额。

(2)根据《保险法》的规定,设立保险公司,其注册资本的最低限额为2亿元人民币。保险公司注册资本最低限额必须为实缴货币资本。保险监督管理机构根据保险公司业务范围、经营规模,可以调整其注册资本的最低限额。但是,不得低于法定限额。

(3)根据《房地产开发企业资质管理规定》的规定,房地产开发企业按照企业条件分为一级、二级、三级、四级共四个资质等级。各资质等级企业的条件如下:一级资质:注册资本不低于5000万元;二级资质:注册资本不低于2000万元;三级资质:注册资本不低于800万元;四级资质:注册资本不低于100万元。

(4)根据《证券法》的规定,证券经纪、证券投资咨询,与证券交易、证券投资活动有关的财务顾问,注册资本最低限额为5000万元人民币;经营证券承销与保荐;证券自营;证券资产管理;其他证券业务的,注册资本最低限额为1亿元人民币;经营证券承销与保荐、证券自营、证券资产管理、其他证券业务中两项以上的,注册资本最低限额为5亿元人民币。证券公司的注册资本应当是实缴资本。国务院证券监督管理机构根据审慎监管原则和各项业务的风险程度,可以调整注册资本最低限额,但不得少于法定限额。

(5)根据《劳动合同法》的规定,劳务派遣企业注册资本最低限额不得少于200万元。

25. 有限责任公司的实际出资人与名义出资人订立的合同效力如何?如因投资权益的归属发生争议,应如何处理?

根据《最高人民法院关于适用〈中华人民共和国公司法〉若干问题的规定(三)》第24条的规定,有限责任公司的实际出资人与名义出资人订立合同:约定由实际出资人出资并享有投资权益,以名义出资人为名义股东,实际出资人与名义股东对该合同效力发生争议的,如无《民法典》规定的民事法律行为无效之情形,人民法院应认定该合同有效。

实际出资人与名义股东因投资权益的归属发生争议,实际出资人以其实际履行了出资义务为由向名义股东主张权利的，人民法院应予支持。名义股东以股东名册记载、公司登记机关登记为由否认实际出资人权利的，人民法院不予支持。

实际出资人未经公司其他股东半数以上同意，请求公司变更股东、签发出资证明书、记载于股东名册、记载于公司章程并办理公司登记机关登记的，人民法院不予支持。

26. 在公司章程、工商登记、股东名册、出资证明书记载内容不一致时，何者具有优先的效力能作为认定股东身份的依据？

公司章程对外具有公示的效力，是相对人据以判断公司股东的依据。因此，公司章程对于股东资格和股权确认具有决定性效力。特别是在股东之间就股东身份及其权利义务发生争议时，公司章程在诸形式要件中具有优先的效力。工商登记是一种宣示性登记，具有公示力和公信力，对股东身份认定具有证权功能，虽不是股东资格的效力证据，但是具有对抗第三人的效力，因此，在涉及公司股东与第三人的关系时，工商登记对股东身份认定具有优先的效力。股东名册应视为证明股东资格的表面证据，是股东行使股东权的形式准据，其对于股东身份认定的意义，具有形式上的推定力。但是在当前审判实践中，股东名册作为公司的内部文件，只是对于确定股东与公司之间的内部关系具有形式上的意义，但对于确定股东身份的取得无直接的证据价值。出资证明书在股东身份认定中没有决定性的效力，其形式上的推定力甚至小于股东名册。

27. 隐名投资的情况下如何认定股东资格？

实践中的隐名投资通常是指实际投资人与另一人商定借用其名义进行投资，另一人作为名义股东记载于公司章程、股东名册及工商登记材料中，具有股东的形式特征，前者常被称为隐名股东或隐名投资者，而后者常被称为显名股东或名义股东。

由于工商登记所具有的公示力与公信力，在涉及隐名股东、显名股东与第三人的法律关系中，隐名股东和显名股东均不得以登记不实对抗善意第三人。善意第三人因与显名股东债权债务关系而扣押其名下的股权,或善意取得显名股东转让股权的,善意第三人可有效取得股权,隐名股东不得以自己应为实际股东进行对抗,而只能向显名股东要求承担违约责任或民事责任;在出资不实时,显名股东也不得以自己并非实际股东为由进行对抗,而应当承担责任,当然,显名股东在承担责任后,可向隐名股东进行追偿。同时,善意第三人还有权要求实际投资人承担股东责任,实际投资人不得以与登记不符为由进行对抗。

隐名股东的认定标准是:有限责任公司半数以上其他股东明知实际出资人出资,并且公司一直认可其以实际股东身份行使权利的,如无违反法律强制性规定的情节,法院可以确认实际出资人是公司的股东,对公司享有股权。实务中还应注意:隐名投资者是否进行了实际投资,是否参与经营,投资协议是否约定实际出资人为股东或承担投资风险。如果实际投资者已经出资,协议约定实际投资人为股东或承担经营风险,并且实际参加公司运作的,应认定其股东资格。如果双方未约定实际出资人为股东或承担公司经营风险,并且实际出资人也没有以股东身份参与公司经营管理或实际享有股东权利的,双方之间按债权债务处理,即隐名出资者对显名股东享有债权。

28. 虚拟股东是否具备股东资格?

虚拟股东,是指以现实社会中并不存在的人作为公司股东,主要表现为:名为多人投资,实际为一人出资;名为中外合资,实际为中方全资;或者在股权分布极不均衡的情况下,也容易出现虚拟股东现象。虚设股东的目的往往是规避法律的禁止性规定,因此,对于违反法律禁止性规定或者为了逃避责任的虚设股东行为应当予以禁止,不能确认其股东资格。

29. 股东的主要权利包括哪些?

股东向公司出资,即具备股东资格,享有股东权利,根据《公司法》第 4 条第 2 款的规定,公司股东对公司依法享有资产收益、参与重大决策和选择管理者的权利。《公司法》中的股东权是一个比较完整的权利体系,通常以股权行使目的为标准,把股东权分为自益权和共益权。自益权是指股东仅为自己的利益而行使的权利,主要有股息、红利的分配请求权、公司剩余财产分配请求权、股份或股权转让权、股票交付请求权、新股认购优先权等。共益权是指股东兼为公司利益而行使的权利，主要有股东会出席并表决权，股东大会的召集请求权，对公司董事、监事的任免权，对公司章程、股东会会议记录和财务会计报告的查阅权，经营建议或质询权，股东诉权，有限责任公司中小股东在特定条件下的退出权，特殊情况下申请解散公司权等。其中，自益权是核心，是股东出资的目的所在，共益权是手段，是保障股东实现其自益权的必要途径。

30. 未收到股东会开会通知的股东，其权利如何行使？

原告股东以未收到开会通知而对会议的召开不知情为由起诉请求认定股东会决议无效或者请求撤销股东会决议的，人民法院应当受理。

公司未履行通知义务召集的股东会形成的决议，人民法院应认定无效；公司虽未履行通知义务，但原告股东参加了会议或者参加了投票表决，原告起诉时间符合《公司法》第 26 条规定的，人民法院应判决撤销股东会决议。

公司有证据证明已经向原告股东履行了通知义务，且通知方法符合法律及股东与公司事先约定的，人民法院应裁定驳回起诉。

公司向原告股东履行了通知义务，但股东会决议存在其他无效情形或者符合可撤销条件的，人民法院应认定股东会决议无效或者撤销股东会决议。

31. 什么是股东知情权？

股东知情权是股东享有了解和掌握公司运营状况和董事、高级管理人员执行公司职务情况等方面重要信息的权利，它在股东权利体系中具有基础性地位，是股东实现其他股东权利的基础。股东知情权的行使，不仅直接涉及股东自身权益的实现，也与公司的规范化运作紧密相关。

股东知情权是一组股东权利的集合，主要有查阅、复制公司章程、股东会会议记录、董事会会议记录、监事会会议记录和公司财务会计报告的权利以及要求查阅公司会计账簿权等。

32. 股东行使知情权时是否应具备股东身份?

原告起诉请求查阅其具有公司股东身份之前或者之后的公司档案材料的,人民法院应予以受理。

原告起诉时应当依照《最高人民法院关于适用〈中华人民共和国公司法〉若干问题的规定(四)》第 2 条的规定,提供证据证明其股东身份,公司有证据证明原告起诉时或者在诉讼中已经不具有公司股东身份的,人民法院应驳回起诉。

33. 什么情况下股东查阅会计账簿被认为是具有不正当目的?

《最高人民法院关于适用〈中华人民共和国公司法〉若干问题的规定(四)》第 8 条规定,“不正当目的”一般包括以下情形:

(1)股东自营或者为他人经营与公司主营业务有实质性竞争关系业务的,但公司章程另有规定或者全体股东另有约定的除外;

(2)股东为了向他人通报有关信息查阅公司会计账簿,可能损害公司合法利益的;

(3)股东在向公司提出查阅请求之日前的 3 年内,曾通过查阅公司会计账簿,向他人通报有关信息损害公司合法利益的;

(4)股东有不正当目的的其他情形。

34. 如何处理委托查阅?

人民法院审理股东知情权纠纷案件,股东请求委托他人查阅公司有关档案材料的,应说明理由并征得公司同意。

公司不同意股东委托的他人查阅时,人民法院可以根据公司或者股东的申请指定专业人员查阅,专业人员查阅后向股东出具查阅报告。股东拒绝人民法院指定的,人民法院应通知驳回股东委托他人查阅的申请。

人民法院指定他人查阅产生的委托费用,由股东负担,股东应在指定人开始工作之前与其协商确定具体数额及支付方法。

35. 股东行使知情权的义务是什么?

(1)承担合理费用。

股东应承担查阅或者复制公司相关档案材料发生的合理费用，股东拒绝承担相关费用的，人民法院应驳回起诉。

(2)保守商业秘密。

公司以股东行使知情权后泄露公司商业秘密、给公司造成损失为由起诉股东请求赔偿的，人民法院应当受理。公司诉讼请求成立的，人民法院应判令股东承担赔偿责任。

36. 不健全的档案材料如何处理？

公司未依法按照公司章程规定建立相关档案材料、公司建立的相关档案材料虚假或者丢失，股东起诉请求公司依法或者公司章程之规定重新建立并提供给股东查阅的，人民法院应当受理。

公司具备依法按照公司章程之规定建立相关档案材料条件的，人民法院应裁定公司在一定期限内建立相关的档案材料，并在公司住所地或者双方另行协商确定的地点提供给股东查阅。

公司不具备依法按照公司章程之规定建立相关档案材料条件，股东主张公司相关人员承担民事赔偿责任的，应另行提起诉讼。

37. 公司的设立和成立有什么区别？

公司设立，是指公司设立人依照法定的条件和程序，为取得公司法人资格而必须采取和完成的法律行为。公司成立是指已经具备了法律规定的实质要件，完成设立程序、由主管机关发给营业执照而取得公司法人主体资格的一种法律事实，表现为一种法律上的状态。二者的区别主要表现在：

(1)行为性质不同：公司设立是发起人依照法定条件和程序所进行的创立行为，其性质属于民事法律行为，公司设立行为包括公司成立前的所有行为；公司成立以主管机关发给营业执照为要素，发生在发起人与主管机关之间，属于行政行为。

(2)发生阶段不同：公司设立发生在营业执照签发之前；公司成立发生在被依法核准登记、签发营业执照之时。

(3)法律效力不同：公司设立阶段，公司尚不具有法人主体资格，故不能以公司名义从事活动；公司成立后则意味着公司取得了法人主体资格,能够以自己的名义进行法律行为。

(4)公司设立阶段的法律关系比照合伙来处理,如果公司成立,发起人为设立所实施的法律行为,其后果由公司承受;如果公司不成立,设立行为的后果适用有关合伙的规则来处理。

38. 公司如何办理经营范围变更登记?

公司作为市场主体之一,根据《市场主体登记管理条例》第 26 条的规定,市场主体变更经营范围,属于依法须经批准的项目的,应当自批准之日起 30 日内申请变更登记。许可证或者批准文件被吊销、撤销或者有效期届满的,应当自许可证或者批准文件被吊销、撤销或者有效期届满之日起 30 日内向登记机关申请变更登记或者办理注销登记。

39. 公司申请变更法定代表人应提交哪些材料?

公司变更法定代表人的,应当自变更决议或者决定作出之日起 30 日内申请变更登记。企业法人申请办理法定代表人变更登记,应当向原企业登记机关提交下列文件:

(1)对企业原法定代表人的免职文件;

(2)对企业新任法定代表人的任职文件;

(3)由原法定代表人或者拟任法定代表人签署的变更登记申请书;

(4)新法定代表人的身份证明、照片、简历、承诺书等;

(5)工商局要求提交的其他资料。

40. 设立分公司应当提交哪些文件?

公司设立分公司的,应当自决定作出之日起 30 日内向分公司所在地的公司登记机关申请登记。设立分公司,应当向公司登记机关提交下列文件:(1)公司法定代表人签署的设立分公司的登记申请书;(2)公司章程以及加盖公司印章的《企业法人营业执照》复印件;(3)营业场所使用证明;(4)分公司负责人任职文件和身份证明;(5)国家市场监督管理总局规定要求提交的其他文件。

41. 股东在公司登记前能否抽回出资?

在公司登记(办理营业执照)前,股东的出资尚未成为公司资产,仍然是个人财产,因此,股东可以抽回出资。但股东抽回出资的行为,可能会违反发起人协议并给其他股东造成损失,所以,该股东必须承担相应的法律责任。

42. 公司成立后,股东为什么不得抽逃出资?应如何理解抽逃出资行为?

根据《公司法》第 53 条的规定,公司成立后,股东不得抽逃出资。股东的出资,是公司法人财产的原始来源,公司一旦成立,股东的出资就成为公司的法人财产,是公司从事生产经营活动和对外承担民事责任的物质基础,因此,股东在公司成立后,抽逃出资的行为,是受到法律严厉禁止的。公司的发起人、股东在公司成立后,抽逃出资的,股东应当返还抽逃的出资,由公司登记机关责令改正,处以抽逃出资金额 5%以上 15%以下的罚款。

根据《最高人民法院关于适用〈中华人民共和国公司法〉若干问题的规定(三)》第 12 条的规定,公司成立之后,公司、股东或者公司债权人以相关股东的行为符合下列情形之一且损害公司权益为由,请求认定该股东抽逃出资的,人民法院应予支持:(1)制作虚假财务会计报表虚增利润进行分配;(2)通过虚构债权债务关系将其出资转出;(3)利用关联交易将出资转出;(4)其他未经法定程序将出资抽回的行为。

43. 如何处理多个股东之间行使优先购买权产生纠纷的问题?

在多个股东同时要求行使优先购买权时,优先适用公司章程对股权转让的规定;如果公司章程没有规定或者规定不明确时,则可由他们协商确定各自的购买比例;协商不成的,可按转让时各个股东的出资比例行使优先购买权。

44. 有限责任公司首次股东会如何召开?

首次股东会会议,是指有限责任公司第一次召开的由全体股东参加的会议。首次股东会会议由出资最多的股东召集和主持,这里的出资最多应当是向公司实际缴付的出资最多,只认缴而没有实际缴付的出资,不应计算在内。首次股东会会议依照《公司法》规定行使职权。

45. 哪些人可以提议召开临时股东会会议？

以下几类人员可以提议召开临时股东会会议：

(1)股东。股东是公司的出资人，享有股东权利。代表1/10以上表决权的股东，有权提议召开临时会议。“以上”应当包括本数。

(2)董事。1/3以上的董事，有权提议召开临时会议。董事是董事会的组成人员，由公司股东会选举产生，参与公司的经营决策等事务，对公司的生产经营情况比较熟悉，当出现影响公司前途、股东重大权益或公司重大利益等问题，需要由股东会会议作出决定时，应当赋予董事召开临时会议的提议权。

(3)监事机构。公司监事会，有权提议召开临时会议。公司监事会或者不设监事会的公司的监事，负有公司监督职责，对董事、高级管理人员执行公司职务的行为进行监督，如果发现情况需要通过召开股东会会议作出相应决定的，应当赋予其临时会议的提议权。

上述提议召开临时会议的人员要求、比例限制，表明股东会的临时会议并不是可以随时就能够召开的会议，只有当公司需要作出重要决策，或者出现重大问题时，才能由法定人员提议召开。一般性、经常性的问题，可以在股东会的定期会议上解决。

46. 有限责任公司董事会和执行董事能够并存吗？

有限责任公司设董事会，但股东人数较少或者规模较小的有限责任公司，可以设一名董事，行使本法规定的董事会的职权。也就是说，有限责任公司可以在执行董事和董事会中选择一个作为公司的执行机构，因此，董事会与执行董事没有必要并存。如果公司选择了执行董事作为执行机构，日后由于发展扩大，需要设立董事会时，可以召开股东会会议，修改公司章程，选举董事会成员设立董事会，用以取代执行董事即可。

47. 股东自行召集和主持股东会的前提和条件是什么？

有限责任公司股东会会议由董事会召集，董事长主持；有限责任公司不设董事会的，股东会会议由执行董事召集和主持。董事会或者执行董事不能履行或者不履行召集股东会会议职责的，由监事会召集和主持，监事会不召集和主持的，股东可以自行召集和主持股东会会议。在此种情形下可以召集和主持股东会的股东必须是代表 1/10 以上表决权的股东。

48. 有限责任公司股东的表决权如何行使？

根据《公司法》第 65 条的规定，股东会会议由股东按照出资比例行使表决权；但是，公司章程另有规定的除外。

有限责任公司作为以资本为基础、以信任为纽带的经济组织，各股东的表决权原则上应当取决于各自的出资，即股东会会议由股东按照出资比例行使表决权。股东按出资比例行使表决权，体现了资本的本质，是世界各国通行的做法。

除了资本因素，有限责任公司股东之间往往具有相互信赖的关系。出资多的股东对公司发展的贡献，未必一定超过出资少的股东。如果只以出资比例确定股东在股东会会议上行使表决权，可能不利于公司的发展和股东之间的合作。因此，公司法赋予了公司股东充分的意思自治权："公司章程另有规定的除外"，即股东在股东会会议上的表决权，公司章程可以作出不以出资比例行使表决权的规定，并按此规定执行。

49. 股东会特别决议事项包括哪些？

有些法定事项的表决《公司法》有特别规定，不允许公司章程作出相反的规定。按照规定，下列法定事项，必须经代表 2/3 以上表决权的股东通过：

(1)修改公司章程。公司章程是公司组织和行为的基本规则，是公司活动的依据，法律对其制定、内容、形式等都有明确要求，公司可以对公司章程进行修改，但必须严格按照法定程序进行，应当经代表 2/3 以上表决权的股东通过，方为符合要求。

(2)公司增加或者减少注册资本。公司注册资本是公司设立、存续、发展的物质基础，是法定登记事项。公司在成立以后，可以根据客观需要增加或者减少注册资本，但必须严格按照法定程序进行，应当经代表2/3以上表决权的股东通过。

(3)公司合并、分立、解散。因公司合并、分立、解散涉及公司财产的变化,事关股东重大权益,所以必须严格按照法定程序进行,应当经代表2/3以上表决权的股东通过。

(4)变更公司形式。有限责任公司可以依法变更为股份有限公司,股份有限公司也可以依法变更为有限责任公司。公司变更形式,涉及公司注册资本、股东权益、组织机构等方面的重大变化,属于重大事项,所以必须严格按照法定程序进行,应当经代表2/3以上表决权的股东通过。

50. 一人股东有限公司与普通有限公司有什么区别?

一人股东有限公司与普通有限责任公司相比,具有以下主要特点:

(1)投资主体的特殊性。一人股东有限责任公司出资主体是单一的,也就是说,股东只有一个人,为一个自然人或者一个法人。一个自然人只能投资设立一个一人股东有限责任公司。该一人股东有限责任公司不能投资设立新的一人股东有限责任公司。

(2)组织机构的特殊性。一人股东有限责任公司不设股东会、董事会和监事会。

(3)财务会计制度的特殊性。一人股东有限责任公司应当在每一会计年度终了时编制财务会计报告,并经会计师事务所审计。

(4)责任的特殊性。一人股东有限责任公司的股东不能证明公司财产独立于股东自己的财产的,应当对公司债务承担连带责任。

51. 一人股东公司与个人独资企业的区别是什么?

一人股东公司,是指只有一个自然人股东或者一个法人股东的公司。个人独资企业,是指依法在中国境内设立,由一个自然人投资,财产为投资人个人所有,投资人以其个人财产对企业债务承担无限责任的经营实体。二者的区别主要有:

(1)投资主体不同。一人股东公司的投资主体可以是自然人,也可以是法人;个人独资企业的投资主体只能是自然人。

(2)法律形式不同。一人股东公司属于法定的民事主体,具有法人资格；而个人独资企业属于非法人组织，不具有法人资格。一人股东公司的名称应该带有“有限责任公司”或“股份有限”字样，而个人独资企业的名称则不能称公司。

(3)税收征缴规定不同。一人股东公司及其股东须分别就公司所得和股东获利缴纳法人所得税和个人所得税，而个人独资企业不需要缴纳法人所得税，只需要缴纳个人所得税。

(4)投资者责任承担不同。一人股东公司是独立的企业法人，具有完全民事行为能力，能独立承担民事责任，其股东只以认缴的出资额为限对公司承担“有限责任”，仅在股东不能证明公司财产独立于股东自己的财产的情况下对公司债务承担连带责任；个人独资企业不是独立的企业法人，不能以其财产独立承担民事责任，其投资人必须以其个人财产对企业债务承担无限责任，投资人在申请企业设立登记时明确以其家庭共有财产作为个人出资的，应当依法以家庭共有财产对企业债务承担无限责任。

另外，一人股东公司的财务核算要求高于个人独资企业。一人股东公司应当在每一会计年度终了时编制财务会计报告，并经会计师事务所审计；个人独资企业则只需依法设置会计账簿，进行会计核算，无须经会计师事务所审计。

52. 为什么要对一人股东公司人格否认制度作专门规定？

一人股东公司在立法层面上予以确定，将决定唯一股东承担有限责任，而有限责任原则最根本的要求是公司人格和股东人格的区分，即必须将公司财产与股东的财产相分离。但是，一人有限责任公司的缺陷恰恰就在于公司人格和单一股东人格难以区分：单一股东既是公司投资人，又是公司经营管理者和实际控制者，可以全面支配公司的财产及经营活动，公司财产和单一股东财产就很容易混同；一人公司又由于其股东的单一性，一人股东之意思就是公司之意思，缺少其他非一人公司所具有的内部制约和监督机制，公司独立人格和股东有限责任被一人股东滥用之可能，远远超过非一人股东公司的场合。

第四章　有限责任公司的股权转让

53.《公司法》关于有限责任公司股东自愿转让股权的规定有哪些？

有限责任公司的股东之间可以相互转让其全部或者部分股权。股东向股东以外的人转让股权的，应就其股权转让事项书面通知其他股东，其他股东在同等条件下有优先购买权，其他股东自接到书面通知之日起30日内未答复的，视为放弃优先购买权。

股权的转让，会导致公司登记事项发生变更，因此，还须依法及时办理变更登记，以免产生不必要的纠纷。

54.什么是股东的优先购买权？

股东优先购买权，是指有限责任公司股东在同等条件下，对股东同意转让的股权或人民法院依照法律规定的强制程序转让股东的股权，有优先于非股东购买的权利。之所以设立这样的制度，主要是因为有限责任公司兼有人合、资合性质，既要考虑公司利润的最大化，又要兼顾股东之间的信任关系，因此，立法在维护股权自由转让原则的前提下予以适当限制，即赋予股东在同等条件下的优先购买权。

55.其他股东如何行使优先购买权？

股东对外转让股权在同等条件下，其他股东享有优先购买权。所谓同等条件，主要是指股权转让的价格，但也包括转让的其他条件，如支付方式、支付期限以及其他由转让方提出的合理条件。所以，在各方都能满足转让方交易条件的前提下，其他股东享有优先购买权；但如果第三人愿意以更优惠或对转让方更有利的条件购买股权，而其他股东不愿意以此条件购买，则其他股东丧失优先购买权，转让方可以向第三人转让股权。当然，其他股东可以声明放弃优先购买权。如果其他股东中有两个或两个以上的股东都愿意受让该转让的股权，则应当通过协商确定各自受让的比例，若协商不成，则按照转让时各自的出资比例行使优先购买权。

同等条件下的优先购买权并非强制性规定。如果公司章程中对股东对外转让股权有不同的或相反的规定，则从其约定。公司章程可以规定股东对外转让股权时其他股东不享有优先购买权；可以规定其他股东享有优先购买权的具体条件；可以规定其他股东行使优先购买权的程序；等等。

56. 人民法院依法转让有限责任公司股东的股权程序如何？

人民法院依照法律规定的强制执行程序转让股东的股权，是指人民法院依照《民事诉讼法》等法律规定的执行程序，强制执行生效的法律文书时，以拍卖、变卖或其他方式转让有限责任公司股东的股权。人民法院依照法律规定的强制执行程序转让股东的股权时，应当通知公司及全体股东，其他股东在同等条件下有优先购买权。其他股东自人民法院通知之日起满 20 日不行使优先购买权的，视为放弃优先购买权。

57. 有限责任公司股东侵害其他股东的优先购买权，向第三人转让股份并变更工商登记的，第三人能否取得股权？

有限责任公司股东向第三人转让股权时，交易双方必须为其他股东行使优先购买权提供可能性。如果交易双方的行为导致其他股东的优先购买权被剥夺，就可以认定这一股权转让合同侵害了其他股东的法定权利，其他股东可以要求撤销该合同。由于工商登记基于股权转让合同办理，合同撤销后，工商登记也应当予以撤销。但是，基于股权的特殊性，股权转让合同和工商登记的撤销不具有溯及既往的效力。

58. 有限责任公司股东可以退出公司吗？如果可以，如何退出？

有限责任公司股东可以退出公司。有限责任公司股东退出公司有以下几种方式：

一是在通常情况下，股东可以通过转让股份从而退出公司。

二是在下列情况下，对股东会该项决议投反对票的股东可以请求公司按照合理的价格收购其股权，从而退出公司：

(1)公司连续 5 年不向股东分配利润，而公司该 5 年连续盈利，并且符合本法规定的分配利润条件的；

(2)公司合并、分立、转让主要财产的；

(3)公司章程规定的营业期限届满或者公司章程规定的其他解散事由出现，股东会会议通过决议修改公司章程使公司存续的。

三是请求法院强制解散公司，从而退出公司。公司经营管理发生严重困难，继续存续会使股东利益受到重大损失，通过其他途径不能解决的，持有公司全部股东表决权10%以上的股东，可以请求人民法院解散公司。

59. 如何确认公司连续5年盈利，并且符合本法规定的利润分配条件？

股东可根据公司提供的年度利润表作出判断。如果公司年度利润表本年利润栏连续5年都是正数，即为公司连续5年盈利。如果公司没有以前年度尚未弥补的亏损，或者虽有以前年度的亏损，但弥补完后公司仍有可分利润的，公司利润表中的累计利润栏也应为正数，这时公司的利润缴纳所得税后，需提取10%的法定公积金，剩余部分就是符合《公司法》规定的利润分配条件的利润，应当在股东之间进行分配。当然如果剩余的部分很少，公司考虑利润分配的成本而留待下年分配也是正常的。如果不是这种情形，而是大股东把持公司分配的决定权，故意不分配利润，甚至采取各种方法占用公司的分配资金，使公司年年盈利但年年因资金紧张或其他原因不予分配，受到伤害的股东就可以依《公司法》本条的规定要求公司收购自己的股份。

60. 股东请求分配利润需要提交什么材料？

(1)股东请求分配利润的，应提交载明具体分配方案的股东会决议。股东会决议合法有效的，人民法院应判令公司在一定期限内根据股东会决议确定的数额向公司股东支付红利。公司抗辩主张没有税后利润可供分配的，应当提供证据证明。公司主张成立的，应驳回原告的诉讼请求。

(2)有限责任公司虽未召开股东会，但公司章程明确规定了具体分配方案，且公司符合法律和公司章程规定的分配利润条件，股东起诉请求公司依照公司章程向股东分配红利的,人民法院应予以支持。

(3)有限责任公司小股东请求分配利润并提供证据证明公司有盈利但长期不分配,且大股东利用其控制地位,滥用多数表决权,压榨小股东利益的,人民法院应判决公司依照公司法或者公司章程的规定分配利润。

61. 未参加诉讼的股东是否可以申请强制执行?

人民法院审理股东与公司之间利润分配纠纷案件的判决、裁定,对未参加诉讼的股东同样发生法律效力。

人民法院驳回原告的诉讼请求后,未参加诉讼的股东以相同理由又提起诉讼的,人民法院应不予受理;人民法院作出公司分配利润的判决后,依法或者公司章程规定属于判决涉及参加分配范围的股东,无论是否参加诉讼,均有权持人民法院生效判决申请强制执行。

62. 有限责任公司的自然人股东死亡后,其股东资格由谁继承?

依照我国《民法典》的规定,自然人死亡后,其遗留的个人合法财产依法由他人继承。股东的出资额也是股东的个人合法财产,因此继承人也有权依法继承。股东资格是股东享有股东权的前提,继承股东的出资额与继承股东资格是不同的。

我国《公司法》第90条规定,自然人股东死亡后,其合法继承人可以继承股东资格;但是,公司章程另有规定的除外。可见,原则上继承人是可以继承股东资格的,但鉴于有限责任公司具有人合性,相互信任与认可在股东之间十分重要,因此,《公司法》作出了例外规定,当公司章程无例外规定时,死亡的自然人股东的合法继承人就可以继承其股东资格。

63. 继承人继承股东资格后的法律后果是什么?

《公司法》第90条规定继承人可以继承股东资格,其中“资格”一词特别值得注意,它表现出立法者要求完整保护股东权的立法意图,股东权除了具有资产收益权,还有决定公司重大决策、选择经营管理者的权利,即对公司的话语权,而“资格”一词把股东权中的财产权和公司所有权结合了起来。如果继承人只能继承股权中的财产部分，却不能获得股权中的其他权利，显然不公平。公司股权是股东对公司的按份所有权，这一权能应该是完整的，加以分割，便会极大地降低其价值。

从程序上讲，公司应当注销已去世股东的出资证明书，向新股东（继承人）签发新的出资证明书，相应修改公司章程和股东名册中的有关记载，并到工商行政管理部门办理相应的变更登记。

64. 有限责任公司向第三人转让股权有哪些程序？

（1）对目标公司进行尽职调查。应当查清目标公司的股权结构、资产状况、负债状况、欠税情况等。

（2）出让和受让双方进行实质性的协商和谈判。

（3）召开股东会会议，并形成股东会决议，按照公司章程规定的程序和表决方法通过并形成书面的股东会决议。

（4）出让方以书面方式征得其他股东过半数同意。

（5）出让方和受让方签订股权转让合同或股权转让协议。

（6）股权变动的目标公司需召开股东会会议，并形成新的股东会决议。

（7）目标公司对股权转让的变更记载。包括注销原股东的出资证明书、向新股东签发新的出资证明书，变更公司章程和股东名册中的相关记载。

（8）向市场监督管理部门申请办理公司变更登记。

此外，若转让的标的股权是国有股，则需要提供本地产权交易所的产权交易合同和产权交割单情况，同时还需要提供有关政府部门同意股权转让的批准文件。

65. 股权转让受让方受让后发现出资未到位或公司财务报表虚假是否可以请求解除合同？

公司设立时的股东未足额出资、出资后又抽逃出资，或者被作为确定股权转让价格根据的公司财务报告等文件虚假，致使股权实际价值显著低于转让价格，受让人起诉请求撤销股权转让合同的，人民法院应予以支持。但受让人在公司登记机关办理股权变更登记时间超过一年的，人民法院应当驳回起诉。

66. 股权转让出让方与受让方在何种情况下可以解除合同？

(1)出让方请求解除合同。

股权转让后在公司登记机关办理了股权变更登记，受让方未支付股权转让价款构成违约，出让方起诉请求解除股权转让合同的，人民法院应予以支持。

(2)受让方请求解除合同。

股权转让合同签订后，因法律障碍或者客观原因不能办理变更登记，或者出让方故意不协助履行相应批准手续致使股权无法办理变更登记，除双方有特殊约定外，受让方起诉请求解除合同的，人民法院应予支持。

67. 股权转让所需的文件资料有哪些？

(1)公司股权转让变更登记申请书及主管部门批复；

(2)新股东关于申请材料的承诺书；

(3)股权转让合同书；

(4)出让方企业职工代表大会(集体性质)或股东会决议(内资)或董事会决议(外商投资)；

(5)公司新股东会决议；

(6)原公司章程；

(7)出让方、受让方及股权变动公司营业执照副本复印件、身份证复印件；

(8)授权委托书(转让双方)；

(9)市场监督管理部门要求提供的其他资料。

68. 如何确定股份利益归属与利润归属？

(1)利益归属。

股权转让合同解除后，出让方起诉主张受让方在返还股权时一并返还其持有该股份在公司所获得的红利、配送新股及因该股份而认购的新股等股东权益的，人民法院应予以支持。受让方因前款股东权益支付对价的,可以同时请求出让方予以补偿。

(2)利润归属。

股权转让合同生效后、公司变更股东名册记载之前,出让人以股东名义在公司获得利润分配、配送股份及新股认购等股东利益,受让人主张出让人返还的,人民法院应予以支持。但双方当事人关于上述权益的归属有特殊约定的,从其约定。

69. 股权转让对公司的生效时间是什么时候?

受让人依据股权转让合同向公司提出变更股东登记申请后,有权请求公司向其履行对股东的义务。公司不予办理变更登记或拒不向受让人履行股东义务的,受让人以股东的名义提起诉讼,请求公司变更股权登记或向其履行股东义务的,人民法院应当受理。

70. 股权存在争议公司是否有权拒绝办理登记?

受让人请求公司办理股权变更登记纠纷案件,公司提供证据证明受让人受让股权存在争议的,人民法院应裁定驳回原告的起诉;公司不能提供证据证明的,人民法院应裁定公司办理股权变更手续。对以上人民法院的裁定,当事人不得提起上诉。

71. 虚假出资股东的股东资格是否当然无效?

虚假出资股东的股东资格并不当然无效。

虚假出资,即出资者未履行或未全面履行对公司的出资义务,如“取得股份而无给付”或“无代价而取得股份”。对认股人未按协议缴纳股款,各国立法都赋予公司和其他股东特定的救济手段,包括行使失权程序、行使追缴出资权、要求损害赔偿等。因此,认股人不出资,可能被公司或其他股东作为违约行为剥夺认股资格,而致其未能取得股份;也可能因其他股东或公司未行使失权程序而被登记为股东,并在公司成立后获得股权。后面的这种情形就构成了虚假出资。因此,虚假出资者也可能拥有公司的股权,只是其还必须承担对公司的填补出资义务。换句话说,股份认购契约是股权与法人财产权共同的产生基础,公司成立后股份认购人的地位当然转化为股东,股权亦因条件成就而当然产生。股东自认购公司的股份之日起，就实际丧失了对其出资财产的所有权，也即必须承担出资义务，只有当公司不能成立时，认股人才有权行使认股撤回权。若因其不依约出资即认定其股权自然丧失，将导致对公司的出资义务无人履行，损及债权人和社会公众的利益。根据我国《公司法》的相关规定，对出资不到位的股东，应责令改正，即责令其补足出资，并承担因注册资本未到位而产生的其他民事责任，而不是直接否定其股东资格。

另外，股东身份的认定应当以公司登记文件（包括公司章程、股东名册等）的记载为依据。公司章程和股东名册具有公示的效力，公司和公众有理由按公司章程或股东名册上的记载认定股东。虽然名义股东不具有合法身份，公司可随时停止其权利，但除非公司对其作出除名处置，股东名册载明的股东并不因其未出资而丧失股东资格。另外，通过继承、赠与、遗赠等途径也可以无偿取得股东资格，这里当然也不以实际出资为股东资格取得的要件。由此可见，确定某人是否享有某公司的股东资格，应看其是不是公司章程或股东名册上记载的股东，而不是看他有没有依约出资。

72. 有限责任公司股东在股权转让后应履行什么手续？

有限责任公司股东在股权转让后应履行下列手续：

（1）股权转让后不再是公司股东的，公司应注销原股东的出资证明书，向新加入的股东签发出资证明书。

（2）股东依法转让出资的，应在股东名册上加以记载，记载事项包括受让人的姓名或者名称、受让人的住所和受让的出资额。

（3）变更公司章程的相应内容。因股权转让而修改公司章程，仅是记载股权变化的后果，无须再由股东会表决。

（4）到市场监督管理部门依法办理变更登记。

73. 有限责任公司股东转让股权，是否必须到登记机关办理变更登记后才生效？

根据《市场主体登记管理条例》的规定，公司股东的变更及公司章程的变更，均应到市场监督管理部门办理变更登记。但是，我国立法中并没有规定有限责任公司股东转让股权必须在办理工商登记手续后才生效。因此,办理工商变更登记并非股权转让生效的必要要件,但是,不办理工商变更登记的,不得对抗第三人。

74. 转让股份和出资入股有什么不同?

转让股份指的是原股东把手里的股份全部或部分转让给其他股东或第三人,股份转让只会导致持股比例或持股人发生变化,公司总股本不会发生变化;但出资入股指的是原股东持股不变,第三人通过出资加入公司,对公司而言就是增资扩股。因为新股东的加入,使得股东人数增加以及公司的注册资本增加,原股东的出资不变,但相应的持股比例会发生变动。这些变动,均需要到市场监督管理部门依法办理变更登记。

75. 受让人知道或者应当知道有限责任公司的股东未履行或者未全面履行出资义务,而与其达成股权转让,该受让人是否应承担责任?

根据《最高人民法院关于适用〈中华人民共和国公司法〉若干问题的规定(三)》第 18 条的规定,有限责任公司的股东未履行或者未全面履行出资义务即转让股权,受让人对此知道或者应当知道,公司请求该股东履行出资义务、受让人对此承担连带责任的,人民法院应予支持;公司债权人依照本规定第 13 条第 2 款向该股东提起诉讼,同时请求前述受让人对此承担连带责任的,人民法院应予支持。

受让人根据上述规定承担责任后,向该未履行或者未全面履行出资义务的股东追偿的,人民法院应予支持。但是,当事人另有约定的除外。

76. 原股东将已转让尚未变更登记的股权再次处分,受让股东能否请求法院认定该处分股权行为无效?原股东对此应承担什么责任?

根据《最高人民法院关于适用〈中华人民共和国公司法〉若干问题的规定(三)》第 27 条的规定,股权转让后尚未向公司登记机关办理变更登记,原股东将仍登记于其名下的股权转让、质押或者以其他方式处分,受让股东以其对于股权享有实际权利为由,请求认定处分股权行为无效的,人民法院可以参照《民法典》第 311 条的规定处理。

原股东处分股权造成受让股东损失,受让股东请求原股东承担赔偿责任,未及时办理变更登记有过错的董事、高级管理人员或者实际控制人承担相应责任的,人民法院应予支持;受让股东对于未及时办理变更登记也有过错的,可以适当减轻上述董事、高级管理人员或者实际控制人的责任。

77. 对外转让股权纠纷当事人地位如何以及如何履行通知义务？

有限责任公司股东起诉请求购买其他股东拟对外转让的股权纠纷案件,应列转让股东、受让人为被告,公司为第三人。

有限责任公司股东转让股权之前虽然通知了公司其他股东,但未将受让人的有关情况、拟转让股权的数量、价格及履行方式等股权转让合同的主要内容全部告知公司其他股东的,人民法院应认定其未履行《公司法》第 84 条第 2 款规定的义务。

78. 如何确定不同意转让股权的价格？

有限责任公司股东向股东以外的人转让股权,其他股东半数以上不同意转让,不同意的股东购买该转让股权因价格问题与转让股东发生争议的,人民法院应委托中介机构以公司净资产为基础评估确定股权价格。

79. 有限责任公司股东转让股权之前未通知其他股东的后果是什么？

有限责任公司的股东向股东以外的人转让股权,未就其股权转让事项征求其他股东意见,或者以欺诈、恶意串通等手段,损害其他股东优先购买权,其他股东主张按照同等条件购买该转让股权的,人民法院应当予以支持,但其他股东自知道或者应当知道行使优先购买权的同等条件之日起 30 日内没有主张,或者自股权变更登记之日起超过 1 年的除外。

80. 股东是否可以要求提供履约担保？

人民法院审理有限责任公司股东请求购买其他股东拟对外转让的股权纠纷案件，被告要求原告提供财产担保的，人民法院应予以准许。担保的具体数额相当于转让股东与受让人签订的股权转让合同价款或者受让人已经实际支付的股权转让款数额。原告不能提供的，人民法院应驳回原告起诉。

81. 执行程序中的优先购买权是什么？

人民法院在强制执行程序中决定以拍卖方式对有限责任公司股权变价时，应当委托中介机构评估确定股权价值并通知公司及公司其他股东；公司或者公司其他股东不同意以拍卖方式变价的，应当以评估价格购买该股权。

公司其他股东在人民法院规定的期限内不予购买的，人民法院应当以拍卖方式对股权变价。拍卖股权时，应当通知公司和公司其他股东参加。拍卖成交后，公司其他股东不得主张以成交价格行使优先购买权。

第五章　股份有限公司的设立和组织机构

82. 如何理解“发起人”的含义？股份有限公司的发起人有什么义务？

根据《最高人民法院关于适用〈中华人民共和国公司法〉若干问题的规定(三)》第 1 条的规定，为设立公司而签署公司章程、向公司认购出资或者股份并履行公司设立职责的人，应当认定为公司的发起人，包括有限责任公司设立时的股东。

股份有限公司的发起人主要承担以下两项义务：

(1)按要求认购公司股份并缴纳出资。以发起设立方式设立股份有限公司的，发起人认购公司应发行的全部股份；以募集设立方式设立股份有限公司的，发起人认购的股份不得少于公司股份总数的 35%，但是，法律、行政法规另有规定的，从其规定。

(2)负责公司筹办事务。公司筹办是公司设立的前提和基础，公司筹办事务包括从倡议、签订发起人协议、制定公司章程、募集股份、召集创立大会，到申请公司设立登记等一系列事项。

83. 有限责任公司与股份有限公司的主要区别有哪些？

有限责任公司与股份有限公司的主要区别表现在：

(1)公司的信用基础不同。有限责任公司是属于“人资两合公司”，其信用基础和运作不仅基于股东资本的结合，而且离不开股东之间的信任关系，在这一点上，可以认为它是介于合伙企业和股份有限公司之间的；股份有限公司则完全是资合公司，公司的信用基础是股东的资本结合，而非股东间的信任关系。

(2)股东的人数限制不同。有限责任公司的股东人数有限制，它由50个以下股东出资设立；而股份有限公司股东人数没有上限，但对发起人有人数限制，规定为1人以上200人以下。

(3)股权的表现形式不同。有限责任公司股权不作等额划分，股东的股权是通过所认缴的出资额比例来表示，股东以其所认缴的出资额比例享有权利和承担责任；而股份有限公司的全部资本划分为等额股份，股东根据所持股份数量享有权利和承担责任。

(4)股权的流动性不同。有限责任公司的股东向股东以外的人转让出资有限制，需要经过全体股东过半数同意；而股份有限公司的股东向股东以外的人转让出资没有限制，原则上可以自由转让。

(5)公司开放性不同。有限责任公司不能公开募集股份，不能发行股票；而股份有限公司可以公开发行股票。

(6)公司透明度不同。有限责任公司不必向社会公开披露财务、生产、经营管理的信息；而股份有限公司的股东人数多，流动频繁，需要向社会公开其财务状况。

(7)组织机构设置的规范程度不同。有限责任公司组织机构设置比较灵活，不必“三会”(股东会、董事会和监事会)俱全；而对股份有限公司组织机构的要求则比较高，必须设立股东会、董事会和监事会。

84. 股份有限公司的设立包括哪几种方式？

股份有限公司的设立方式可以分为两种：发起设立和募集设立。

(1)发起设立是发起人认购设立公司时应发行的全部股份而设立公司。发起人对股份有限公司设立时拟发行的全部股份进行认购，完成对公司的全部出资。在发起人认购的股份缴足前，不得向他人募集股份。

发起设立的股份有限公司其注册资本为在公司登记机关登记的全体发起人认购的股本总额。

(2)募集设立是发起人认购设立公司时应发行股份的一部分，其余股份向社会公开募集或者向特定对象募集而设立公司。募集设立要求发起人认购的股份不得少于公司股份总数的35%，其余采用公开募集(公募)或者定向募集的方式(私募)。

公募与私募的区别在于是向不特定的社会公众公开募集，还是向特定的对象募集。

募集设立的股份有限公司其注册资本为在公司登记机关登记的实收股本总额。

85. 设立股份有限公司应具备哪些条件？

设立股份有限公司应具备以下条件：

(1)发起人符合法定资格和法定人数。发起人就是承担公司筹办事务的人。既可以是自然人，也可以是法人。设立股份有限公司，应当有1人以上200人以下为发起人，其中应当有过半数的发起人在中国境内有住所。股份有限公司的发起人，必须依法认购其应认购的股份，并承担公司筹办事务。

(2)有符合公司章程规定的全体发起人认购的股本总额或者募集的实收股本总额。发起设立的股份有限公司其注册资本为在公司登记机关登记的全体发起人认购的股本总额；募集设立的股份有限公司其注册资本为在公司登记机关登记的实收股本总额。法律、行政法规以及国务院决定对股份有限公司注册资本最低限额另有规定的，从其规定。

(3)股份发行、筹办事项符合法律规定。发起人为了设立股份有限公司而发行股份以及进行其他筹办事项时,都必须符合法律规定的条件和程序。比如,发起人向社会公开募集股份,应当公告招股说明书;发起人的出资方式应当符合法律规定;发起人向社会公开募集股份,应同依法设立的证券公司签订承销协议,同银行签订代收股款协议等。

(4)发起人制定公司章程,采用募集方式设立的经创立大会通过。公司章程是指由发起人全体同意,经股东会通过,依法规定公司的宗旨、任务,指导规范公司组织及行动的基本原则,是公司投资者和经营者必须遵守的法律契约,也是政府及社会监督机构对公司进行监督管理的重要依据。

(5)有公司名称,建立符合股份有限公司要求的组织机构。设立股份有限公司必须在公司名称中标明"股份有限公司"字样。此外,由于股份有限公司规模大,股东多,发生问题会影响广大股票持有者的利益和社会安定,所以《公司法》规定必须依法建立健全组织机构,包括设立股东会、董事会及监事会等。

(6)有公司住所。固定的生产经营场所和必要的生产经营条件,是公司从事经营活动的基本条件。

86. 申请设立股份有限公司应当提交哪些文件?

申请设立股份有限公司,应当向公司登记机关提交下列文件:

(1)公司法定代表人签署的设立登记申请书;

(2)董事会指定代表或者共同委托代理人的证明;

(3)公司章程;

(4)发起人的主体资格证明或者自然人身份证明;

(5)载明公司董事、监事、经理姓名、住所的文件以及有关委派、选举或者聘用的证明;

(6)公司法定代表人任职文件和身份证明;

(7)企业名称预先核准通知书;

(8)公司住所证明;

(9)以募集方式设立股份有限公司的,还应当提交创立大会的会议记录以及依法设立的验资机构出具的验资证明;以募集方式设立股份

有限公司公开发行股票的,还应当提交国务院证券监督管理机构的核准文件;

(10)法律、行政法规或者国务院决定规定设立股份有限公司必须报经批准的,还应当提交有关批准文件;

(11)国家市场监督管理总局规定要求提交的其他文件。

87. 发起设立和募集设立的主要区别有哪些?

发起设立又称"同时设立"或"单纯设立",是指由发起人认购公司应发行的全部股份而设立公司。由于发起设立没有向社会公开募集股份,所以,以发起设立的方式设立股份有限公司,程序比较简便,只要发起人认足了全部股份就可以向公司登记机关申请登记,但它要求各个发起人的资金比较雄厚,仅发起人就能够认购公司应发行的全部股份。

募集设立又称"渐次设立"或"复杂设立",是指由发起人认购公司应发行股份的一部分,其余股份向社会公开募集或者向特定对象募集而设立公司。由于募集设立涉及广大社会公众,所以,法律对募集设立规定了较为严格的程序,以保护广大投资者的利益,维护正常的社会经济秩序。但由于以这种方式设立股份有限公司,发起人只需较少的资金投入,就能够从社会上聚集到大批的中小投资者,从而使公司能够迅速聚集到较大的资本额,所以,在国外,以募集方式设立股份有限公司是一种比较普遍的方式。

88. 发起设立股份有限公司需要经过哪些步骤?

(1)发起人签订发起人协议,明确各自在公司设立过程中的权利和义务;

(2)申请公司名称的预先核准;

(3)发起人制定公司章程;

(4)认购股份:发起人认购应发行的全部股份;发起人按照公司章程规定缴纳出资;

(5)召开创立大会,选举董事会、监事会;

(6)申请设立登记。

89. 募集设立股份有限公司的，如何公开募集股份？

以募集设立方式设立股份有限公司的，向社会公开募集股份时应达到的要求和办理的事项是：

(1)发起人先行认购股份。

募集设立方式是要求发起人认购公司应发行股份总数的35%以上，然后才能将其余股份向社会公开募集，因此在公开募集前，发起人应先行认购。

(2)公开募集申请。

向社会公开募集股份，应当由发起人向国务院证券监督管理机构提出募股申请，需要报送的文件主要有：①批准设立公司的文件；②公司章程；③经营估算书；④发起人姓名或者名称、发起人认购股份数、出资种类及验资证明；⑤招股说明书；⑥代收股款银行的名称及地址；⑦承销机构名称及有关的协议。除上述文件外，还应当提交国务院证券监督管理机构规定的有关文件。

(3)公开募集股份的核准。

由于公司的股份是采取股票的形式，因而公开募集股份就是公开发行股票，需要由国务院证券监督管理机构依照《公司法》规定的条件核准；国务院证券监督管理机构应当自受理股份发行申请之日起3个月内作出决定，不予核准的应当作出说明。

(4)公开募集核准后的发行。

公开募集股份的申请经核准后，发起人应当依照法律、行政法规的规定，在股份公开募集前，公告公开募集文件，并将该文件置备于指定场所供公众查阅。对已经作出的公开募集的核准，发现不符合法律、行政法规规定的，应当予以撤销；尚未募集股份的，停止募集；已经募集的，认股人可以按照所缴股款并加算银行同期存款利息，要求发起人返还。

90. 股份有限公司的发起人在公司设立失败时应承担什么民事责任？

公司设立失败时，发起人为发起行为所产生的后果承担连带责任。

具体表述如下：

(1)公司发起人对设立行为所产生的债务和费用承担连带责任。设立行为所产生的债务和费用是指发起人为了设立公司、在筹办公司设立过程中支付的各种费用，如公司章程、招股说明书和认股书的制作费，有关通知和公告的费用以及雇用必要人员的工资等。

(2)公司发起人对认股人已缴纳的股款，承担返还股款并加算银行同期存款利息的连带责任。从理论上说，认股人在缴纳股款后已成为设立中公司这一无权利能力、无行为能力社团的社员，当公司设立失败后，本应仅分得公司清偿债务后的剩余财产，但《公司法》为了加强对认股人的保护而将其置于与债权人相同的第三人的地位。所以，当公司设立失败后，认股人仍可要求返还股资并加算利息。

根据《最高人民法院关于适用〈中华人民共和国公司法〉若干问题的规定(三)》第4条的规定，公司因故未成立，债权人请求全体或者部分发起人对设立公司行为所产生的费用和债务承担连带清偿责任的，人民法院应予支持。

部分发起人依照前款规定承担责任后，请求其他发起人分担的，人民法院应当判令其他发起人按照约定的责任承担比例分担责任；没有约定责任承担比例的，按照约定的出资比例分担责任；没有约定出资比例的，按照均等份额分担责任。

因部分发起人的过错导致公司未成立，其他发起人主张其承担设立行为所产生的费用和债务的，人民法院应当根据过错情况，确定过错一方的责任范围。

91. 发起人协议与公司章程的关系如何？

发起人协议，是公司设立过程中，由发起人订立的关于公司设立事项的协议，性质上类同合伙协议。公司章程，是由全体股东或发起人制定的，对公司、股东、公司管理人员具有约束力的调整公司内部组织关系和经营行为的自治规则。公司章程一般以发起人协议为基础，二者在记载事项和内容上有许多相同之处，在目标上也具有一致性。但二者的性质和功能有所不同，区别主要体现在：

(1)发起人协议和公司章程的效力期间不同，发起人协议调整公司设立过程中的法律关系和法律行为，发起人协议产生在公司成立前，在公司的设立阶段，经发起人达成一致签字盖章即具有法律效力。公司章程是以公司成立为前提的，在公司成立后才能生效，对全体股东具有约束力。

(2)发起人协议不是公司设立的必要法律文件，而公司章程是公司设立必备的法律文件，任何公司登记成立都必须提交公司章程。只有股份有限公司规定了发起人必须签订发起人协议。《公司法》第93条第2款规定："发起人应当签订发起人协议，明确各自在公司设立过程中的权利和义务。"

(3)发起人协议是不要式法律文件，根据当事人之间的意思表示形成，其内容更多地体现了当事人的意志和要求，属于契约，需要遵守合同法的一般规则；公司章程是要式法律文件，公司章程必须依据公司法制定，不能违反法律和行政法规是其前提。

(4)发起人协议和公司章程约束的对象不同，发起人协议是全体发起人订立的，调整的是发起人之间的关系，在发起人之间具有法律约束力。公司设立过程中产生的权利和义务，发起人按照发起人协议的约定承担。而公司章程调整的是股东之间、公司与股东之间、公司与公司治理机构之间的法律关系，既包括对原始发起人股东有约束力，也对按照公司章程和公司法规定后加入公司的股东具有约束力。

公司章程是法律规定的必备的法律文件，产生在发起人协议之后，因此在公司成立后，应当以公司章程作为准则。发起人协议和公司章程发生矛盾时以公司章程规定为准，发起人协议只对原始的发起人具有约束力。

92. 股份有限公司的发起人、认股人是否可以抽回股本？

一般禁止，例外许可。资本确定、资本维持(充实)和资本不变原则是公司资本制度的三项基本原则。公司资本是公司运营的基础，也是公司对外承担法律责任的基础，因而，股份有限公司发起人、认股人在缴纳股款或交付抵作股款的出资后，一般不能中途将股本抽回。但法律并非一律禁止发起人、认股人抽回股本的行为，根据《公司法》第105条第2款的规定，在发生下列情况时，可以抽回股本：未按期募足股份的；发起人未按期召开成立大会的；成立大会决议不设立公司的。上述三种例外情形中，既然公司主体资格尚不存在，认缴股份便不具有意义，发起人、认股人当然可抽回股本。

除上述三种例外情形外，股份有限公司的发起人、认股人不得抽回其股本。《公司法》还规定了抽逃出资的法律责任，根据《公司法》第253条的规定，公司发起人、股东在公司成立后，抽逃其出资的，由公司登记机关责令改正，处以抽逃出资金额5%以上15%以下的罚款；对直接负责的主管人员和其他直接责任人员处以3万元以上30万元以下的罚款。

93. 发起人与股东之间是什么关系？

发起人，是指参加订立发起人协议、认购公司出资或股份并承担公司筹办事务的人。发起人为了实现设立公司的目的，通过签订发起人协议结合在一起，受发起人协议的约束。发起人在公司成立后，即具有股东身份，但发起人作为一个整体，与成立后的公司没有直接联系，只是相对于设立中的公司而言，属于设立中公司的机关，对外代表设立中的公司进行创立活动，履行设立义务。当公司依法成立后，发起人作为一个整体就不存在了。公司成立后，因设立公司所发生的权利和义务归属于公司。

股东是对公司投资或基于其他的合法原因而持有公司资本的一定份额并享有股东权利的主体。投资人通过认购或受让公司的出资或股份获得股东资格，包括发起人的认购、发起人以外的认股人的认购以及公司成立后投资人对公司新增资本的认购和受让股份等方式。此外，股东资格还可能通过继承等方式取得。股东享有发给出资证明书或股票的请求权、股份转让过户请求权、股利分配请求权、剩余财产分配请求权等财产权利，也享有对公司内部事务管理权，选举董事、监事，经营决策等非财产权。股权既体现了股东向公司出资财产权的对价，也标志着股东是公司的成员和股东之间的法律关系。股权的实质就是股东与公司之间的法律关系。股东的身份取得以公司成立为前提，公司成立前不存在脱离公司实体的股权，所以不存在股东身份。

股东不以发起人为限，在设立阶段和公司成立后认购、受让公司出资或股份的人都可以成为股东。发起人作为公司的出资人在公司成立后成为公司的首批股东,公司法没有限制股东必须具备发起人身份。

此外,在出资义务的性质及责任方面,发起人和股东具有以下不同之处:

(1)发起人出资义务的性质及责任。

发起人作为参与公司设立并对其设立行为承担责任的人,其创设活动影响着公司健全人格的形成。因此发起人不仅要对自己违反出资义务的行为承担法律责任,而且要对公司资本的充实承担担保责任,因为只有保证资本的充实可靠,才能保证公司人格健全。由此,发起人之间共同承担着相互担保出资义务履行、确保公司实收资本与公司章程所定资本相一致的民事责任。

(2)股东的出资义务的性质及责任。

股东出资义务来源于股东对公司股份的认购行为。由此可以得出,股东出资义务的性质是由股东认购股份的行为性质所决定。现代各国公司法理论均认为股东出资义务属于一种契约义务,因此,股东不履行出资义务的法律责任可比照债的不履行的一般原则处理。

94. 有限责任公司变更为股份有限公司的程序是什么?

根据《公司法》第108条的规定,有限责任公司可以变更为股份有限公司。具体来说,有限责任公司变更为股份有限公司一般应遵循以下程序:

(1)董事会拟定公司整体变更方案。

公司整体变更时,首先应当由公司董事会拟定出变更公司形式的方案,将公司变更的目标、依据及其他技术性问题作出初步的规划和设计。公司变更方案一般应当包括下列内容:①变更后公司的名称和经营范围;②变更的规定和条件;③将原有限责任公司股东的投资份额转换成股份有限公司股份的方式和依据;④变更公司章程的声明;⑤有关公司变更的其他条款。

(2)股东会作出决议。

公司整体变更是公司的重大事宜,根据《公司法》第66条的规定,必须由股东会作出特别决议,该决议必须经代表2/3以上表决权的股东通过。

(3)变更公司章程。

变更公司章程是公司组织形式变更的必须程序,《公司法》第66条把修改公司章程规定为公司特别决议事项,即公司章程的变更必须经代表2/3以上表决权的股东通过,并经公司登记机关审查登记后,公司章程的变更才发生法律效力。

(4)股份折换或募集。

有限责任公司在修订公司章程后,应依据公司章程的规定将原股东的出资额折合成股份有限公司的股份,折合的股份总额应不高于公司净资产额。在将原股东的出资额全部折合成股份后,仍有增资必要的,经国务院批准,可以向社会公开募集股份,但必须严格依照《公司法》有关向社会公开募集股份的规定办理。

(5)变更公司名称。

《公司法》第7条规定,依法设立的有限责任公司,应当在公司名称中标明"有限责任公司"或者"有限公司"字样;依法设立的股份有限公司,应当在公司名称中标明"股份有限公司"或者"股份公司"字样。因此,有限责任公司变更为股份有限公司需要将公司名称加以变更。

(6)向公司登记机关办理变更登记。

在上述步骤完成以后,董事会应向公司登记机关申请公司变更登记,经公司登记机关核准登记,取得公司登记机关颁发的营业执照,公司整体变更的工作即告结束。

(7)公告。

公司整体变更以后,应当进行公告。公告方式依有关法律规定或公司章程的规定进行。一般情况下,公告采取登报方式公布。

此外,有限责任公司变更为股份有限公司时,股东的责任也会随之发生一些细微的变化。根据《公司法》的规定,无论是有限责任公司还是股份有限公司,股东的责任永远都是有限责任,但是此种有限责任是有区别的,即以其认缴的出资额为限与以其所认购的股份为限的差异。

出资额是一个固定的数额,仅指公司设立时股东投资的一定绝对数量的财产;而股份代表股东在公司总资产中所享有的份额,该份额会随着公司经营状况的好坏及公司股价的变动而处在变动中。当一个有限责任公司变更为股份有限公司时，公司的注册资本选择变化或者不变化。根据《公司法》第108条的规定，变更后股份公司的实收股本不得高于有限公司的净资产。实务中，考虑到股本规模会影响上市后的每股收益、股票发行价格及募集资金，部分公司在整体变更时设置的股本仍保持有限责任公司的注册资本数额，不发生变化；而大部分公司在整体变更的同时以净资产折股增加注册资本。而增加注册资本就必然导致股东责任的变化。

95. 发起人的责任包括哪些？

股份有限公司发起人可能承担下列法律责任：

(1)民事责任。

第一，在公司设立完成的情况下，可能承担的法律责任包括：

①资本充实责任。《公司法》规定，股份有限公司成立后，发现作为设立公司出资的非货币财产的实际价额显著低于公司章程所定价额的，应当由交付出资的股东补交其差额，其他发起人承担连带责任。

②损害赔偿责任。《公司法》规定，在公司的设立过程中，由于发起人的过错致使公司利益受到损害的，应当对公司承担赔偿责任。

第二，在公司设立失败的情况下，发起人可能会承担下列责任：

①连带赔偿责任。发起人对设立行为所产生费用和债务负连带赔偿责任。

②对已收股款负返还并加算银行同期存款利息的连带责任。在采取募集设立公司的情况下，发起人对认股人已缴纳的股款，还负有返还股款并加算银行同期存款利息的连带责任。至于发起人相互之间的责任承担，应按其约定或投资比例进行划分。

(2)行政责任。

《公司法》第252条规定，公司的发起人、股东虚假出资，未交付或者未按期交付作为出资的货币或者非货币财产的，由公司登记机关责令改正，可以处以5万元以上20万元以下的罚款；情节严重的，处以虚假出资或者未出资金额5%以上15%以下的罚款；对直接负责的主管人员和其他直接责任人员处以1万元以上10万元以下的罚款。《公司法》第253条规定，公司的发起人、股东在公司成立后，抽逃其出资的，由公司登记机关责令改正,处以所抽逃出资金额5%以上15%以下的罚款;对直接负责的主管人员和其他直接责任人员处以3万元以上30万元以下的罚款。

(3)刑事责任。

《刑法》第159条规定,公司发起人、股东违反公司法的规定未交付货币、实物或未转移财产权、虚假出资,或者在公司成立后,抽逃出资,数额巨大、后果严重或者有其他严重情节的,处5年以下有期徒刑或者拘役,并处或单处虚假出资金额或者抽逃出资金额2%以上10%以下罚金。单位犯前款罪的,对单位判处罚金,并对其直接负责的主管人员和其他责任人员,处5年以下有期徒刑或者拘役。

96. 有限责任公司依法变更为股份有限公司的,原有限责任公司的债权债务如何处理?

由变更后的股份有限公司进行法定的自然继承。有限责任公司作为法人实体在依法变更为股份有限公司的过程中,其民事主体资格一直保有,仅是在内部组织形式和公司名称上发生了变更,因此,有限责任公司的未到期债务不一定在变更公司形式前一定要清偿,可以与债权人达成协议,由变更后的股份有限公司承继。同样,原有限责任公司的债权,也依法由变更后的股份有限公司承继,其主张权利的依据是公司股东会变更公司形式的决议及公司登记机关的变更登记记录。

97. 如何认定发起人的合同责任?

发起人在设立公司过程中,需要签订各式各样的合同,如订立房屋的租赁合同、建设或改建房屋的施工合同,购置物品的买卖合同,获取资金的借贷合同等,发起人为了完成公司设立,为公司成立做准备,与第三人签订的合同都被认定为发起人合同。

根据《最高人民法院关于适用〈中华人民共和国公司法〉若干问题的规定(三)》第1条的规定,为设立公司而签署公司章程、向公司认购出资或者股份并履行公司设立职责的人,应当认定为公司的发起人,包括有限责任公司设立时的股东。发起人的主要职责就是承担公司筹办事务。在公司设立阶段,发起人对外订立的合同一般是为了公司利益,但也不排除某些发起人是为了自身利益。然而，在实践中，合同相对人往往不能确切地知道该合同到底是为了实现谁的利益，也不清楚合同最终的利益归属。如果按照利益归属标准来确定合同责任主体，将使合同相对人的利益面临较大的风险。对此，《最高人民法院关于适用〈中华人民共和国公司法〉若干问题的规定(三)》按照外观主义标准来确定上述合同责任的承担，有两种情形：(1)如果发起人为设立公司以自己名义订立合同，原则上应当由发起人承担合同责任；但该公司成立后确认了该合同，或者公司已实际享有合同权利或者履行合同义务，而且合同相对人也要求公司承担责任，则由公司承担合同责任。(2)如果发起人在公司设立阶段以设立中公司的名义订立合同，原则上应当由成立后的公司承担合同责任，除非该公司有证据证明发起人是为了自己的利益而签订该合同，且合同相对人对此是明知的，即非善意时，则仍由发起人承担。

98. 发起人因设立公司而发生职务侵权行为，受害人请求承担侵权赔偿责任的，应如何处理？

根据《最高人民法院关于适用〈中华人民共和国公司法〉若干问题的规定(三)》第5条的规定，发起人因设立公司而发生的职务侵权行为承担责任的情形如下：(1)发起人在公司设立过程中，因履行公司设立职责而导致的侵权行为，发起人的行为后果归属于设立中的公司，故公司成立后，受害人可以请求公司承担侵权赔偿责任。(2)公司未成立，受害人可以请求全体发起人承担连带责任；公司或者无过错的发起人对外承担责任后，可以向有过错的发起人追偿。

99. 上市公司召开股东大会时如何对股东资格进行验证和登记？

2022年1月5日，中国证券监督管理委员会公告〔2022〕13号公布了《上市公司股东大会规则》。该规则第24条和第25条规定了上市公司召开股东大会时对股东资格将通过何种方式加以验证和登记。

根据该规则第24条的规定，股东应当持股票账户卡、身份证或其他能够表明其身份的有效证件或证明出席股东大会。代理人还应当提交股东授权委托书和个人有效身份证件。根据该规则第25条的规定，召集人和律师应当依据证券登记结算机构提供的股东名册共同对股东资格的合法性进行验证,并登记股东姓名或名称及其所持有表决权的股份数。在会议主持人宣布现场出席会议的股东和代理人人数及所持有表决权的股份总数之前,会议登记应当终止。

100. 导致股份有限公司必须召开临时股东大会的原因有哪些?

股份有限公司的股东大会分为股东年会和临时股东大会两种。股东年会是指依照法律或公司章程的规定每年按时召开的股东大会;临时股东大会是指根据法定的事由在两次股东年会之间临时召集的不定期的股东大会。《公司法》第 113 条规定,有下列情形之一的,应当在 2 个月内召开临时股东会会议:

(1)董事人数不足《公司法》规定人数或者公司章程所定人数的 2/3时;

(2)公司未弥补的亏损达股本总额 1/3 时;

(3)单独或者合计持有公司 10% 以上股份的股东请求时;

(4)董事会认为必要时;

(5)监事会提议召开时;

(6)公司章程规定的其他情形。

101. 股东行使临时股东大会召集请求权的要件有哪些?

股东在行使临时股东大会召集请求权时需要符合一定的要件才能发生相应的法律效力,这些要件分为形式要件和实质要件。

(1)形式要件。

股东行使临时股东大会召集请求权在形式上应符合三个方面的要求。即主体要件、客体要件及书面形式要求。

首先,召集请求权的主体应符合持股比例和持股期限的要求。其次,对于召集请求的客体来说,股东大会是以董事会召集为原则的,在其他主体代董事会履行职责时,应允许股东向该主体请求。最后,股东大会的召开需要一定的成本,同时其决议事项影响很大,因此,许多国家都规定股东向董事会提出召集请求时,应提交书面材料,记载内容一般为目的事项及召集理由。

(2)实质要件。

召集请求权作为一项权利,存在被滥用的可能性。为了不让恶意者有机可乘,滥用股东大会召集请求权扰乱公司正常的经营活动,对于召集请求权的行使包括以下实质要件:

首先,讨论及决议事项不得超越股东大会职权范围。如果议事日程当中拟决议事项不属于股东大会职权范围内的事项,则据此所提出的请求是不被准许的。其次,禁止权利滥用。股东行使股东大会召集请求权时应当具有正当目的,否则存在权利滥用的可能性。最后,不得违背公司章程和强行性的法律规定。如果召集股东大会的目的在于通过违背公司章程或者法律强制性规定的决议,则该召集行为是不被允许的。

102. 有权召集和主持股东大会的股东应满足什么条件?

股东会会议由董事会召集,董事长主持。董事会不能履行或者不履行召集股东会会议职责的,监事会应当及时召集和主持;监事会不召集和主持股东大会时,连续 90 日以上单独或者合计持有公司 10% 以上股份的股东可以自行召集和主持。

赋予一定比例股权的股东在特定情形下召集和主持股东大会会议的权利,能够保证股东大会作为公司最高权力机关发挥应有的作用,在一定程度上防止了实际控制公司的经营者违法损害股东利益的行为,这也体现了《公司法》保护股东利益的主旨。

103. 享有临时提案权的股东应满足什么条件?

根据《公司法》第 115 条的规定,单独或者合计持有公司股份达到 1% 以上的股东,可以在股东会召开前 10 日提出临时提案并书面提交董事会。董事会应当在收到提案后 2 日内通知其他股东,并将该临时提案提交股东会审议。临时提案的内容应当有明确议题和具体决议事项。这样既能保证小股东能够有机会提出议案,同时也能确保股东大会及其他股东有充分的时间审议、表决议案。

104. 股份有限公司股东大会与有限责任公司股东会特别决议事项的议事规则有何区别?

在公司法中,股东决议分为普通决议和特别决议。普通决议,是指对于股东会的一般表决事项,仅需出席会议的股东所持表决权的半数即可通过的决议。特殊决议,是指对于股东会的特殊表决事项,如修改公司章程、增加或者减少注册资本的决议,以及公司合并、分立、解散或者变更公司形式等,应当经出席会议的股东所持表决权的 2/3 以上才可以通过。

通过上述决议,有限责任公司要求应当经代表 2/3 以上表决权的股东通过;股份有限公司则要求应当经出席会议的股东所持表决权的 2/3 以上通过。需要注意的是,二者的区别在于计算基数的不同,前者是指公司全部表决权,而后者只是出席会议的股东所持表决权。

105. 股东委托代理人出席股东大会会议有何要求?

公司召开的股东会,尤其是临时会议无法协调所有股东的日程安排,为避免股东大会因出席人数不够导致会议无法进行,同时也出于股东保障自身利益、保证对公司的控制等需要,股东往往委托他人出席会议和代为行使表决权。

根据《公司法》第 118 条的规定,股东可以委托代理人出席股东会会议,代理人应当向公司提交股东授权委托书,委托书应当明确代理人代理的事项、权限和期限,并在授权范围内行使表决权。根据本条规定,股东在委托代理人时,应当开具书面的授权委托书,在授权委托书上载明委托何人以自己的名义,参加哪一次股东大会会议,可以就哪些事项进行表决,并由股东在授权委托书上签名盖章。公司经审查,认为代理人提交的授权委托书合法有效时,代理人才能出席股东大会会议。无行为能力的股东或者法人股东的法定代表人,基于法定代理权而行使表决权时,无须出具委托书。

106. 什么是累积投票制?

累积投票制,是指股东大会选举董事或者监事时,每一股份拥有与应选董事或者监事人数相等的投票权，股东拥有的表决权可以集中使用。它是一种与直接投票制相对应的公司董(监)事选举制度。这样做的目的就在于防止大股东利用表决权优势操纵董(监)事的选举，矫正“一股一票”表决制度存在的弊端。按这种投票制度，选举董(监)事时每一股份代表的表决权数不是一个，而是与待选董(监)事的人数相同。股东在选举董(监)事时拥有的表决权总数，等于其所持有的股份数与待选董(监)事人数的乘积。投票时，股东可以将其表决权集中投给一个或几个董(监)事候选人，通过这种局部集中的投票方法，能够使中小股东选出代表自己利益的董(监)事，避免大股东垄断全部董(监)事的选任。

107. 累积投票制的作用是什么？

累积投票权是上市公司股东大会在投票表决一些重要事项时，如选举董事或监事，给予全体股东的一种与表决公司的其他一般事项所不同的特别表决权利，其不同之处体现在表决权的数额上。在实行累积投票时，股东的表决权票数是按照股东所持有的股票数与所选举的董事或监事人数的乘积计算，而不是直接按照股东所持有的股票数计算。简单地说，股东的表决权票数等于股东所持有的股票数乘以所选举的董事或监事人数。

累积投票权制度的独特作用表现为：

(1)通过投票数的累积计算，扩大了股东的表决权的数量。

(2)通过限制表决权的重复使用，限制了大股东对董事或监事选举过程的绝对控制力。

(3)是直线投票制的一种修正，其目的在于能够增加中小股东的候选人当选公司董事或监事的机会，而不至于使董事会成为大股东的“一言堂”。

108. 股东大会能够“解雇”股东吗？

股东是公司的出资人，股东身份是因其出资而享有的一种资格，其享有的股权是因其出资行为而取得的管理公司事务的权利。股东与公司是一种投资关系，而非雇佣关系。股东对公司出资后，非因法定原因,其股东资格不会丧失。

按照《公司法》的有关规定,股东只有在下列情况下才有可能丧失股东资格:

(1)股东自愿、股东合法转让其所持有的股份;

(2)因质押权的行使而使得股东所享有的股权被强制转移;

(3)因人民法院依照法律规定的强制执行程序转让股东的股权;

(4)自然人股东的死亡或法人股东的破产而导致股权被他人继承或继受。

因此,股东在合法持有公司股份并属于股东大会成员的情况下,任何人和组织都不能将股东"解雇"。

109. 哪些人员有权提议召开临时董事会?

根据《公司法》第123条第2款、第3款的规定,代表1/10以上表决权的股东、1/3以上董事或者监事会,可以提议召开董事会临时会议。董事长应当自接到提议后10日内召开和主持董事会会议。董事会召开临时会议,可以另定召集董事会的通知方式和通知时限。

110. 公司监事和高级管理人员可否接受委托代理董事出席董事会?

根据《公司法》第125条第1款的规定,董事会会议,应由董事本人出席;董事因故不能出席,可以书面委托其他董事代为出席,委托书中应载明授权范围。也就是说,只能委托董事代为出席,而监事及高级管理人员不能成为受托人。

111. 董事会的决议违反法律、行政法规或者公司章程、股东大会决议,致使公司遭受严重损失的,由谁承担损害赔偿责任?

根据《公司法》第125条第2款的规定,董事应当对董事会的决议承担责任。董事会的决议违反法律、行政法规或者公司章程、股东会决议,给公司造成严重损失的,参与决议的董事对公司负赔偿责任。但经证明在表决时曾表明异议并记载于会议记录的,该董事可以免除责任。

这里需要注意的是,董事对公司负赔偿责任必须同时满足三个条件：(1)董事会的决议违反了法律、行政法规或者公司章程、股东大会决议；(2)董事会的决议致使公司遭受了严重损失；(3)该董事参与了董事会的决议。责任的免除需要有证据，即只有证明在表决时曾表示异议并记载于会议记录的，才能免除该董事的责任。

112. 股份有限公司为什么要向股东披露董事、监事、高级管理人员从公司获得报酬的情况？

根据《公司法》第129条的规定，公司应当定期向股东披露董事、监事、高级管理人员从公司获得报酬的情况。

其原因可以从以下几点分析。首先，高级管理人员报酬信息的充分披露有利于公司的长远发展。加强高级管理人员报酬信息的充分披露既能有效监督高级管理人员的不当行为，也能激励高级管理人员努力提升公司业绩，为公司的最大利益和长远发展服务。

其次，高级管理人员报酬信息的充分披露有助于股东实施监督。作为公司的所有者，股东是对不合理的高级管理人员报酬进行监督的最佳人选，而股东监督作用的发挥则取决于其所能知悉的信息数量的多少，充足的市场信息有助于公司股东有效地实施监督。

最后，高级管理人员报酬信息的充分披露有利于经理人市场的发展。高级管理人员报酬信息的充分披露有助于形成统一、可对比的信息来对经理人进行评价，企业可以根据市场水平确定公司高级管理人员的报酬水平，或者选择性价比更高的高级管理人员；高级管理人员也会充分发挥自主积极性来提高自己的专业技能和管理才能，以提升自己的声誉和价值。因此完善报酬信息披露制度对经理人市场的发展具有重要意义。

113. 股份有限公司监事会的组成人员有哪些？

股份有限公司设监事会，其成员为3人以上。监事会成员应当包括股东代表和适当比例的公司职工代表，其中职工代表的比例不得低于1/3，具体比例由公司章程规定。监事会中的股东代表由股东大会选举产生；监事会中的职工代表由公司职工通过职工代表大会、职工大会或者其他形式民主选举产生。监事会设主席一人，监事会主席召集和主持监事会会议，监事会可以设副主席。

114. 哪些特定主体不得成为监事会成员？

监事会是公司的监督机构，其职权之一就是要对公司的董事、高级管理人员执行公司职务的行为进行监督，因此，根据《公司法》第 130 条的规定，董事、高级管理人员不得兼任监事。因为一旦这些人员兼任监事就会出现“自我监督”“运动员”兼任“裁判员”的情形，导致监督形同虚设。

115. 什么是上市公司？其特征是什么？

上市公司，是指所发行的股票经过国务院或者国务院授权的证券管理部门批准在证券交易所上市交易的股份有限公司。所谓非上市公司，是指其股票没有上市和没有在证券交易所交易的股份有限公司。上市公司是股份有限公司的一种，这种公司到证券交易所上市交易，除了必须经过批准外，还必须符合一定的条件。

作为上市公司，具有以下三个特征：

(1)上市公司是股份有限公司。股份有限公司可以不是上市公司，但上市公司必须是股份有限公司。

(2)上市公司要经过政府主管部门的批准。按照《公司法》的规定，股份有限公司要上市必须经过国务院或者国务院授权的证券管理部门批准，未经批准，不得上市。

(3)上市公司发行的股票在证券交易所交易。发行的股票不在证券交易所交易的不是上市股票。

116. 什么是股份？

股份是股份有限公司资本的基本构成单位，就股东而言，则代表其在公司资本中所占的份额。股份的含义有三层：(1)股份是股份有限公司一定量资本额的代表；(2)股份是股份有限公司股东的出资份额及其股东权的体现；(3)股份是股份有限公司资本的基本构成单位，也是最小构成单位。股份是构成公司资本的最小的均等的计量单位。把公司资本分为股份，所发行的股份就是资本总额。

股份的特征：(1)股份的平等性，表现为每一股金额相等，其所代表的股东权利和义务也是相等的；(2)股份的不可分性，即股份作为公司资本的一部分，是公司资本的最小构成单位，不可再分；(3)股份的可转让性，股份是一定价值的反映，股东持有的股份可以依法转让；(4)股份的证券性，股份的表现形式是股票，是一种有价证券。

117. 什么是股票？

股票是股份证书的简称，是股份公司为筹集资金而发行给股东作为持股凭证并借以取得股息和红利的一种有价证券。每股股票都代表股东对企业拥有一个基本单位的所有权。这种所有权是一种综合权利，如参加股东大会、投票表决、参与公司的重大决策、收取股息或分享红利等。同一类别的每一份股票所代表的公司所有权是相等的。每个股东所拥有的公司所有权份额的大小，取决于其持有的股票数量占公司总股本的比重。股票是股份公司资本的构成部分，可以转让、买卖或作价抵押，是资本市场的主要长期信用工具，但不能要求公司返还其出资。股东与公司之间的关系不是债权债务关系。股东是公司的所有者，以其出资份额为限对公司负有限责任，承担风险，分享收益。

股票具有以下性质：(1)股票是有价证券，股票是财产价值和财产权利的统一表现形式，它既是一种具有财产价值的证券，也代表着其持有人对公司的权利；(2)股票是证权证券，股票是权利的载体，它代表着股东的权利，任何人只要合法占有股票，就可以向公司主张股东权利，股票占有关系一旦发生转移，股东的权益也会随之转移；(3)股票是要式证券，股票应当采用纸面形式或者国务院证券监督管理机构规定的其他形式，其记载的内容和事项应当符合法律的规定；(4)股票是流通证券，股票可以在证券市场进行交易；(5)股票是资本证券，发行股票是股份公司筹措资本的手段，股票是股东投入股份公司资本份额的证券化。

118. 股票和股份的区别是什么？

股票和股份既紧密相连，又有所差别。

股份的表现形式是股份证书。不同类型的股份制企业，其股份证书的具体形式各不相同。其中,只有股份有限公司用以表现公司股份的形式才是股票。股票根据股份所代表的资本额,将股东的出资份额和股东权予以记载,以供社会公众认购和交易转让。持有了股票就意味着占有了股份有限公司的股份,取得了股东资格,可以行使股东权。

由此可以得出,股票与股份是形式与内容的关系。

119. 什么是独立董事?

独立董事,是指不在公司担任董事以外的其他职务,并与受聘的公司及其主要股东不存在妨碍其进行独立客观判断关系的董事。独立董事的职责是按照相关法律、行政法规、公司章程,认真履行职责,维护公司整体利益,尤其要关注中小股东的合法权益不受侵害。独立董事应当独立履行职责,不受公司主要股东、实际控制人或者与公司存在利害关系的单位或者个人的影响。一般而言,独立董事由具有法律、经济、财会等方面专业知识,社会信用良好的人士担任。与公司或者控股股东、实际控制人有利害关系,可能妨碍其对公司事务进行独立客观判断的人,不得担任独立董事。独立董事享有公司法和其他相关法律法规赋予的职权,同时也要求其在任期内应当保证有一定的时间在公司了解情况,公司应当为独立董事开展工作提供必要条件。

独立董事最根本的特征是独立性和专业性。

独立性,是指独立董事必须在人格、经济利益、产生程序、行权等方面独立,不受控股股东和公司管理层的限制。包括资格上的独立性、产生程序上的独立性、经济上的独立性、行权上的独立性。

专业性,是指独立董事必须具备一定的专业素质和能力,能够凭自己的专业知识和经验对公司的董事和经理以及有关问题独立地作出判断和发表有价值的意见。

120. 哪些人员不得担任上市公司的独立董事?

按照《上市公司独立董事管理办法》的规定,下列人员不得担任独立董事:

(1)在上市公司或者其附属企业任职的人员及其配偶、父母、子女、主要社会关系;

(2)直接或者间接持有上市公司已发行股份1%以上或者是上市公司前十名股东中的自然人股东及其配偶、父母、子女；

(3)在直接或者间接持有上市公司已发行股份5%以上的股东或者在上市公司前五名股东任职的人员及其配偶、父母、子女；

(4)在上市公司控股股东、实际控制人的附属企业任职的人员及其配偶、父母、子女；

(5)与上市公司及其控股股东、实际控制人或者其各自的附属企业有重大业务往来的人员，或者在有重大业务往来的单位及其控股股东、实际控制人任职的人员；

(6)为上市公司及其控股股东、实际控制人或者其各自附属企业提供财务、法律、咨询、保荐等服务的人员，包括但不限于提供服务的中介机构的项目组全体人员、各级复核人员、在报告上签字的人员、合伙人、董事、高级管理人员及主要负责人；

(7)最近12个月内曾经具有第(1)项至第(6)项所列举情形的人员；

(8)法律、行政法规、中国证监会规定、证券交易所业务规则和公司章程规定的不具备独立性的其他人员。

前款第(4)项至第(6)项中的上市公司控股股东、实际控制人的附属企业，不包括与上市公司受同一国有资产管理机构控制且按照相关规定未与上市公司构成关联关系的企业。

121. 上市公司独立董事有哪些特别的职权？

为了充分发挥独立董事的作用，根据《上市公司独立董事履职指引》(2020年修订)的规定，独立董事除应当具有公司法和其他法律、法规赋予董事的职权外，上市公司还应当赋予独立董事以下特别职权：

(1)重大关联交易事项的事先认可权；

(2)聘用或解聘会计师事务所的提议权；

(3)召开临时股东大会的提议权；

(4)召开董事会会议的提议权；

(5)在股东大会召开前公开向股东征集投票权；

(6)必要时，独立聘请中介机构发表专业意见的权利，相关费用由公司承担；

(7)法律、行政法规、部门规章、规范性文件、自律规则、公司章程以及本章其他条文赋予的其他职权。

独立董事行使上述第(1)项至第(7)项职权应取得全体独立董事的半数以上同意,依照相关规定由独立董事单独行使的职权除外。

122. 上市公司董事会秘书的地位如何?

董事会秘书,是指掌管董事会文书并协助董事会成员处理日常事务的人员。董事会秘书是上市公司固有的职务,在处理董事会执行职权所涉及的事务中起着不可或缺的作用。上市公司董事会秘书是公司的高级管理人员,承担法律、行政法规以及公司章程对公司高级管理人员所要求的义务,享有相应的工作职权,并获取相应的报酬。

董事会秘书应该具备一定的专业知识。不仅要掌握公司法、证券法、上市规则等有关法律法规,还要熟悉公司章程、信息披露规则,掌握财务及行政管理方面的有关知识。此外,董事会秘书还应当遵守公司章程,承担高级管理人员的有关法律责任,对公司负有诚信和勤勉义务,不得利用职权为自己或他人谋取利益。

123. 上市公司董事会秘书的主要职责是什么?

上市公司董事会秘书的主要职责有:

(1)负责公司股东大会和董事会会议的筹备、文件保管,即按照法定程序筹备股东大会和董事会会议,准备和提交有关会议文件和资料;负责保管公司股东名册、董事名册,大股东及董事、监事和高级管理人员持有本公司股票的资料,股东大会、董事会会议文件和会议记录等。

(2)负责公司股东资料的管理,如股东名册等资料的管理。

(3)负责办理信息披露事务,如督促公司制定并执行信息披露管理制度和重大信息的内部报告制度,促使公司和相关当事人依法履行信息披露义务,按照有关规定向有关机构定期报告和临时报告;负责与公司信息披露有关的保密工作,制定保密措施,促使董事、监事和其他高级管理人员以及相关知情人员在信息披露前保守秘密,并在内幕信息泄露时及时采取补救措施。

124. 上市公司董事表决权有哪些限制？

上市公司董事与董事会会议决议事项所涉及的企业有关联关系的，不得对该项决议行使表决权，也不得代理其他董事行使表决权。这里的“关联关系”，是指上市公司的董事与董事会决议事项所涉及的企业之间存在直接或者间接的利益关系。上市公司董事对上市公司负有忠实和勤勉的义务，当上市公司董事与董事会会议决议事项所涉及的企业存在关联关系时，公司董事将与董事会会议决议事项所涉及的企业存在利益冲突。从维护公司整体利益的角度出发，有必要对与董事会会议决议事项所涉及的企业有关联关系的公司董事的表决权进行限制，即董事不得对该项决议行使表决权，也不得代理其他董事行使表决权。该董事会会议由过半数的无关联关系董事出席即可举行，董事会会议所作决议须经无关联关系董事过半数通过。出席会议的无关联关系董事人数不足 3 人的，应将该事项提交上市公司股东大会审议。

第六章　股份有限公司的股份发行和转让

125. 什么是公开发行证券？

公开发行证券，又称公募，是指发行人通过中介机构向不特定的社会公众广泛地发售证券，通过公开营销等方式向没有特定限制的对象募集资金的业务模式。为了适应更广大投资者的需求，公募没有合同份数和起点金额的限制。因为涉及众多中小投资人的利益，监管当局对公募资金的使用方向、信息披露内容、风险防范要求都非常高。具体而言，根据《证券法》的规定，有下列情形之一的，为公开发行证券：

(1)向不特定对象发行证券；

(2)向累计超过 200 人的特定对象发行证券，但依法实施员工持股计划的员工人数不计算在内；

(3)法律、行政法规规定的其他发行行为。

公募是证券发行中最基本、最常用的方式，所有合法的社会投资者都可以参加认购。为了保障广大投资者的权益，各国对公募都有严格要求。我国《证券法》规定，公开发行证券，必须符合法律、行政法规规定的条件，并依法报经国务院证券监督管理机构或者国务院授权的部门核准；未经依法核准，任何单位和个人不得公开发行证券。

126. 股份(票)的分类包括哪些？

(1)根据股份所代表的股东权利性质的不同，可将股份分为普通股和特别股。从各国公司法对股份有限公司股份种类的规定来看，一般在原则上都允许发行普通股和特别股，但一般以普通股为公司的基本股份；特别股的设置是一种例外情况，特别股有优先股、后配股等具体形式，我国《公司法》没有关于特别股的规定。

(2)以股票票面是否记载股东的姓名或名称为标准，分为记名股和无记名股。

(3)以股票票面是否记载金额为标准，分为面额股和无面额股，我国《公司法》规定不允许发行无面额股。

(4)按照投资主体和产权管理制度的不同，将股份分为国家股、法人股、个人股和外资股。这是我国特有的股份类型，例如，国有股是指有权代表国家投资的部门或机构向公司出资或依法取得的股份。另外，国有企业、国有控股公司和国家设立的事业团体法人以其依法占有的资产向公司出资或依法取得的股份称为国有法人股，这也列入国有股的范围。目前，国有股不允许自由转让和流通。

(5)根据股票的上市地点和所面对的投资者不同，有 A 股、B 股、H 股、N 股、S 股等区分。A 股和 B 股公司的注册地和上市地都在内地；A 股是人民币普通股票，它是由我国境内的公司发行，供境内的机构、组织或个人(不含港、澳、台地区投资者)以人民币认购和交易的普通股股票；B 股是人民币特种股票，它以人民币标明面值，以外币认购和买卖，它的投资人主要是外国投资者以及我国港、澳、台地区投资者等。注册地在内地，到香港特区上市的外资股叫 H 股，以此类推，到纽约和新加坡上市的股票就分别叫 N 股和 S 股。

127. 公司公开发行新股应符合哪些条件？

根据《证券法》的规定，股份有限公司申请公开发行新股的，应当符合下列条件：

(1)具备健全且运行良好的组织机构；

(2)具有持续盈利能力,财务状况良好；

(3)最近三年财务会计文件无虚假记载,无其他重大违法行为；

(4)经国务院批准的国务院证券监督管理机构规定的其他条件。

公司发行新股,还应当向国务院证券监督管理机构报送募股申请及公司营业执照、公司章程、股东大会决议、招股说明书、财务会计报告、代收股款银行的名称及地址、承销机构名称及有关协议等法律文件。

128. 招股说明书包括哪些内容？

招股说明书,是股份有限公司发行股票时,就发行中的有关事项向公众作出披露,并向非特定投资人提出购买或销售其股票的要约邀请性文件,是指专门表达募集股份意思并载明有关信息的书面文件,是股票公开发行的最基本法律文件,是公开发行股票公司必须公开披露的信息。我国《公司法》第100条规定,发起人向社会公开募集股份时,应当公告招股说明书。国务院发布的《股票发行与交易管理暂行条例》第13条规定,申请公开发行股票,招股说明书是应当向地方政府或者中央企业主管部门报送的文件之一。中国证监会发布的公开发行股票公司信息披露的内容与格式准则第1号《招股说明书的内容与格式》规定,凡在中华人民共和国境内公开发行股票和将其股票在经国务院证券监督管理委员会批准可以进行股票交易的证券交易场所交易的发行人,在申请公开发行股票时,应当按照本准则编制招股说明书。本招股说明书是发行人向中国证券监督管理委员会申请公开发行申报材料的必备部分。招股说明书应当附有发起人制定的公司章程,并载明下列事项:发起人认购的股份数;每股的票面金额和发行价格;无记名股票的发行总数;募集资金的用途;认股人的权利和义务;本次募股的起止期限及逾期未募足时认股人可撤回所认股份的说明。

129. 募集股份公告的作用是什么？

募集股份公告,是指向作为公众成员的任何人或一些人展示,使投资者获得正确信息,了解该公司基本情况和认购具体办法,以便邀请其按条件提出认购要约。公告招股说明书目的在于邀请公众认购股份。另外,要准备好认股书,以便于认股人填写。

130. 公司发行新股的程序是什么?

公司发行新股的程序包括:

(1)新股发行决议。公司发行新股,是属于增加公司资本的重大事项,应当由公司股东大会作出决议。决议的具体事项包括:新股的种类及数额;新股发行价格;新股发行的起止日期;向原有股东发行新股的种类及数额等。

(2)发行新股核准。公司发行新股,经股东大会作出决议后,须经国务院证券监督管理机构核准。

(3)公告招股文件。公司经核准向社会公开发行新股时,必须公告新股招股说明书和财务会计报告,并制作认股书。

(4)新股承销。公司向社会公开发行新股,应当由依法设立的证券公司承销,并签订承销协议;公司还应当与银行签订代收股款协议。

(5)办理变更登记。公司发行新股募足股款后,必须向公司登记机关办理变更登记,并公告。

131. 股票发行价格如何确定?

股票发行价格是指股份有限公司出售新股票的价格。《公司法》规定,面额股股票发行价格可以按票面金额,也可以超过票面金额,但不得低于票面金额。

股票发行,一般就是公开向社会募集股本,发行股份,这种价格的高低受市场机制的影响极大,取决于公司的投资价值和供求关系的变化。如果股份有限公司发行的股票,价格超过了票面金额,被称为溢价发行,至于高出票面金额多少,则由发行人与承销的证券公司协商确定,报国务院证券监督管理机构核准,这种决定股票发行价格的体制,就是发挥市场作用,由市场决定价格,但是受证券监管机构的监督。

在股票发行价格中,溢价发行或者平价发行都是允许的,但是不允许以低于股票票面的价格发行,又称折价发行,因为这种发行价格会使公司实有资本少于公司应有的资本,致使公司资本中存在虚数,不符合公司资本充实原则;另外,公司以低于票面金额的价格发行股票,实际上就意味着公司对债权人有负债行为,不利于保护债权人的利益。

溢价发行股票,就是以同样的股份可以筹集到比按票面金额计算的更多资金,从而增加了公司的资本,因此,以超过票面金额发行股票所得溢价款列入公司资本公积金,表现为公司股东的权益,即所有权归属于投资者。

132. 有限责任公司股权转让与股份有限公司股份转让的主要区别是什么?

股权转让,是指公司股东依法将自己的股份让渡给他人,使他人成为公司股东的民事法律行为。股权转让是股东行使股权经常而普遍的方式,我国《公司法》规定,股东有权通过法定方式转让其全部出资或者部分出资。股权转让是一种物权变动行为,股权转让后,股东基于股东地位而对公司所发生的权利义务关系全部同时移转于受让人,受让人因此成为公司的股东,取得股东权。根据《民法典》的规定,股权转让合同自成立时生效。

有限责任公司的出资证明书,又叫股单,是指有限责任公司成立后向股东签发的证明股东已经履行出资义务的法律文件。但出资证明书不能转让流通,因为它不是权利证书,因而它的转移并不带来股权的转移。但是,股东的出资可以依法转让,既可在股东之间相互转让,也可向股东以外的人转让;但由于有限责任公司的人合性质,决定了其转让要受到严格限制。按照《公司法》的规定,转让必须经其他股东过半数同意;在同等条件下,其他股东有优先购买权。

股份有限公司股份的表现形式为股票。这种在经济上代表一定价值,在法律上体现一定资格和权利义务的有价证券,法律允许其自由转让。一般来说,股票与持有者人身并无特定联系,任何人只要合法占有,就可以向公司主张权利,从这种意义上讲,股票是证权证券,而且,股份有限公司的资合性,也决定了其股票流通的自由性。股票自由流通一方面有利于股份有限公司的活跃性和竞争性,另一方面也不可避免地会带来一些盲目性和投机性。

133. 股份有限公司股份转让的方式有哪些?

股份转让,是指股份有限公司的股份持有人依法自愿将自己持有的股份转让给他人,使他人取得股份成为公司股东的法律行为。从广义上讲,股份交易、股份赠与、股份继承以及人民法院依照法律规定的强制执行程序转让股份,都是股份转让的方式。《公司法》中所称的股份转让一般是指狭义上的股份转让即股份交易,其方式主要有以下三种:

(1)记名股票的转让。《公司法》规定,记名股票,由股东以背书的方式或者法律、行政法规规定的其他方式转让。记名股票的转让,由公司将受让人的姓名或者名称及住所记载于股东名册。

(2)无记名股票的转让。由股东在依法设立的证券交易场所将该股票交付给受让人后即发生转让的效力。

(3)上市股票的转让。我国法律规定,对于上市股票,通常将股票交由托管,股票买卖的交割通过证券经纪商进行,转让双方并不谋面,证券和资金从账簿上划拨。

134. 对发起人股份转让的限制如何?

公司法对发起人等公司股份特定持有人的股份转让作了必要限制。发起人持有的本公司股份,自公司成立之日起一年内不得转让。公司公开发行股份前已发行的股份,自公司股票在证券交易所上市交易之日起一年内不得转让。

135. 对董事、监事、高级管理人员转让股份有哪些限制?

《公司法》第160条对公司董事、监事、高级管理人员等公司股份特定持有人的股份转让作了必要限制:(1)公司董事、监事、高级管理人员应当向公司申报所持有的本公司的股份及其变动情况;(2)在就任时确定的任职期间每年转让的股份不得超过其所持有本公司股份总数的25%;(3)所持本公司股份自公司股票上市交易之日起一年内不得转让;(4)上述人员离职后半年内,不得转让其所持有的本公司股份;(5)公司章程可以对公司董事、监事、高级管理人员转让其所持有的本公司股份作出其他限制性规定。

136. 股份有限公司特殊股东转让股份的效力如何？

股份有限公司发起人、公开发行股份前已经认购发行股份的股东、股份公司董事、监事、高级管理人员转让股份违反《公司法》第160条规定的,公司及与股份转让有利害关系的他人,有权提起诉讼,请求确认上述人员与受让人签订的股权转让无效或者部分股份转让无效。

人民法院审理前款纠纷案件,虽然签订股权转让合同时存在违反公司法规定的情形,但在诉讼中公司法限制股东转让股份的时间已经届满或者转让股东的情况发生变化导致公司法限制股权转让的情形消灭的,人民法院应当驳回原告的诉讼请求。

137. 股份公司如何进行股份收购？

股份公司股东起诉请求公司收购股份符合下列条件的,人民法院应予受理：

(1)原告股东在股东大会决议公司合并、分立时投反对票；

(2)在股东大会决议后60日内,原告股东向公司提交了收购股份的申请书；

(3)自股东大会决议之日起90日内,原告股东向人民法院提起诉讼。

原告起诉不符合上述条件或者公司提供证据证明公司已经放弃实施合并或者分立的,人民法院应裁定不予受理。

138. 显名股东、高级管理人员侵权是否发生善意取得？

无处分权人将股权转让且受让人在公司登记机关办理了股权变更登记,原股东起诉主张返还股权的,人民法院应予以支持。但受让人取得股权符合下列条件的,人民法院应驳回原告的诉讼请求：

(1)原股东未能提供证据证明受让人知道或者应当知道转让人无权处分的事实；

(2)受让人受让股权时依据公司法和公司章程的规定尽到了充分的注意义务；

(3)受让人已经支付了合理的对价。

原股东因他人善意取得其股权而受到的财产损失,可以另行提起诉讼,请求无处分权人或者公司及公司相关责任人员予以赔偿。

139. 为什么在公司法规定的情形外公司不得回购股权或股份?

除了《公司法》列举的例外情形,一般情况下,公司不得回购本公司的股权或股份。原因在于:(1)公司是独立法人,它和股东是完全不同的法律主体,如果公司回购本公司的股权或股份,就意味着它成了自己的股东,从而使公司具有了双重身份,这在实践中会带来一系列问题,并可能破坏公司和股东之间的利益平衡。(2)资本制度是公司的基本制度,其核心就是要确保公司资本的充实度,如果公司回购本公司的股权或股份,就违背了资本充实原则,并可能导致公司实际财产的减少,进而导致损害公司债权人的利益。

140. 如何理解"公司不得接受本公司的股票作为质押权的标的"?

公司债权得不到偿还时,公司有权对担保物进行变卖,但若以债务人持有的本公司股票作为担保物,一旦债务人不能履行自己的债务,公司作为债权人实现质押股权时,结果就会是该公司自己持有了自己的股权,这不但对公司债权起不到任何担保的作用,还会造成法律关系的混乱,因为公司接受本公司的股份作为质押的标的会产生以下问题:首先,实现质权时出卖这些股份,构成内幕交易行为;其次,出卖又属于发行行为,未经过法定程序。所以,《公司法》规定,"公司不得接受本公司的股票作为质押权的标的"。

141. 是否所有股票都可以通过公示催告程序请求人民法院宣告该股票失效?

公示催告是一种民事诉讼的程序,是票据丧失后失票人保全和恢复其票据权利的重要补救措施。票据的持有人学习和掌握公示催告制度的法律规定,有利于在发生票据丧失时能够依法保护自己的合法权益。公示催告的适用范围为:(1)可以背书转让的票据被盗、遗失或灭失的事项。我国目前可以背书转让的票据有支票、汇票、本票三种，另外，根据《公司法》第164条的规定，股票被盗、遗失或者灭失，股东可以依照《民事诉讼法》规定的公示催告程序，请求人民法院宣告该股票失效。(2)依照法律规定的其他事项。因此，并不是所有股票都可以通过公示催告程序请求人民法院宣告该股票失效。

142. 上市公司信息公开有何重要意义？

上市公司信息公开，是指上市公司在其股票上市交易期间，将其经营状况及其他可能影响其股票市场价格的重大信息，按照法定的方式予以持续公开。《公司法》第166条规定，上市公司应当依照法律、行政法规的规定，披露相关信息。之所以对上市公司信息公开作出如此严格的规定，是因为：

(1)上市公司信息的持续公开，是证券市场生存发展之本。对证券市场而言，没有透明度就没有证券市场，而保持证券市场透明度的关键就在于及时有效的信息发布，因此，完善的信息披露制度是证券市场赖以发展的制度基础。

(2)上市公司信息的持续公开，是广大投资者进行证券投资价值判断的重要依据。通过严格的信息披露，可以使投资者及时、详细地了解企业发展动态，从而能捕捉投资机会，规避市场风险。

(3)上市公司信息的持续公开，是证券市场规范运行的基础。证券市场信息的公开透明，既是防止内幕交易、关联交易和操纵股价等违法行为的有效手段，也是衡量证券市场发展成熟、规范程度的重要标准。

(4)上市公司信息的持续公开，是上市公司必须履行的法定义务。我国《公司法》《证券法》《上市公司信息披露管理办法》等法律和部门规章都对上市公司信息公开作了强制性规定。

第七章 国家出资公司组织机构的特别规定

143. 国有独资公司的股东会、董事会、监事会与一般有限责任公司相比有何特点?

国有独资公司是一种特殊形式的有限责任公司,与一般有限责任公司相比,国有独资公司的上述三大机关具有以下特点:

(1)国有独资公司不设股东会,由履行出资人职责的机构行使股东会职权。

(2)国有独资公司的董事会成员中应当有公司职工代表。董事会成员由履行出资人职责的机构委派;但是,董事会成员中的职工代表由公司职工代表大会选举产生。董事长、副董事长由履行出资人职责的机构从董事会成员中指定。国有独资公司的董事长、副董事长、董事、高级管理人员有兼职禁止。国有独资公司必须设经理。

(3)国有独资公司在董事会中设置由董事组成的审计委员会行使本法规定的监事会职权的,不设监事会或者监事。

144. 国有独资公司的重大事项决定权由谁享有?

国有独资公司不设股东会,由履行出资人职责的机构行使股东会职权。履行出资人职责的机构可以授权公司董事会行使股东会的部分职权,决定公司的重大事项,但公司的合并、分立、解散、增加或者减少注册资本和发行公司债券,必须由国有资产监督管理机构决定;其中,重要的国有独资公司合并、分立、解散、申请破产的,应当由履行出资人职责的机构决定。

145. 国有独资公司高层人员的兼职禁止与董事、高级管理人员的竞业禁止有何区别?

根据《公司法》第175条的规定,国有独资公司的董事、高级管理人员,未经履行出资人职责的机构同意,不得在其他有限责任公司、股份有限公司或者其他经济组织兼职。国有独资公司高层人员的兼职禁止与董事、高级管理人员的竞业禁止不同。竞业禁止是要求董事、高级管理人员不得自营或者为他人经营与其所任职公司同类的业务或者从事损害本公司利益的活动，如果不发生与其所任职公司竞业之情形且所从事的活动并不损害本公司的利益，法律并不限制一般有限责任公司董事、高级管理人员对其他公司职务的兼任。而国有独资公司高层人员的兼职禁止则无论是否存在竞业禁止的事由，也不论兼职是否损害本公司利益，原则上对兼职予以禁止，除非经国有资产监督管理机构同意。由此可见，国有独资公司高层人员兼职禁止对兼职的限制相较于董事、高级管理人员竞业禁止导致的对兼职的限制更为严格。

第八章　公司董事、监事、高级管理人员的资格和义务

146. 哪些人员不得担任公司的董事、监事及高级管理人员？

根据《公司法》第 178 条的规定，有下列情形之一的，不得担任公司的董事、监事、高级管理人员：

(1)无民事行为能力或者限制民事行为能力；

(2)因贪污、贿赂、侵占财产、挪用财产或者破坏社会主义市场经济秩序，被判处刑罚或者因犯罪被剥夺政治权利，执行期满未逾 5 年，被宣告缓刑的，自缓刑考验期满之日起未逾 2 年；

(3)担任破产清算的公司、企业的董事或者厂长、经理，对该公司、企业的破产负有个人责任的，自该公司、企业破产清算完结之日起未逾 3 年；

(4)担任因违法被吊销营业执照、责令关闭的公司、企业的法定代表人，并负有个人责任的，自该公司、企业被吊销营业执照、责令关闭之日起未逾 3 年；

(5)个人因所负数额较大债务到期未清偿被人民法院列为失信被执行人。

公司违反前款规定选举、委派董事、监事或者聘任高级管理人员的，该选举、委派或者聘任无效。

董事、监事、高级管理人员在任职期间出现本条第 1 款所列情形的，公司应当解除其职务。

147. 董事、监事和高级管理人员的忠实义务和勤勉义务的区别是什么?

董事、监事和高级管理人员的忠实义务,是指董事、监事和高级管理人员在执行公司业务时所承担的以公司利益作为自己行为和行动的最高准则,不得追求自己和他人利益的义务。这要求:(1)董事不得因自己的身份而受益;(2)董事不得收受贿赂、某种秘密利益或所允诺的其他好处;(3)董事不得同公司开展非法竞争;(4)董事不得与公司从事自我交易;(5)董事不得泄露公司秘密;(6)董事不得利用公司的财产、信息和商事机会。董事、监事和高级管理人员的勤勉义务,也称注意义务或审慎义务,是指董事、监事和高级管理人员在执行公司事务时,必须出于善意,并以一个合理谨慎之人在相似的地位和情况下所应表现的谨慎、勤勉和技能履行其职责。勤勉义务和忠实义务一并构成公司董事、监事和高级管理人员法律义务的两大种类。忠实义务的着重点在于行为的目的和作出决策的出发点是否正确,是否是为了公司的利益最大化;勤勉义务的着重点则是行为本身和作出决策的过程是否尽职和是否到位。二者之间有着密切的联系,当然也有着明显的区别:

(1)两类义务属性不同。勤勉义务属于积极义务,要求董事、监事和高级管理人员履行职务时保证为一定行为;而忠实义务属于消极义务,要求董事、监事和高级管理人员在诚实信用方面不为某些行为。

(2)两类义务的功能不同。勤勉义务是为了追求公司经营的最佳效果,促使董事、监事和高级管理人员合理地履行职务;而忠实义务主要是为了避免义务人自身的利益与公司的利益发生冲突,要求董事、监事和高级管理人员的个人利益要服从公司利益。

(3)两类义务的判断标准不同。对于勤勉义务的履行很难以客观的现象为标准,经常需要经过主观分析来加以判断;而对于忠实义务的履行,一般有明确的客观标准。

(4)违反两类义务的责任形式也不同。董事、监事、高级管理人员违反勤勉义务所承担的责任包括违约责任和侵权责任,他们大多以公司遭受董事、监事和高级管理人员行为的损害和责任人有过错(故意或重大过失）为构成要件；董事、监事、高级管理人员违反忠实义务的责任仅仅是违约责任，并且不以公司有损害和主观有过错为构成要件。

148. 什么是股东代表诉讼？

股东代表诉讼又称派生诉讼、代位诉讼，是指当公司怠于通过诉讼手段追究有关侵权人员的民事责任及实现其他权利时，具有法定资格的股东为了公司的利益而依据法定程序代公司提起的诉讼。它源于英国1864年东潘多铅矿公司诉麦瑞威泽案的判例。该案创设了这样一条规则：如果少数股东指控控制公司的人欺骗了公司，则该少数股东可以公司的名义提起诉讼。

（1）股东代表诉讼是基于股东所在公司的法律救济请求权产生的，这种权利不是股东传统意义上的因其出资而享有的股权，而是由公司本身的权利传来的，由股东行使的。因此，需要注意股东代表诉讼与股东直接诉讼的区别。

（2）股东代表诉讼旨在为股东特别是中小股东提供维护公司和自身合法权益的手段。股东代表诉讼的提出不是基于股东大会决议的瑕疵，而主要是由于董事、监事、经理、控股股东等基于自己的特殊地位，在行使职权时违反法律，同时给公司造成现实的经济损失。

（3）股东代表诉讼是一种特殊的代位诉讼。该类诉讼本应由公司作为原告提出，但由于应行使权利的公司机关，如董事会、监事会等不行使或怠于行使诉权，因此由股东代为进行诉讼，一人或多人联合提起诉讼均可，但是并非只要公司的股东就可以提出诉讼，不同的国家对此均有限制，以防某些恶意的股东进行滥诉。因为起诉股东是代位公司行使诉权，以避免公司消极不行使诉权而遭受损失，诉讼的直接目的是维护公司利益。

（4）起诉股东是代表全体股东行使诉权，以维护全体股东所应享有的“间接利益”，因此其实质是股东共益权的行使。股东只是作为名义上的诉讼方，股东没有任何权利、资格或权益。也就是说，原告股东并不能取得任何权益，法院的判决结果直接归于公司承担。

149. 股东诉讼包括哪几种类型？

依据诉讼中被告身份的不同，股东诉讼有以下不同类型：

(1)股东与股东的诉讼。如股东因告公司其他股东不履行股东出资义务、不履行对公司的管理义务和清算义务等而产生的诉讼;另对公司一方股东排斥另一方股东参与公司管理的诉讼,也应属于股东告股东的诉讼。对此类诉讼,我国《公司法》规定得尚不够明确和全面,只是在第49条规定,股东应当按期足额缴纳公司章程中规定的各自所认缴的出资额。股东以货币出资的,应当将货币出资足额存入有限责任公司在银行开设的账户;以非货币财产出资的,应当依法办理其财产权的转移手续。股东未按期足额缴纳出资的,除应当向公司足额缴纳外,还应当对给公司造成的损失承担赔偿责任。除此之外,在《公司法》中,我们没有发现“公司一方股东对另一方股东承担法律责任”的规定。

(2)股东与公司的诉讼。此类诉讼应当说在股东诉讼中较为普遍,其又分成以下几种情况:

第一种情况为涉及股东会或董事会决议撤销或无效的诉讼,主要法律依据是《公司法》第25条规定:“公司股东会、董事会的决议内容违反法律、行政法规的无效。”第26条第1款规定:“公司股东会、董事会的会议召集程序、表决方式违反法律、行政法规或者公司章程,或者决议内容违反公司章程的,股东可以自决议作出之日起六十日内,未被通知参加股东会的股东自知道或者应当知道股东会决议作出之日起六十日内,可以请求人民法院撤销;但是,股东会、董事会会议的召集程序或者表决方式仅有轻微瑕疵,对决议未产生实质影响的除外。”

第二种情况为涉及股东知情权的诉讼,主要法律依据是《公司法》第57条第1、2款规定:“股东有权查阅、复制公司章程、股东名册、股东会会议记录、董事会会议决议、监事会会议决议和财务会计报告。……公司拒绝提供查阅的,股东可以请求人民法院要求公司提供查阅。”

第三种情况为涉及公司股权收购的诉讼,主要法律依据是《公司法》第89条第1款规定:“有下列情形之一的,对股东会该项决议投反对票的股东可以请求公司按照合理的价格收购其股权:(一)公司连续五年不向股东分配利润,而公司该五年连续盈利,并且符合本法规定的分配利润条件的;(二)公司合并、分立、转让主要财产的;(三)公司章程规定的营业期限届满或者章程规定的其他解散事由出现,股东会通过决议修改章程使公司存续。”当然第三种情况也可能涉及股东会决议或董事会决议。

(3)股东与公司董事、监事或经理等高级管理人员的诉讼。此类诉讼主要是针对公司董事、监事或经理等高级管理人员违反对公司的诚信义务和善管义务而提起的,诉讼中涉及的问题往往比较复杂,它又分为两种情况:第一种情况是股东因公司董事、高级管理人员直接侵害其股东利益而提起的诉讼,主要法律依据是《公司法》第190条规定:“董事、高级管理人员违反法律、行政法规或者公司章程的规定,损害股东利益的,股东可以提起诉讼。”第二种情况应属于股东代位诉讼或代表诉讼的范畴,主要法律依据是《公司法》第188条规定:“董事、监事、高级管理人员执行职务违反法律、行政法规或者公司章程的规定,给公司造成损失的,应当承担赔偿责任。”《公司法》第189条规定:“董事、高级管理人员有前条规定的情形的,有限责任公司的股东、股份有限公司连续一百八十日以上单独或者合计持有公司百分之一以上股份的股东,可以书面请求监事会向人民法院提起诉讼;监事有前条规定的情形的,前述股东可以书面请求董事会向人民法院提起诉讼。监事会或者董事会收到前款规定的股东书面请求后拒绝提起诉讼,或者自收到请求之日起三十日内未提起诉讼,或者情况紧急、不立即提起诉讼将会使公司利益受到难以弥补的损害的,前款规定的股东有权为公司利益以自己的名义直接向人民法院提起诉讼。他人侵犯公司合法权益,给公司造成损失的,本条第一款规定的股东可以依照前两款的规定向人民法院提起诉讼。公司全资子公司的董事、监事、高级管理人员有前条规定情形,或者他人侵犯公司全资子公司合法权益造成损失的,有限责任公司的股东、股份有限公司连续一百八十日以上单独或者合计持有公司百分之一以上股份的股东,可以依照前三款规定书面请求全资子公司的监事会、董事会向人民法院提起诉讼或者以自己的名义直接向人民法院提起诉讼。”另外,《公司法》第22条规定,“公司的控股股东、实际控制人、董事、监事、高级管理人员不得利用其关联关系损害公司利益。违反前款规定,给公司造成损失的,应当承担赔偿责任”。此规定也是股东告公司董事、监事、高级管理人员的重要法律依据。

(4)股东与公司和公司管理人员外第三方当事人的诉讼。此类诉讼是指公司股东对公司的债务人、侵权行为人而采取的诉讼,也属于股东代位诉讼或代表诉讼的范畴,主要法律依据也是《公司法》第 189 条规定的内容。因为按该条规定,损害公司利益的不仅包括公司董事、监事、高级管理人员,也包括公司之外的任意第三人,即凡是对公司实施了不正当行为而对公司负有民事责任的人,在公司怠于对其行使诉权的情形下,都可以成为股东代表诉讼的被告。这种宽泛的规定有利于充分发挥股东代表诉讼制度的作用。另外,在此类诉讼中,考虑到公司的特殊地位和诉讼结果对公司利益的影响,股东在提起诉讼时,应当将公司列为诉讼第三人(包括有独立请求权的第三人和无独立请求权的第三人)参加诉讼。

150. 股东代表诉讼案件的地域管辖、原告和被告、公司的诉讼地位以及参加诉讼的后果分别是什么?

(1)地域管辖。

股东代表诉讼案件,由公司住所地人民法院管辖。

(2)原告和被告。

股东依据《公司法》第 189 条之规定提起的股东代表诉讼案件,主张公司董事、监事、高级管理人员给公司造成损失应承担赔偿责任的,应列公司董事、监事、高级管理人员为被告;主张他人侵犯公司合法权益的,应列他人为被告;主张公司董事、监事、高级管理人员与他人共同侵犯公司合法权益的,应列公司董事、监事、高级管理人员与他人为共同被告。

(3)公司诉讼地位。

人民法院受理股东代表诉讼案件后,应通知公司以第三人身份参加诉讼。被告反诉的,应列公司为反诉被告,但公司的诉讼权利由原告股东行使。公司以与股东代表诉讼相同事实和理由重新起诉的,人民法院应不予受理。

(4)参加诉讼的后果。

人民法院审理股东代表诉讼纠纷案件,公司其他股东以与原告股东相同的事实和请求申请参加诉讼的,应予以准许。已经进行的诉讼程序,对参加诉讼的公司其他股东发生法律效力。

151. 股东代表诉讼的诉讼费用的担保相关问题？

人民法院审理股东代表诉讼案件，公司董事、监事或者高级管理人员在答辩期间内提供证据证明原告可能存在恶意诉讼的情形，并请求原告提供诉讼费用担保并予以赔偿的，人民法院应予准许。

诉讼费用担保的具体数额应相当于被告董事、监事或者高级管理人员参加诉讼可能发生的合理费用。

人民法院判决原告股东败诉的，应同时判决原告提供的诉讼费用担保向被告董事、监事或者高级管理人员支付。

152. 股东代表诉讼在诉讼中是否可以调解以及胜诉利益如何处置？

（1）诉讼中的调解。

人民法院审理股东代表诉讼案件，当事人达成的调解协议，应经公司股东会或者股东大会决议通过或者经全体股东同意。

（2）胜诉利益处置。

原告提起的股东代表诉讼，其诉讼请求成立的，人民法院应当判令被告直接向公司承担民事责任，并可依据原告股东的请求，判令公司对于原告参加诉讼支付的合理费用予以补偿。

153. 股东损害赔偿诉讼应具备的要件是什么？

根据《公司法》第190条的规定，股东损害赔偿诉讼的要件包括：

（1）规制的对象是董事、高级管理人员。董事、高级管理人员直接从事经营管理和决策，很有可能利用职权损害股东利益，故将其列为规制对象。

（2）行为要件是该行为违反法律、行政法规或者公司章程的规定。此要件应具备客观性，即诉讼股东应举证公司董事、高级管理人员客观上确实存在违反法律、行政法规或者公司章程的行为。

（3）以损害股东的利益为结果要件。即董事、高级管理人员的上述违法行为直接造成了股东利益的损害，否则，该诉讼无从提起，而且这种诉讼，股东是以自己的名义仅就自己的损害份额提起。

第九章 公司债券

154. 股票与公司债券有何异同?

股票与债券都是有价证券,是证券市场上的两大主要金融工具。两者同在一级市场上发行,又同在二级市场上转让流通。对发行者来说,两者都是可以通过公开发行募集资本的融资手段。由此可见,两者实质上都是资本证券,但两者却有明显的区别:

(1)两者权利不同。债券是债权凭证,债券持有者与债券发行人之间的经济关系是债权债务关系,债券持有者只可按期获取利息及到期收回本金,无权参与公司的经营决策。股票则不同,股票是所有权凭证,股票所有者是发行股票公司的股东,股东一般拥有表决权,可以通过参加股东大会选举董事,参与公司重大事项的审议和表决,行使对公司的经营决策权和监督权。

(2)两者目的不同。发行债券是公司追加资金的需要,它属于公司的负债,不是资本金。发行股票则是股份公司创立和增加资本的需要,筹措的资金列入公司资本。

(3)发行主体不同。发行债券的经济主体很多,中央政府、地方政府、金融机构、公司、企业等一般都可以发行债券,但能发行股票的经济主体只有股份有限公司。

(4)两者期限不同。债券一般有规定的偿还期限,期限届满时债务人必须还本付息,因此债券是一种有期投资。股票通常是不能偿还的,一旦投资入股,股东便不能从股份公司抽回本金,因此股票是一种无期投资,或称永久投资。但是,股票持有者可以通过市场转让收回投资资金。

(5)两者收益不同。债券通常有规定的利率,可获得固定的利息。股票的股息红利不固定,股票一般在购买之前不定股息率,股息收入随股份公司的盈利情况变动而变动,盈利多就多得,盈利少就少得,无盈利不得。

(6)两者风险不同。股票风险较大,债券风险相对较小。因为第一,债券利息是公司的固定支出,属于费用范围;股票的股息红利是公司利润的一部分,公司有盈利才能支付,而且支付顺序列在纳税和债券利息支付之后。第二，倘若公司破产，清理资产有余额，进行偿还时，债券偿付在前，股东分配剩余财产在后。第三，在二级市场上，债券因其利率固定、期限固定，市场价格也较稳定；而股票无固定期限和利率，受各种宏观因素和微观因素的影响，市场价格波动频繁，涨跌幅度较大。

另外，在公司交纳所得税时，公司债券的利息已作为费用从收益中减除，在所得税前列支。而公司股票的股息属于净收益的分配，不属于费用，在所得税后列支。这一点对公司的筹资决策影响较大，在决定要发行股票或发行债券时，常以此作为选择的决定性因素。

155. 公司债券的种类有哪些？

公司债券是公司发行的一种债务契约，公司承诺在未来的特定日期，偿还本金并按事先规定的利率支付利息。公司债券是公司债的法定形式，公司债是公司债券的实质内容。

根据不同的标准，公司债券可划分为：

(1)记名债券与不记名债券。在公司债券上记载债权人姓名或名称的为记名债券；不记载债权人姓名或名称的称为不记名债券。

(2)可转换债券和不可转换债券。可转换债券是指债权人在持券后一定时期内可以将债券转换为债务公司的股票，从而成为公司股东的债券；不可转换债券是不能转换为债务公司股票的债券。《公司法》规定，上市公司经股东会决议可以发行可转换为股票的债券。公司发行可转换债券的，除具备发行债券的条件外，还应当符合股票发行的条件，并应当报请国务院证券监督管理机构核准。公司应当按其转换办法向债券持有人换发股票，但债券持有人对转换为股票或不转换为股票有自主选择权。

(3)有担保债券和无担保债券。有担保债券是指公司以抵押、质押、保证等方式为债权人提供了还本付息担保的债券；无担保债券也叫信用债券，筹资人仅凭自己的信用发行，没有还本付息的担保。

(4)公募债券和私募债券。公募债券是指按法定手续经证券主管部门批准公开向社会投资者发行的债券；私募债券是指以特定投资者为对象非公开发行的债券，其发行手续相对简单，一般不能公开上市交易。

(5)固定利率债券、浮动利率债券和累进利率债券。固定利率债券是指在偿还期内利率固定不变的债券;浮动利率债券是指其利率随市场利率波动而发生变动的债券;累进利率债券是指利率随着债券期限的增加而累进的债券。

(6)短期债券、中期债券和长期债券。短期债券期限在1年以内,中期债券期限在1年以上10年以下,长期债券期限在10年以上。

156. 公司发行债券的条件是什么?

为了保护债权人的利益,发行公司债券必须符合一定条件。根据《证券法》第15条之规定,公开发行公司债券,应当符合下列条件:

(1)具备健全且运行良好的组织机构;

(2)最近三年平均可分配利润足以支付公司债券一年的利息;

(3)国务院规定的其他条件。

公开发行公司债券筹集的资金,必须按照公司债券募集办法所列资金用途使用;改变资金用途,必须经债券持有人会议作出决议。公开发行公司债券筹集的资金,不得用于弥补亏损和非生产性支出。

上市公司发行可转换为股票的公司债券,除应当符合第1款规定的条件外,还应当遵守《证券法》第12条第2款的规定。但是,按照公司债券募集办法,上市公司通过收购本公司股份的方式进行公司债券转换的除外。

157. 什么是可转换公司债券?

可转换公司债券,简称可转换债券,是指发行公司依法发行、在一定期间内依据约定的条件可以转换成股份的公司债券。需要注意的是,这里的发行公司只限于上市公司,其他公司无权发行可转换公司债券。可转换债券兼具债券和股票的特性,具有节约发行费用、降低筹集资金的成本、吸引机构投资者的优势,并具有下列特征:

(1)是附有认股权的债券,兼有公司债券和股票的双重特征。

(2)具有双重选择权的特征:持有人具有是否转换的权利;发行人具有是否赎回的权利。

(3)标注有效期限(债券发行之日至偿清本息之日的时间)、转换期限(转换起始日至结束日)、票面利率或股息率。

(4)利率由发行人根据市场利率水平、公司债券资信等级和发行条款确定。

(5)转换比例、转换价格、赎回条款、回售条款。

(6)赎回是发行人提前赎买回未到期的发行在外的可转换债券。前提往往是公司股票价格连续高于转股价格一定幅度。

(7)回售是公司股票在一段时间内连续低于转换价格达到一定幅度时,可转债持有人按事先约定的价格卖给发行人。

(8)转换价格修正条款:由于公司送股等原因导致股票名义价格下降时需要调整转化价格。

158. 可转换公司债券持有人如何将债权转换为股份?

上市公司发行可转换公司债券的,有义务按照公司债券募集办法中约定的转换办法,向债券持有人转换股票。可转换公司债券的期限最短为1年,最长为6年。可转换公司债券自发行结束之日起6个月后,持有人方可转换为公司股票,转股期限由公司根据可转换公司债券的存续期限及公司财务状况确定。转换权由债券持有人一方意思表示决定的,也就是说,债券持有人对转换股票或者不转换股票有选择权,并于转股的次日成为发行公司的股东。转股价格应不低于募集说明书公告日前20个交易日该公司股票交易均价和前一交易日的均价。募集说明书可以约定赎回条款,规定上市公司可按事先约定的条件和价格赎回尚未转股的可转换公司债券;募集说明书可以约定回售条款,规定债券持有人可按事先约定的条件和价格将所持债券回售给上市公司。可转换公司债券的利率由发行公司与主承销商协商确定,但必须符合国家的有关规定。上市公司应当在可转换公司债券期满后5个工作日内办理完毕偿还债券余额本息的事项。

第十章　公司财务、会计

159. 资本公积金与盈余公积金有什么区别?

根据公积金提取的来源不同,可分为资本公积金和盈余公积金。

资本公积金,是指来源企业收到的投资者超出其在企业注册资本所占份额,以及直接计入所有者权益的利得和损失等,是企业投入资本本身所引起的各种增值而形成的公积金;盈余公积金是指从偿还完债务的税后利润中提取而形成的公积金。两者都可以转增资本,但两者也存在明显的区别:

(1)来源不同:盈余公积金源于税后利润,因此它与公司经营状况密切相关,必须是在公司税后有利润时才能提取;而资本公积金源于资本溢价或者股票溢价、法定财产评估增值和接受捐赠等渠道,与公司的生产经营活动没有直接关系。

(2)用途不同:公司的公积金用于弥补公司的亏损、扩大公司生产经营或者转为增加公司资本。但是,资本公积金不得用于弥补亏损。另外,根据《公司法》第214条规定,法定盈余公积金(盈余公积金又可分为法定盈余公积金和任意盈余公积金)转为增加注册资本时,所留存的该项公积金不得少于转增前公司注册资本的25%。

(3)提取的数量限制不同:法定盈余公积金累计额为公司注册资本的50%以上时,可以不再提取。对资本公积金未作这方面的规定,只要符合资本公积金的构成,均要列入资本公积金。

160. 公司税后利润的分配顺序是什么?

根据《公司法》第210条的规定,公司税后利润的分配顺序为:

(1)弥补公司以前年度亏损。公司的法定公积金不足以弥补以前年度亏损的,在依照规定提取法定公积金之前,应当先用当年利润弥补亏损。

(2)提取法定公积金。公司分配当年税后利润时,应当提取利润的10%列入公司法定公积金。公司法定公积金累计额为公司注册资本的50%以上的,可以不再提取。

(3)经股东会决议提取任意公积金。公司从税后利润中提取法定公积金后,经股东会决议,还可以从税后利润中提取任意公积金。

(4)支付股利。公司弥补亏损和提取公积金后所余税后利润,有限责任公司按照股东实缴的出资比例分配利润,全体股东约定不按照出资比例分配利润的除外;股份有限公司按照股东持有的股份比例分配利润,公司章程另有规定的除外。公司持有的本公司股份不得分配利润。

161. 公司能否在年中分配利润?

利润分配,是指企业按照国家规定的政策和比例,对已实现的净利润在企业和投资者之间进行分配。在我国一个日历年为一个会计年度,公司必须在会计年度终了后进行决算,并经审计之后才可以考虑分配利润。在年中,即使公司有利润也不得进行本年度利润的分配,否则就是违法分配利润。

162. 如何认定利润分配请求权纠纷的当事人和举证责任?

根据《最高人民法院关于适用〈中华人民共和国公司法〉若干问题的规定(四)》第13条的规定,原告请求分配公司利润纠纷案件,应当列公司为被告。一审法庭辩论终结前,他人以相同理由请求参加诉讼的,应当列为共同原告。公司其他股东不同意分配利润的,可以第三人身份参加诉讼。

163. 以盈余公积金转增个人出资时如何纳税?

公司以盈余公积金转增公司注册资本的,如果公司的股东是自然人或部分为自然人,应当代扣代缴个人投资所得的所得税。按照《国家税务总局关于加强高收入者个人所得税征收管理的通知》(国税发〔2010〕54号)规定,对以未分配利润、盈余公积和除股票溢价发行外的其他资本公积转增注册资本和股本的,要按照"利息、股息、红利所得"项目,依据现行政策规定计征个人所得税。因为这相当于公司将盈余公积金分配给了股东,股东又将其投入了公司。

164. 企业资本变动时,如何在增减资股东之间合理分配涉税事宜?

增减资属于公司制企业的重大事项,由股东会依法作出决定,税务机关据以进行税收处理。

根据《国家税务总局关于企业所得税若干问题的公告》(国家税务

总局公告 2011 年第 34 号)第 5 条的规定,投资企业从被投资企业撤回或减少投资,其取得的资产中,相当于初始出资的部分,应确认为投资收回;相当于被投资企业累计未分配利润和累计盈余公积按减少实收资本比例计算的部分,应确认为股息所得;其余部分确认为投资资产转让所得。

165. 企业以股东名义或其他企业名义向银行贷款的利息支出,如何在税前扣除?

根据《国家税务总局关于企业向自然人借款的利息支出企业所得税税前扣除问题的通知》(国税函〔2009〕777 号)的相关规定,企业以股东名义或以其他企业名义向银行贷款,企业应与实际借款人签署借款合同,由借款人到税务部门开具发票,符合借款利息支出相关规定的可以在税前扣除。

166. 企业为其他企业提供担保,如何确认其与应税收入有关?企业支付担保费用并已取得地税部门开具的发票,能否在税前扣除?

与企业生产经营活动有关的担保是指企业对外提供的与本企业应税收入、投资、融资、材料采购、产品销售等生产经营活动相关的担保。提供担保的企业向被担保企业收取担保费,应认定为与企业应税收入有关,被担保企业支付的担保费可以在税前扣除。

167. 企业员工的个人所得税由企业承担,是否可以在企业所得税税前扣除?

按照《国家税务总局关于雇主为雇员承担全年一次性奖金部分税款有关个人所得税计算方法问题的公告》(国家税务总局公告 2011 年第 28 号)的规定,企业为员工负担的个人所得税款,应属于个人工资薪金的一部分。凡单独作为企业管理费列支的,在计算企业所得税时不得税前扣除。

168. 一人股东有限责任公司怎样纳税?

一人股东有限责任公司需要缴纳企业所得税和个人所得税,但并不存在重复纳税。

由于一人股东有限责任公司是企业法人性质，根据《企业所得税法》的规定，应缴纳企业所得税。当公司税后利润分红时，根据《个人所得税法》第 2 条的规定，股东应缴纳个人所得税。一人股东有限责任公司同时缴纳企业所得税和个人所得税是有区别的：

（1）征税对象不同：企业所得税的征税对象是企业所得；个人所得税的征税对象是个人所得。

（2）纳税主体不同：企业所得税的纳税主体是企业；个人所得税的纳税主体是股东个人。因此，并不存在重复征税的问题。

169. 股权转让涉及的税有哪些？

股权转让分为公司股权转让和个人股权转让，以下分别分析两种股权转让的税费种类。

（1）公司转让股权涉及以下税种：营业税、企业所得税、印花税。

（2）个人股东转让股权缴纳个人所得税。根据《个人所得税法实施条例》第 6 条的规定，财产转让所得，是指个人转让有价证券、股权、合伙企业中的财产份额、不动产、机器设备、车船以及其他财产取得的所得。根据《个人所得税法》第 6 条的规定，财产转让所得，以转让财产的收入额减除财产原值和合理费用后的余额，为应纳税所得额。根据《个人所得税法》第 3 条的规定，财产转让所得适用比例税率，税率为 20%。据此，转让股权所得属于“财产转让所得”应税项目，财产转让所得，以转让财产的收入额减除财产原值和合理费用后的余额，为应纳税所得额，按照 20% 的税率计征个人所得税。如果个人转让股权价格公允，与股权投资成本和合理费用之和持平，不缴纳个人所得税。若股权转让价不公允，根据《税收征收管理法》第 35 条的规定，纳税人申报的计税依据明显偏低，又无正当理由的，税务机关有权核定其应纳税额。

170. 目前小型微利企业所得税优惠政策包括哪些？

根据《国家税务总局关于落实小型微利企业所得税优惠政策征管问题的公告》（国家税务总局公告 2023 年第 6 号）规定：

（1）符合财政部、税务总局规定的小型微利企业条件的企业（以下简称小型微利企业），按照相关政策规定享受小型微利企业所得税优惠政策。

企业设立不具有法人资格分支机构的，应当汇总计算总机构及其各分支机构的从业人数、资产总额、年度应纳税所得额，依据合计数判断是否符合小型微利企业条件。

（2）小型微利企业无论按查账征收方式或核定征收方式缴纳企业所得税，均可享受小型微利企业所得税优惠政策。

（3）小型微利企业在预缴和汇算清缴企业所得税时，通过填写纳税申报表，即可享受小型微利企业所得税优惠政策。

小型微利企业应准确填报基础信息，包括从业人数、资产总额、年度应纳税所得额、国家限制或禁止行业等，信息系统将为小型微利企业智能预填优惠项目、自动计算减免税额。

（4）小型微利企业预缴企业所得税时，从业人数、资产总额、年度应纳税所得额指标，暂按当年度截至本期预缴申报所属期末的情况进行判断。

（5）原不符合小型微利企业条件的企业，在年度中间预缴企业所得税时，按照相关政策标准判断符合小型微利企业条件的，应按照截至本期预缴申报所属期末的累计情况，计算减免税额。当年度此前期间如因不符合小型微利企业条件而多预缴的企业所得税税款，可在以后季度应预缴的企业所得税税款中抵减。

（6）企业预缴企业所得税时享受了小型微利企业所得税优惠政策，但在汇算清缴时发现不符合相关政策标准的，应当按照规定补缴企业所得税税款。

（7）小型微利企业所得税统一实行按季度预缴。

按月度预缴企业所得税的企业，在当年度 4 月、7 月、10 月预缴申报时，若按相关政策标准判断符合小型微利企业条件的，下一个预缴申报期起调整为按季度预缴申报，一经调整，当年度内不再变更。

171. 此次发布落实小微企业所得税优惠政策征管问题公告的背景及相关问题解读

（1）制发《公告》的背景是什么？

为贯彻落实党中央、国务院决策部署，财政部和税务总局发布《关于小微企业和个体工商户所得税优惠政策的公告》(2023 年第 6 号)，对小型微利企业年应纳税所得额不超过 100 万元部分所得税优惠政策进行优化。为确保小型微利企业所得税优惠政策落实到位，支持小微企业发展，税务总局制发《公告》，对有关征管问题进行明确。

(2)税收政策中的小型微利企业是指什么？

小型微利企业是指符合财政部、税务总局规定的可以享受小型微利企业所得税优惠政策的居民企业。目前，居民企业可按照《财政部、税务总局关于进一步实施小微企业所得税优惠政策的公告》(2022 年第 13 号)、《财政部、税务总局关于小微企业和个体工商户所得税优惠政策的公告》(2023 年第 6 号)相关规定，享受小型微利企业所得税优惠政策。今后如调整政策，从其规定。

(3)企业设立不具有法人资格的分支机构，如何适用小型微利企业所得税优惠政策？

现行企业所得税实行法人税制，企业应以法人为主体，计算并缴纳企业所得税。《企业所得税法》第 50 条第 2 款规定，居民企业在中国境内设立不具有法人资格的营业机构的，应当汇总计算并缴纳企业所得税。因此，企业设立不具有法人资格分支机构的，应当先汇总计算总机构及其各分支机构的从业人数、资产总额、年度应纳税所得额，再依据各指标的合计数判断是否符合小型微利企业条件。

(4)小型微利企业所得税优惠政策的办理程序？

符合条件的小型微利企业通过填写纳税申报表，即可便捷享受优惠政策，无需其他手续。小型微利企业应准确填报从业人数、资产总额、国家限制或禁止行业等基础信息，计算应纳税所得额后，信息系统将利用相关数据，为小型微利企业智能预填优惠项目、自动计算减免税额。

(5)在预缴企业所得税时，企业如何享受优惠政策？

首先，判断是否符合条件。企业在年度中间预缴企业所得税时，按照政策标准判断符合小型微利企业条件的，即可享受优惠政策。资产总额、从业人数、年度应纳税所得额指标，暂按当年度截至本期预缴申报所属期末的情况进行判断。其中，资产总额、从业人数指标按照政策标准中“全年季度平均值”的计算公式,计算截至本期预缴申报所属期末的季度平均值。其次,按照政策规定计算应纳税额。今后如调整政策,从其规定,计算方法以此类推。示例如下:

例:A 企业 2022 年成立,从事国家非限制和禁止行业,2023 年 1 季度季初、季末的从业人数分别为 120 人、200 人,1 季度季初、季末的资产总额分别为 2000 万元、4000 万元,1 季度的应纳税所得额为 90 万元。

解析:2023 年 1 季度,A 企业“从业人数”的季度平均值为 160 人,“资产总额”的季度平均值为 3000 万元,应纳税所得额为 90 万元。符合关于小型微利企业预缴企业所得税时的判断标准:从事国家非限制和禁止行业,且同时符合截至本期预缴申报所属期末资产总额季度平均值不超过 5000 万元、从业人数季度平均值不超过 300 人、应纳税所得额不超过 300 万元,可以享受优惠政策。

《财政部、税务总局关于小微企业和个体工商户所得税优惠政策的公告》(2023 年第 6 号)规定,对小型微利企业年应纳税所得额不超过 100 万元的部分,减按 25% 计入应纳税所得额,按 20% 的税率缴纳企业所得税。因此,A 企业 1 季度的应纳税额为:90 × 25% × 20% = 4.5(万元)。

(6)《公告》的实施时间。

企业所得税按纳税年度计算,《公告》自 2023 年 1 月 1 日起施行。《国家税务总局关于小型微利企业所得税优惠政策征管问题的公告》(2022 年第 5 号)同时废止。

第十一章　公司合并、分立、增资、减资

172. 公司合并包括哪几种情形?

公司合并,是指将两个或者两个以上单独的公司合并形成一个报告主体的交易或事项。公司合并分为同一控制下的公司合并和非同一控制下的公司合并。通过合并,合并前的多家公司的财产变成一家公司的财产,多个法人变成一个法人。公司合并是资本集中从而市场集中的基本形式。在日本以及欧美国家,公司合并只要不带来垄断弊端,就被视为合理,甚至受到政府政策的鼓励,但可能导致垄断的公司合

并,会受到反垄断政策的干预。

公司合并可以分为吸收合并与新设合并。吸收合并,也叫存续合并,是指两个或两个以上的公司合并时,其中一个或一个以上的公司并入另一公司的法律行为。吸收合并中,被吸收的公司解散,接受并入公司的公司,依法办理变更登记手续后,继续享有法人地位。新设合并是指两个或两个以上公司合并设立成为一个新公司的法律行为,合并各方解散,新设立的公司依法办理设立登记手续,取得法人资格。

173. 公司减资与抽逃资本的区别是什么?

公司减资是指企业为弥补亏损,调整资本而减少企业资本的行为。企业减资需获股东会的特别批准。减资的方法有两种:(1)减少出资总额,同时改变原出资比例。(2)以不改变出资比例为前提,减少各股东出资。减资后,各股东出资比例保持不变。

抽逃资本是指在公司验资注册后,股东将所缴出资暗中撤回,却仍保留股东身份和原有出资数额的一种欺诈性违法行为。在司法实践中,根据《最高人民法院关于适用〈中华人民共和国公司法〉若干问题的规定(三)》(2020 年修正)第 12 条的规定,公司成立后,公司、股东或者公司债权人以相关股东的行为符合下列情形之一且损害公司权益为由,请求认定该股东抽逃出资的,人民法院应予支持:(1)制作虚假财务会计报表虚增利润进行分配;(2)通过虚构债权债务关系将其出资转出;(3)利用关联交易将出资转出;(4)其他未经法定程序将出资抽回的行为。

减资与抽逃资本虽然都是股东撤回对公司的出资,但是,两者有着根本的区别:

(1)减资是依法定程序公开进行的,从而是合法的;抽逃资本是秘密进行的,是法律所禁止的,从而是违法的。

(2)减资是以不对债权人的权益造成侵害为前提的;而抽逃资本是以侵害债权人利益为目的的。

174. 公司分立以前的债务如何承担?

根据《公司法》第 223 条的规定,公司分立前的债务由分立后的公司承担连带责任。但是,公司在分立前与债权人就债务清偿达成的书面协议另有约定的除外。据此,公司分立前债务的承担办法如下:(1)按照约定办理。债权人与分立的公司就债务清偿问题达成书面协议的,按照协议办理,若一方不履行协议,另一方可以依法定程序请求履行协议。(2)承担连带责任。公司分立前未与债权人就债务清偿问题达成书面协议的,由分立后的公司承担连带责任。债权人可以向分立后的任何一家或几家公司请求自己的债权,要求履行偿还义务,被请求的公司不得以任何非法定理由拒绝承担偿还责任。

175. 公司合并时,如何保护债权人的利益?

《公司法》对公司合并时债权人利益的保护作了以下规定:

(1)通知债权人。在公司合并过程中,债权人有权了解公司合并的有关情况,《公司法》第220条规定,公司应当自作出合并决议之日起10日内通知债权人,并于30日内在报纸上或者国家企业信用信息公示系统公告。如果公司不履行通知、公告债权人义务的,必须承担相应的法律责任。

(2)债权人可以要求公司清偿债务或者提供担保。债权人自接到通知之日起30日内,未接到通知的自公告之日起45日内,可以要求公司清偿债务或者提供相应的担保。

(3)债务承继制度。《公司法》第221条规定,公司合并时,合并各方的债权、债务,应当由合并后存续的公司或者新设的公司承继。

176. 股东不同意公司分立怎么办?

由于公司分立属于股东会的特别决议事项,应当由公司的股东会作出决议,并经代表2/3以上表决权的股东(出席会议的股东所持表决权的2/3以上通过)决议通过。一旦公司分立决议在股东会上通过,即对全体股东产生效力,即使其他股东不同意,也不能阻止公司分立。不同意分立的股东只可以通过向其他股东或者其他人转让股份的方式收回出资,从而退出原来的公司;也可以依照《公司法》第162条的规定要求公司收购其股份。

第十二章　公司解散和清算

177. 公司解散的主要情形有哪些？

公司解散，是指已成立的公司基于一定事由的发生，而停止其积极业务活动，并开始处理其未了结事务的法律行为。

公司解散因其原因或条件不同可分为两种，即自愿解散和强制解散。自愿解散，也称为任意解散，是依公司章程或股东决议而解散公司的情形，这种解散取决于公司股东的意志，与他人意志无关。从我国现行《公司法》第 229 条及有关的规定来看，任意解散的原因主要有公司章程规定的营业期限届满或者公司章程规定的其他解散事由出现，股东会决议解散，因公司合并或者分立需要解散，依法被吊销营业执照、责令关闭或者被撤销；人民法院依照本法第 231 条的规定予以解散。强制解散是指公司因违反法律、行政法规的规定，被行政机关或法院撤销或裁定解散。这是公司基于法律或主管机关命令而被迫进行的解散，不取决于公司及股东的意志。我国有关法律规定的强制解散原因主要有被工商行政管理机关吊销法人营业执照、被主管机关撤销或者责令关闭、人民法院判决公司解散等。

178. 公司解散的法律后果是什么？

公司解散的法律后果主要有：

(1)进入清算程序，成立清算组织。公司解散之后，一般都必须依法成立清算组织，进入清算程序。成立清算组织后，公司原来的代表及业务执行机关即丧失权利，由清算组取而代之，清算组代表公司为一切行为。但是，公司的股东会及监事会依然存在。根据我国《公司法》第 232 条的规定，应当在公司解散事由出现之日起 15 日内成立清算组。清算组由董事组成，但是公司章程另有规定或者股东会决议另选他人的除外。逾期不成立清算组或者成立清算组后不清算的，利害关系人可以申请人民法院指定有关人员组成清算组进行清算。至此，即进入清算程序，公司便成为清算中公司。

(2)限制权利能力，停止营业活动。公司宣告解散后，其权利能力即受到法律的特别限制：清算期间，公司存续，但不得开展与清算无关的经营活动。这种限制系特指解散公司的权利能力仅局限于清算范围内,除为实现清算目的,由清算组代表公司处理未了结业务外,公司不得开展新的经营活动。

179. 公司解散的程序是什么?

公司解散分为自愿解散和强制解散,因此不同解散的程序也不同。

(1)自愿解散的程序。

①股东会作出解散的决议。股东会作出解散决议,须以重大特别决议进行。

②董事、监事申请解散登记。在解散开始后一定期限内,董事和监事向政府主管机关申请进行解散登记。

一经政府主管机关核准解散登记,解散即告正式生效。

如果董事、监事不在解散后一定期限内向政府主管机关申请解散登记,政府主管机关可以依职权或据利害关系人的请求,撤销公司的设立登记。

(2)强制解散的程序。

①董事会通知股东。公司解散开始后,除因破产事由者外,董事会应立即公告通知股东并专函通知记名股股东。因破产事由而解散者,由法院公告破产事项。

②董事、监事申请解散登记。除因破产事由者外,与自愿解散相同。因破产事由而解散者,由法院依职权进行破产登记。

180. 什么是简易注销登记? 其程序是怎样的?

根据《公司法》第 240 条和《市场主体登记管理条例》第 33 条的规定,市场主体未发生债权债务或者已将债权债务清偿完结,未发生或者已结清清偿费用、职工工资、社会保险费用、法定补偿金、应缴纳税款(滞纳金、罚款),并由全体投资人书面承诺对上述情况的真实性承担法律责任的,可以按照简易程序办理注销登记。通过简易程序注销公司登记,应当通过国家企业信用信息公示系统予以公告,公告期限不少于 20 日。公告期限届满后,未有异议的,公司可以在 20 日内向公司登记机关申请注销公司登记。个体工商户按照简易程序办理注销登记的,无须公示，由登记机关将个体工商户的注销登记申请推送至税务等有关部门，有关部门在 10 日内没有提出异议的，可以直接办理注销登记。

申请办理简易注销登记，应当提交申请书和全体投资人承诺书。股东的承诺不实的，应当对注销登记前的债务承担连带责任。

实践中，有下列情形之一的，市场主体不得申请办理简易注销登记：(1)在经营异常名录或者市场监督管理严重违法失信名单中的；(2)存在股权(财产份额)被冻结、出质或者动产抵押，或者对其他市场主体存在投资的；(3)正在被立案调查或者采取行政强制措施，正在诉讼或者仲裁程序中的；(4)被吊销营业执照、责令关闭、撤销的；(5)受到罚款等行政处罚尚未执行完毕的；(6)不符合《市场主体登记管理条例》第 33 条规定的其他情形。

181. 什么情况下可以将公司强制注销？强制注销会产生怎样的法律后果？

《公司法》第 240 条设计了公司登记机关通过一定的法定程序可以将符合条件的公司强制注销制度。根据有关规定，强制注销的应当满足以下条件：(1)适用的情形是公司被吊销营业执照、责令关闭或者被撤销满 3 年后，仍然不向公司登记机关申请注销公司登记，公司登记机关可以依职权注销。(2)履行公告异议程序。公司登记机关启动强制注销程序的，应当通过统一的国家企业信用信息公示系统将强制注销该公司的情况予以公告，公告期限不少于 60 日。公告期限届满后，无相关部门、债权人及其他利害关系人提出异议的，公司登记机关可以直接注销公司登记。

公司被强制注销的，原公司股东、清算义务人的责任不受影响。公司被强制注销后，如果公司实际上存在未了结的债权债务，债权人提起诉讼，公司股东按照《公司法》规定在其出资范围内应当承担的与出资相关的责任都不受影响。如果公司股东还符合《公司法》第 23 条法人人格否认条件，还应当对公司债务承担连带责任。按照《公司法》第 232 条之规定，董事为公司清算义务人，应当在解散事由出现之日起 15 日内组成清算组进行清算。清算义务人未及时履行清算义务，给公司或者债权人造成损失的，应当承担赔偿责任上述责任并不因公司被强制注销而免除。

182. 什么是公司僵局?

所谓公司僵局,是指因股东之间或公司管理人员之间的利益冲突和矛盾而引起,这种矛盾和冲突,导致公司决策机制、运行机制失灵,股东会或董事会因冲突而不能召开,或者即使能够举行会议也无法通过任何议案,公司的一切事务都处于一种瘫痪状态。主要包括以下三种情况:

(1)两个股东各持有50%的股份;

(2)两方拥有相同数目的董事或者有权力选择同样数目的董事;

(3)小股东通过增加法定人数或投票要求的条件来保持否决的权力,并且在股东之间存在实质的不同意见。

在以上每一种状况中,公司可能实际上根本不能作出任何决定,就如同电脑死机,"几乎所有的操作键都完全失灵",不能像正常公司那样进行有效的运作和经营。

183. 公司僵局有什么后果?

公司僵局对公司、公司股东、公司职工及债权人都会产生严重的损害:

(1)公司僵局的出现,会使公司陷入瘫痪和混乱。由于无法作出经营决策,公司不能正常进行经营活动,管理陷入瘫痪和混乱,必然会导致公司的无谓损耗和财产的流失。

(2)股东预期的投资目的也难以实现。由于公司僵局,经营决策无法作出或无法有效执行,公司不能在瞬息万变的市场竞争中获得收益,股东预期的投资目的也难以实现。由于股东之间已丧失信任,合作的基础破裂,控制公司的一方往往会侵害另一方的利益。

(3)公司僵局会导致公司业务的递减、效益下降,以致公司会裁员、降低工资,直接侵害职工利益。

(4)公司僵局还会损害公司客户、供应商及其他债权人的利益。僵局引起的种种不协调所造成的影响逐渐由内波及至外,使公司商誉下降,形象受损,客户流失,公司债务大量堆积,从而影响公司外部供应商及其他诸多债权人债权的实现，并引发连锁反应，进而对市场产生震荡。

184. 实务中如何认定公司僵局？

《公司法》第231条规定，公司经营管理发生严重困难，继续存续公司会使股东利益受到重大损失，通过其他途径不能解决的，持有公司全部股东表决权10%以上的股东，可以请求人民法院解散公司。通常认为，该条是关于公司僵局司法处理的规定。在实务中，应严格把握其条件限制：

（1）公司经营管理发生严重困难。一般表现为：一是公司持续两年以上无法召开股东会，公司经营管理发生严重困难的；二是股东表决时无法达到法定或者公司章程规定的比例，持续两年以上不能作出有效的股东会决议，公司经营管理发生严重困难的；三是公司董事长期冲突，且无法通过股东会解决，公司经营管理发生严重困难的；四是经营管理发生其他严重困难，公司继续存续会使股东利益受到重大损失的情形。

（2）僵局状态的持续会使股东利益受到重大损失。该项可适当作宽松解释，即只要公司经营管理严重困难状态持续，会使公司股东利益有损失的可能性，就可以适用。

（3）通过其他途径不能解决。这为该法条设置了一个前提，即只有在用尽了其他方式仍不能解决公司经营管理严重困难时，方能适用。但法律没有进一步明确究竟应该有哪些具体途径，这就赋予了裁判者一种自由裁量权。

（4）原告资格条件。该法条规定，持有公司全部股东表决权10%以上的股东，可以请求人民法院解散公司。股东表决权的计算，应以出资比例或持股比例为依据，当然，如果公司章程对股东表决权另有规定的，可以从其规定。

185. 公司僵局纠纷案件审理中应遵循哪些原则？

公司僵局纠纷案件往往十分复杂，加之《公司法》的相关规定又过于抽象和原则，缺乏司法实践上的可操作性，这就要求公司僵局纠纷案

件审理要更加审慎,应结合案情,综合判断:

(1)自力救济优先原则。公司僵局纠纷属于公司内部纠纷,司法介入实属迫不得已,所以,在审理此类案件时,应本着自力救济优先原则,尽量促成僵局的双方通过自行协商来化解公司僵局。

(2)慎重作出解散判决结果的原则。解散判决让僵局与公司同归于尽,各方很难从中获益,而且判决后还会产生一系列复杂的后续问题,因此,在司法实践中,应该非常慎重地作出这样的判决结果。

(3)利益衡量原则。任何一个民事判决的结果,都意味着在当事人之间进行了利益的重新分配。在对公司僵局纠纷进行判决前,应对当事人之间原有的利益及作出相应裁判结果后重新分配的利益进行衡量,以作出恰当的判决结果。

186. 清算组有哪些职权?

根据《公司法》第234条的规定,清算组在清算期间行使下列职权:

(1)清理公司财产,分别编制资产负债表和财产清单;

(2)通知、公告债权人;

(3)处理与清算有关的公司未了结的业务;

(4)清缴所欠税款以及清算过程中产生的税款;

(5)清理债权、债务;

(6)分配公司清偿债务后的剩余财产;

(7)代表公司参与民事诉讼活动。

187. 清算组处分公司财产时应遵循哪些原则?

清算组处分公司财产必须遵循下列原则:

(1)定额清偿的原则。即清算组在对公司财产进行清理、编制资产负债表和财产清单后,确认公司的财产足以抵偿公司的债务时再依法处分公司的财产,并将属于公司债权人的部分定额偿付给债权人。清算组不得在公司的财产不能抵偿公司债务的情况下处分公司的财产。清算组发现公司的财产不能抵偿公司的债务时,必须立即停止清算并向人民法院提出破产申请,公司经人民法院裁定宣告破产的,由人民法院接管公司的清算事务。

(2)顺序清偿原则。公司财产的支付应按照支付清算费用、职工工资、社会保险费用和法定补偿金,缴纳所欠税款,清偿公司债务,分配剩余财产的顺序进行清偿。

(3)先债权后股权的原则。即清算组必须在清偿公司全部债务后再向股东分配公司的剩余财产。清算组不得在清偿公司债务前向股东分配公司的财产。

(4)风险收益统一的原则。即清算组在处分公司剩余财产时必须按照股东的出资比例或者持股比例进行分配,不得违反风险与收益统一的原则处分公司的剩余财产。

188. 公司清算程序是怎样的?

公司清算程序如下:

(1)组织清算组。根据《公司法》第232、233条的规定,董事为公司清算义务人,应当在解散事由出现之日起15日内组成清算组进行清算。清算组由董事组成,但是公司章程另有规定或者股东会决议另选他人的除外。逾期不成立清算组进行清算或者成立清算组后不清算的,利害关系人可以申请人民法院指定有关人员组成清算组进行清算。

(2)公告和通知债权人,催报债权。清算组成立后应在10日内通知债权人并于60日内在报纸上或者国家企业信用信息公示系统公告。债权人应当在接到通知之日起30日内,未接到通知的自公告之日起45日内,向清算组申报债权。

(3)编造财产账册,制定清算方案。清算组登记债权,清理财产,编制资产负债表和财产清单,然后制定清算方案,并报股东会或者人民法院确认。

(4)清偿债务。公司财产足以清偿全部债务的,按下列顺序清偿:①支付清算费用;②职工工资、社会保险费用和法定补偿金;③缴纳所欠税款;④清偿公司债务。

(5)分配剩余财产。在清偿债务后公司的剩余财产,有限责任公司按照股东按出资比例分配,股份有限公司股东按照持股比例进行分配。

(6)清算完结。清算完毕后,清算组应当制作清算报告,报股东会或者人民法院确认,并报送公司登记机关,申请注销登记。

189. 公司解散是否意味着其法律人格的消灭?

公司出现解散事由的,应当成立清算组进行清算,公司清算结束后,清算组应当制作清算报告,报股东会或者人民法院确认,并报送公司登记机关,申请注销公司登记,公告公司终止。注销公司登记以后公司法律人格才消灭。

190. 法人被吊销营业执照后未依法进行清算的,应如何处理?

根据相关法律、法规和司法解释的规定,法人被吊销营业执照后应当依法进行清算,其债权债务由清算组负责清理。法人被吊销营业执照后未依法进行清算的,利害关系人可以申请人民法院指定有关人员组成清算组进行清算。法人被吊销营业执照后没有依法进行清算,债权人也没有申请人民法院指定有关人员组成清算组进行清算,而是在诉讼过程中通过法人自认或者法人与债权人达成调解协议,在清算之前对其债权债务关系作出处理、对法人财产进行处分,损害其他债权人利益的,不符合公平原则,人民法院不予支持。

第十三章　外国公司的分支机构

191. 我国《公司法》中规定的外国公司的分支机构具有什么法律特征?

外国公司分支机构是指外国公司依照我国法律在中华人民共和国境内设立的不具有法人资格的从事商事活动的附属实体。具有以下法律特征:

(1)外国公司分支机构是外国公司依据我国法律在我国境内设立的从事生产经营等业务活动的场所或者办事机构。因此,外国公司分支机构是以外国公司法人的存在为前提的。

(2)外国公司的分支机构没有独立的财产,不进行独立核算,它与其总公司在财务上合为一体,其经营收入与业务、开支核算纳入总公司统一进行核算。

(3)外国公司分支机构不具有独立公司法人的内部组织机构,一般由总公司委派代表人或者代理人作为负责人，而不实行独立的股东会、董事会和监事会制度。

(4)外国公司分支机构的名称有专门规定，且不得使用与其总公司相区别的独立的名称。

(5)外国公司分支机构不具有中国法人资格，不能独立承担民事责任，外国公司对其分支机构在中国境内进行经营活动承担民事责任。

192. 设立外国公司分支机构应当具备哪些条件？

外国公司在我国设立分支机构，应当具备以下条件：

(1)外国公司的证明文件。外国公司在中国境内申请设立分支机构，应当提交包括公司章程、所属国的公司登记证书等足以反映该公司真实情况和合法资格的证明文件。其公司章程，还应当置备于该分支机构，供随时查阅。

(2)分支机构的名称。外国公司分支机构的名称中，必须标明该外国公司的国籍及责任形式。

(3)分支机构的代表人或者代理人。外国公司在中国境内设立分支机构，应当在中国境内指定负责其分支机构的代表人或者代理人。该代表人或代理人的国籍不限。

(4)分支机构的经营资金。外国公司必须向其在中国境内的分支机构拨付与其所从事的经营活动相适应的资金。必要时，国务院可以规定外国公司分支机构经营资金的最低限额。

193. 外国公司分支机构的设立程序有哪些？

外国公司在中国境内设立办事处或分支机构具体办理程序如下：

(1)设立分支机构的申请。

外国公司在中国境内设立分支机构必须向中国主管机关提出申请。目前受理申请的机关为中华人民共和国商务部。

(2)提交文件。

外国公司向我国有关主管部门提出设立分支机构的申请时，应当提交有关文件，主要包括所申请成立分支机构的外国公司的公司章程、所属国的公司登记证书，还包括该外国公司开户银行出具的资信证明、该外国公司法人代表签署的分支机构代表人或者代理人的简历和身份证明、分支机构在我国从事经营活动的业务计划书、公司股东会或者董事会对于请求批准的议事记录以及审批机关要求的其他材料。

(3)外国公司分支机构的审批。

对外国公司申请设立分支机构的审批,属于行政许可,主管机关应当在规定期限内作出批准或者不批准的决定。审批机关要依法审查外国公司设立分支机构是否符合设立的条件。

(4)领取营业执照。

经中国政府有关主管部门批准后,申请设立分支机构的外国公司应当持有关证件到中国的工商行政管理机关办理营业执照。

此外,依据《国务院关于管理外国企业常驻代表机构的暂行规定》,外国公司的分支机构属于贸易商、制造厂商、货运代理商,报请中华人民共和国商务部批准;属于金融业、保险业的,报请中国人民银行批准;属于海运业、海运代理商的,报请中华人民共和国交通部批准;属于航空运输业的,报请中国民用航空总局批准;其他行业,按照业务性质,报请中华人民共和国政府的主管委、部、局批准。

194. 外国公司分支机构的特点是什么?

(1)以外国公司的存在为前提,外国公司是指依照外国法律在中国境外设立的公司;

(2)须依照我国公司法律、法规设立;

(3)是以营利为目的而从事商事活动的组织;

(4)在中国境内设立和从事经营活动;

(5)没有自己的公司名称和公司章程,其名称中要表明该外国公司的国籍及责任形式;

(6)不具有中国法人资格,不能独立承担法律责任,这是外国公司分支机构最突出的特点,即外国公司对其分支机构在中国境内进行经营活动承担民事责任。

195. 外国公司分支机构的名称构成要件是什么?

外国公司分支机构名称的构成要件是:

(1)应标明外国公司的国籍,即公司设立时所依据法律的所属国家。一定的分支机构总是归属于某一个公司,归属于哪一个公司就标明哪一个公司的国籍,不允许外国公司分支机构名称所标明的国籍同设立它的外国公司的国籍不一致;

(2)应标明外国公司的名称,即标明设立该分支机构的外国公司的名称,不允许使用和设立该分支机构所属公司名称不一致的名称;

(3)应标明外国公司的责任形式,即标明设立该分支机构的外国公司的组织形式;

(4)应标明反映外国公司分支机构的字样,如“分公司”“代表处”“联络处”等,以表明是某外国公司的分支机构。

196. 外国公司分支机构的清算程序有哪些?

外国公司分支机构的清算须经过以下程序:

(1)在法定期间内成立清算组。外国公司分支机构在被撤销后,应在法定期间内组成清算组。逾期不成立清算组的,利害关系人可以申请人民法院指定有关人员组成清算组,进行清算。

(2)通知和公告债权人。清算组应当自成立之日起在法定期限内通知债权人,并在报纸上公告。债权人应当自接到通知书之日起的法定期限内,未接到通知书的自第一次公告之日起法定期限内,向清算组申报债权。

(3)财产的清理与分配。清算组在清理外国公司分支机构财产,编制资产负债表和财产清单后,应当制定清算方案,并报有关主管机关确认。外国公司分支机构的财产能够清偿其债务的,分别支付清算费用、职工工资、社会保险费用和法定补偿金,缴纳所欠税款,清偿公司债务。若外国公司分支机构的财产不足以按上述顺序进行分配时,由其所属的外国公司的财产来承担相应的责任。外国公司分支机构在清算期间不得开展新的经营活动。未清偿债务前,外国公司不得将其分支机构的财产移至中国境外。

(4)办理注销登记。外国公司分支机构在清算结束后,应制作清算报告,报有关主管机关确认,并报送登记机关,申请注销登记。登记机关应依法注销其登记并注销其营业执照。

第十四章 法律责任

197. 虚报注册资本、虚假出资、抽逃出资的区别是什么?

三者之间在行为主体、行为方式、欺诈的对象、发生时间方面有很大的差别:

(1)虚假出资、抽逃注册资本的行为主体是公司的发起人或股东;而虚报注册资本的行为主体是申请公司登记的人:有限责任公司是由全体股东指定的代表或者共同委托的代理人,股份有限公司是董事会。

(2)欺诈的对象不同。虚假出资、抽逃注册资本欺诈的对象主要是本公司的其他股东或发起人、债权人和社会公众;而虚报注册资本欺诈的对象主要是公司登记主管部门。

(3)行为方式上,虚报注册资本是提交虚假证明文件或者采取其他欺诈手段隐瞒重要事实,实际上没有资本而谎称具有,或者虽有资本但实有资本却少于所申报的资本;虚假出资是未交付货币、实物或者未转移财产权;抽逃出资是在公司成立后,非法抽回其出资或转走其出资两种方式。

(4)虚假出资、虚报注册资本行为一般发生在公司成立之前;而抽逃注册资本的行为只能发生在成立之后。

198. 违反《公司法》规定,应当承担民事赔偿责任和缴纳罚款、罚金的,其财产不足以支付的,应当如何承担法律责任?

《公司法》第263条规定,公司违反公司法规定,应当承担民事赔偿责任和缴纳罚款、罚金的,其财产不足以支付时,先承担民事赔偿责任。即在公司法适用的范围内,出现多种财产责任相竞合时,民事赔偿责任优先。

第十五章 其他形式企业的特殊问题

199. 什么是合伙企业?

合伙企业是由两个或两个以上的合伙人通过订立合伙协议,共同出资经营、共负盈亏、共担风险的企业组织形式。我国合伙组织形式仅限于私营企业。合伙企业一般无法人资格，不缴纳所得税。合伙企业可以由部分合伙人经营，其他合伙人仅出资并共负盈亏，也可以由所有合伙人共同经营。

根据《合伙企业法》(2006 年修订)第 2 条的规定，本法所称合伙企业，是指自然人、法人和其他组织依照本法在中国境内设立的普通合伙企业和有限合伙企业。可见，合伙企业的合伙人不一定必须是自然人，也可以是企业。普通合伙企业名称中应当标明“普通合伙”字样。

200. 普通合伙企业的设立条件是什么？

根据《合伙企业法》第 14 条规定，普通合伙企业的设立条件如下：

(1)有 2 人以上合伙人，合伙人为自然人的，应当具有完全民事行为能力；

(2)有书面合伙协议；

(3)有各合伙人认缴或者实际缴付的出资；

(4)有合伙企业的名称和生产经营场所；

(5)法律、行政法规规定的其他条件。

201. 合伙企业与公司制企业有何区别？

合伙企业与公司制企业作为两种不同的企业组织形式，它们的区别主要表现在以下几个方面：

(1)合伙企业的设立比较简单，法律对其设立条件及程序要求一般比较低；而公司制企业的设立则比较复杂，法律对其设立条件和程序要求相对较高。

(2)公司制企业由董事会和总经理负责经营，权力机构是股东会，投资者即股东参与经营应通过股东会来进行，不得直接干预企业正常的经营活动；而合伙企业的合伙人则要直接参与企业经营，执行合伙事务，因故不能执行事务的要委托他人代为执行。

(3)公司制企业的组织管理比较严格，一般而言，其治理结构比较健全，设立股东会、董事会、监事会等组织机构；而合伙企业则可以根据经营需要设立相应的管理机构，不须设股东会、董事会或监事会，重要问题要由全体合伙人讨论一致同意方可决定。

(4)合伙企业是契约式企业,公司制企业是股权式企业。合伙协议是合伙人享有权利和承担义务的依据,合伙企业几乎一切重大事务都由合伙协议约定,企业“人合”色彩浓厚;公司股东一般按照出资比例或者持股比例享有权利和承担义务,强调“资合”,公司章程有法定必要记载事项,股东协商一致也可约定其他事项,但不得违背《公司法》的强制性条款,其“自治权”要小于合伙协议。

(5)企业的法律地位不同。合伙企业无法人资格,不能独立承担民事责任;公司制企业具有法人资格,能独立承担民事责任。

(6)投资者承担的责任不同。合伙企业的(普通)合伙人对企业债务承担无限连带责任;而公司股东只需以出资额或者所持股份为限对公司债务承担有限责任。

202. 什么是有限合伙企业?

有限合伙企业由 2 个以上 50 个以下合伙人设立;但是,法律另有规定的除外。有限合伙企业至少应当有 1 个普通合伙人。有限合伙企业名称中应当标明“有限合伙”字样。虽然在表面上及一些具体程序与做法上,它是介于合伙与有限责任公司之间的一种企业形式,但必须强调的是,在本质上它是合伙的特殊形式之一,而不是公司。

203. 有限责任公司与有限合伙企业有何区别?

有限责任公司与有限合伙企业主要有以下区别:

(1)含义不同。有限责任公司是指股东以其认缴的出资额为限对公司承担责任,公司以其全部资产对公司债务承担责任的企业法人;有限合伙企业是指由一个以上的普通合伙人和一个以上的有限合伙人共同设立的合伙企业,普通合伙人对合伙企业债务承担无限连带责任,有限合伙人仅以其认缴的出资额为限对合伙企业的债务承担责任。

(2)设立依据不同。有限责任公司主要依据《公司法》和《市场主体登记管理条例》;有限合伙企业主要依据《合伙企业法》。

(3)出资人数不同。有限责任公司应由 1 人以上 50 人以下的股东出资设立;有限合伙企业应由 2 人以上 50 人以下的合伙人出资设立,至少应当有 1 名普通合伙人,即合伙人必须是 2 人或 2 人以上具有完全民事行为能力的自然人、法人或其他组织。

(4)出资方式不同。有限责任公司股东可以用货币出资，也可以用实物、知识产权、土地使用权等可以用货币估价并可以依法转让的非货币财产作价出资；相对于有限责任公司股东而言，有限合伙企业的合伙人在出资方式上更为灵活，突出表现为普通合伙人可以劳务出资。

(5)组织机构不同。有限责任公司最高权力机构为全体股东组成的股东会，执行机构为董事会或执行董事；有限合伙企业未对最高权力机构予以明确，原则上合伙企业重大事务由全体合伙人通过合伙协议、合伙人会议的方式共同决定，执行机构为普通合伙人。

(6)债务承担不同。有限责任公司以其全部财产对公司的债务承担责任，股东以其认缴的出资额为限对公司承担责任；有限合伙企业普通合伙人对合伙企业债务承担无限连带责任，有限合伙人以其认缴的出资额为限对合伙企业债务承担有限责任。

204. 有限合伙企业的有限合伙人如何缴纳所得税？

《企业所得税法》第1条第2款规定："个人独资企业、合伙企业不适用本法。"由此可见，合伙企业不能以自己的名义申报缴纳企业所得税。《合伙企业法》第6条规定："合伙企业的生产经营所得和其他所得，按照国家有关税收规定，由合伙人分别缴纳所得税。"由此可见，合伙企业本身不存在所得税纳税义务，其合伙人按照相关规定申报缴纳所得税。

《财政部、国家税务总局关于合伙企业合伙人所得税问题的通知》(财税〔2008〕159号)中规定："……二、合伙企业以每一个合伙人为纳税义务人。合伙企业合伙人是自然人的，缴纳个人所得税；合伙人是法人和其他组织的，缴纳企业所得税。三、合伙企业生产经营所得和其他所得采取'先分后税'的原则……前款所称生产经营所得和其他所得，包括合伙企业分配给所有合伙人的所得和企业当年留存的所得(利润)。"根据上述"先分后税"原则，合伙企业应当将应纳税所得在合伙人之间进行分配，有限合伙人应当将分得的所得视为投资收益与自身的生产经营所得合并，以有限合伙人自己的名义申报缴纳企业所得税。在计算企业所得税时应当注意以下几点：

(1)无论合伙企业的所得是否分配至各合伙人名下,各合伙人都应当按应享受的比例确定应纳税所得额。

(2)根据《企业所得税法》第26条的规定,符合条件的居民企业之间的股息、红利等权益性投资收益属于免税收入。因为合伙企业不属于"居民企业"范畴,所以有限合伙人从合伙企业分得的所得不属于免税收入。

(3)《财政部、国家税务总局关于合伙企业合伙人所得税问题的通知》(财税〔2008〕159号)中规定:"……五、合伙企业的合伙人是法人和其他组织的,合伙人在计算其缴纳企业所得税时,不得用合伙企业的亏损抵减其盈利。"根据上述规定,合伙企业的亏损只能用该合伙企业以后年度的所得按规定弥补,合伙企业的盈利可以抵减有限合伙人当年的亏损。

205. 有限合伙人能否执行合伙事务?

根据《合伙企业法》第68条的规定,有限合伙人不执行合伙事务,不得对外代表有限合伙企业。有限合伙人的下列行为,不视为执行合伙事务:

(1)参与决定普通合伙人入伙、退伙;

(2)对企业的经营管理提出建议;

(3)参与选择承办有限合伙企业审计业务的会计师事务所;

(4)获取经审计的有限合伙企业财务会计报告;

(5)对涉及自身利益的情况,查阅有限合伙企业财务会计账簿等财务资料;

(6)在有限合伙企业中的利益受到侵害时,向有责任的合伙人主张权利或者提起诉讼;

(7)执行事务合伙人怠于行使权利时,督促其行使权利或者为了本企业的利益以自己的名义提起诉讼;

(8)依法为本企业提供担保。

另外,根据《合伙企业法》第76条的规定,第三人有理由相信有限合伙人为普通合伙人并与其交易的,该有限合伙人对该笔交易承担与普通合伙人同样的责任。有限合伙人未经授权以有限合伙企业名义与他人进行交易，给有限合伙企业或者其他合伙人造成损失的，该有限合伙人应当承担赔偿责任。

206. 有限合伙人能否与本企业进行交易?

有限合伙人可以同本企业进行交易。

根据《合伙企业法》第70条的规定，有限合伙人可以同本有限合伙企业进行交易。但是，合伙协议另有约定的除外。因为有限合伙人并不参与有限合伙企业事务的执行，对有限合伙企业的对外交易行为，有限合伙人并无直接或者间接的控制权，有限合伙人与本有限合伙企业进行交易时，一般不会损害本有限合伙企业的利益。有限合伙协议可以对有限合伙人与有限合伙企业之间的交易进行限定，如果有限合伙协议另有约定的，则必须按照约定的要求进行。普通合伙人如果禁止有限合伙人同本有限合伙企业进行交易，则应当在合伙协议中作出约定。

207. 个人独资企业债务如何承担?

个人独资企业，是指依照《个人独资企业法》在中国境内设立，由一个自然人投资，财产为投资人个人所有，投资人以其个人财产对企业债务承担无限责任的经营实体。对于个人独资企业的债务，应先以个人独资企业财产进行清偿，个人独资企业财产不足以清偿债务的，投资人应当以其个人的其他财产予以清偿，而且这种清偿责任是无限责任；个人独资企业投资人在申请企业设立登记时明确以其家庭共有财产作为个人出资的，应当依法以家庭共有财产对企业债务承担无限责任。个人独资企业解散后，原投资人对个人独资企业存续期间的债务仍应承担偿还责任，但债权人在5年内未向债务人提出偿债请求的，该责任消灭。

208. 个人独资企业有什么特点?

(1)企业的建立与解散程序简单。

(2)经营管理灵活自由。企业主可以完全根据个人的意志确定经营策略，进行管理决策。

(3)企业主对企业的债务负无限责任。当企业的资产不足以清偿其债务时，企业主应以其个人财产偿付企业债务。有利于保护债权人利益,但个人独资企业不适宜风险大的行业。

(4)企业的规模有限。个人独资企业有限的经营所得、企业主有限的个人财产、企业主一人有限的工作精力和管理水平等都制约着企业经营规模的扩大。

(5)企业的存在缺乏可靠性。个人独资企业的存续完全取决于企业主个人的得失安危,企业的寿命有限。在现代经济社会中,个人独资企业发挥着重要作用。

209. 外资企业有哪些法律特征?

外资企业,是指依照中华人民共和国法律的规定,在中国境内设立的,全部资本由外国投资者投资的企业。其法律特征有:

(1)外资企业的全部资本是由外国投资者投资的,相应地,企业的全部利润归外国投资者,风险和亏损也由外国投资者独立承担。外国投资者可以是公司、企业以及其他经济组织或者个人,这是它与合营企业、合作企业的明显不同,后者的资本是由中外合营者或中外合作者共同投资的。

(2)外资企业是外国投资者根据中国法律在中国境内设立的。尽管外资企业的全部资本均来自外国投资者,但它是根据中国法律在中国境内设立,受中国法律的管辖和保护,是具有中国国籍的企业,这是外资企业与外国企业的根本不同。

(3)外资企业是独立的法律主体。一般情况下,外资企业以自己的名义进行经营活动,独立承担民事责任,外国投资者对其债务不承担无限责任,这是外资企业与外国企业在中国境内设立的分支机构的根本不同,外国企业的分支机构不具有独立的民事主体资格,其进行经营活动由外国企业承担民事责任。除非外资企业设立时已登记为无限责任的独资或合伙企业。

210. 外商在中国投资的方式包括哪些?

根据《外商投资法》第2条的规定,外商投资是指外国的自然人、企业或者其他组织直接或者间接在中国境内进行的投资活动,包括下列情形:

(1)外国投资者单独或者与其他投资者共同在中国境内设立外商投资企业；

(2)外国投资者取得中国境内企业的股份、股权、财产份额或者其他类似权益；

(3)外国投资者单独或者与其他投资者共同在中国境内投资新建项目；

(4)法律、行政法规或者国务院规定的其他方式的投资。

211. 外商投资企业负面清单管理制度是如何规定的？

《外商投资法》第 4 条规定，国家对外商投资实行准入前国民待遇加负面清单管理制度。前款所称准入前国民待遇，是指在投资准入阶段给予外国投资者及其投资不低于本国投资者及其投资的待遇；所称负面清单，是指国家规定在特定领域对外商投资实施的准入特别管理措施。国家对负面清单之外的外商投资，给予国民待遇。负面清单由国务院发布或者批准发布。中华人民共和国缔结或者参加的国际条约、协定对外国投资者准入待遇有更优惠规定的，可以按照相关规定执行。《外商投资法》第 28 条规定，外商投资准入负面清单规定禁止投资的领域，外国投资者不得投资。外商投资准入负面清单规定限制投资的领域，外国投资者进行投资应当符合负面清单规定的条件。外商投资准入负面清单以外的领域，按照内外资一致的原则实施管理。与此同时，《外商投资法实施条例》第 4 条规定，外商投资准入负面清单由国务院投资主管部门会同国务院商务主管部门等有关部门提出，报国务院发布或者报国务院批准后由国务院投资主管部门、商务主管部门发布。国家根据进一步扩大对外开放和经济社会发展需要，适时调整负面清单。调整负面清单的程序，适用前款规定。

212. 外商投资企业违反负面清单管理制度的法律责任有哪些？

《外商投资法》第 36 条规定，外国投资者投资外商投资准入负面清单规定禁止投资的领域的，由有关主管部门责令停止投资活动，限期处分股份、资产或者采取其他必要措施，恢复到实施投资前的状态；有违法所得的，没收违法所得。外国投资者的投资活动违反外商投资准入负面清单规定的限制性准入特别管理措施的,由有关主管部门责令限期改正,采取必要措施满足准入特别管理措施的要求;逾期不改正的,依照前款规定处理。外国投资者的投资活动违反外商投资准入负面清单规定的,除依照前两款规定处理外,还应当依法承担相应的法律责任。

第十六章　附　　则

213. 2024 年 6 月 30 日前成立的公司,股东应当在何时缴足认缴出资额?

(1)有限责任公司。根据《公司法》第 47 条、第 266 条的规定,全体股东认缴的出资额由股东按照公司章程的规定自公司成立之日起五年内缴足。2023 年《公司法》施行前(2024 年 6 月 30 日前)已登记设立的公司,出资期限超过《公司法》规定的期限的,除法律、行政法规或者国务院另有规定外,应当逐步调整至本法规定的期限以内。对此,《国务院关于实施〈中华人民共和国公司法〉注册资本登记管理制度的规定》第 2 条进行了进一步的细化规定,根据该规定 2024 年 6 月 30 日前成立的有限责任公司(以下称存量公司)剩余认缴出资期限自 2027 年 7 月 1 日起超过 5 年的,应当在 2027 年 6 月 30 日前调整至 5 年内并记载于公司章程。存量公司剩余认缴出资期限自 2027 年 7 月 1 日起不足 5 年或者已缴足的,无需调整认缴出资期限。

(2)股份有限公司。根据《国务院关于实施〈中华人民共和国公司法〉注册资本登记管理制度的规定》第 2 条的规定,股份有限公司的发起人应当在 2027 年 6 月 30 日前按照其认购的股份全额缴纳股款。什么股份有限公司只有三年的过渡期没有五年的认缴期限,是因为《公司法》第 98 条规定,发起人应当在公司成立前按照其认购的股份全额缴纳股款,也就是说《公司法》没有对股份有限公司规定认缴期限。之所以有此不同于有限责任公司的制度安排,是因为《公司法》修订时在股份有限公司中引入了授权资本制,股份有限公司可以授权董事会根据经营需要决议发行股份,快速高效筹集资金而采用认缴制将无法实现授权发行快速筹集资金的目的。

此外，《国务院关于实施〈中华人民共和国公司法〉注册资本登记管理制度的规定》在遵循新《公司法》基本原则和要求前提下，对涉国家利益或者重大公共利益的存量公司出资期限调整作出例外安排，规定公司生产经营涉及国家利益或者重大公共利益，国务院有关主管部门或者省级人民政府提出意见的，国务院市场监督管理部门可以同意其按原出资期限出资。

关联法规

1. 最高人民法院关于适用《中华人民共和国公司法》时间效力的若干规定

（2024 年 6 月 27 日最高人民法院审判委员会第 1922 次会议通过
2024 年 6 月 29 日法释〔2024〕7 号公布　自 2024 年 7 月 1 日起施行）

为正确适用 2023 年 12 月 29 日第十四届全国人民代表大会常务委员会第七次会议第二次修订的《中华人民共和国公司法》，根据《中华人民共和国立法法》《中华人民共和国民法典》等法律规定，就人民法院在审理与公司有关的民事纠纷案件中，涉及公司法时间效力的有关问题作出如下规定。

第一条　公司法施行后的法律事实引起的民事纠纷案件，适用公司法的规定。

公司法施行前的法律事实引起的民事纠纷案件，当时的法律、司法解释有规定的，适用当时的法律、司法解释的规定，但是适用公司法更有利于实现其立法目的，适用公司法的规定：

（一）公司法施行前，公司的股东会召集程序不当，未被通知参加会议的股东自决议作出之日起一年内请求人民法院撤销的，适用公司法第二十六条第二款的规定；

（二）公司法施行前的股东会决议、董事会决议被人民法院依法确认不成立，对公司根据该决议与善意相对人形成的法律关系效力发生争议的，适用公司法第二十八条第二款的规定；

（三）公司法施行前，股东以债权出资，因出资方式发生争议的，适用公司法第四十八条第一款的规定；

（四）公司法施行前，有限责任公司股东向股东以外的人转让股权，因股权转让发生争议的，适用公司法第八十四条第二款的规定；

（五）公司法施行前，公司违反法律规定向股东分配利润、减少注册资本造成公司损失，因损害赔偿责任发生争议的，分别适用公司法第二百一十一条、第二百二十六条的规定；

（六）公司法施行前作出利润分配决议，因利润分配时限发生争议的，适用公司法第二百一十二条的规定；

（七）公司法施行前，公司减少注册资本，股东对相应减少出资额或者股份数量发生争议的，适用公司法第二百二十四条第三款的规定。

第二条 公司法施行前与公司有关的民事法律行为，依据当时的法律、司法解释认定无效而依据公司法认定有效，因民事法律行为效力发生争议的下列情形，适用公司法的规定：

（一）约定公司对所投资企业债务承担连带责任，对该约定效力发生争议的，适用公司法第十四条第二款的规定；

（二）公司作出使用资本公积金弥补亏损的公司决议，对该决议效力发生争议的，适用公司法第二百一十四条的规定；

（三）公司与其持股百分之九十以上的公司合并，对合并决议效力发生争议的，适用公司法第二百一十九条的规定。

第三条 公司法施行前订立的与公司有关的合同，合同的履行持续至公司法施行后，因公司法施行前的履行行为发生争议的，适用当时的法律、司法解释的规定；因公司法施行后的履行行为发生争议的下列情形，适用公司法的规定：

（一）代持上市公司股票合同，适用公司法第一百四十条第二款的规定；

（二）上市公司控股子公司取得该上市公司股份合同，适用公司法第一百四十一条的规定；

（三）股份有限公司为他人取得本公司或者母公司的股份提供赠与、借款、担保以及其他财务资助合同，适用公司法第一百六十三条的规定。

第四条 公司法施行前的法律事实引起的民事纠纷案件，当时的法律、司法解释没有规定而公司法作出规定的下列情形，适用公司法的规定：

（一）股东转让未届出资期限的股权，受让人未按期足额缴纳出资的，关于转让人、受让人出资责任的认定，适用公司法第八十八条第一款的规定；

（二）有限责任公司的控股股东滥用股东权利，严重损害公司或者其他股东利益，其他股东请求公司按照合理价格收购其股权的，适用公司法第八十九条第三款、第四款的规定；

（三）对股份有限公司股东会决议投反对票的股东请求公司按照合理价格收购其股份的，适用公司法第一百六十一条的规定；

（四）不担任公司董事的控股股东、实际控制人执行公司事务的民事责任认定，适用公司法第一百八十条的规定；

（五）公司的控股股东、实际控制人指示董事、高级管理人员从事活动损害公司或者股东利益的民事责任认定，适用公司法第一百九十二条的规定；

（六）不明显背离相关当事人合理预期的其他情形。

第五条 公司法施行前的法律事实引起的民事纠纷案件，当时的法律、司法解释已有原则性规定，公司法作出具体规定的下列情形，适用公司法的规定：

（一）股份有限公司章程对股份转让作了限制规定，因该规定发生争议的，适用

公司法第一百五十七条的规定;

(二)对公司监事实施挪用公司资金等禁止性行为、违法关联交易、不当谋取公司商业机会、经营限制的同类业务的赔偿责任认定,分别适用公司法第一百八十一条、第一百八十二条第一款、第一百八十三条、第一百八十四条的规定;

(三)对公司董事、高级管理人员不当谋取公司商业机会、经营限制的同类业务的赔偿责任认定,分别适用公司法第一百八十三条、第一百八十四条的规定;

(四)对关联关系主体范围以及关联交易性质的认定,适用公司法第一百八十二条、第二百六十五条第四项的规定。

第六条 应当进行清算的法律事实发生在公司法施行前,因清算责任发生争议的,适用当时的法律、司法解释的规定。

应当清算的法律事实发生在公司法施行前,但至公司法施行日未满十五日的,适用公司法第二百三十二条的规定,清算义务人履行清算义务的期限自公司法施行日重新起算。

第七条 公司法施行前已经终审的民事纠纷案件,当事人申请再审或者人民法院按照审判监督程序决定再审的,适用当时的法律、司法解释的规定。

第八条 本规定自2024年7月1日起施行。

2. 国务院关于实施《中华人民共和国公司法》注册资本登记管理制度的规定

(2024年6月7日国务院第34次常务会议通过
2024年7月1日中华人民共和国国务院令第784号公布
自公布之日起施行)

第一条 为了加强公司注册资本登记管理,规范股东依法履行出资义务,维护市场交易安全,优化营商环境,根据《中华人民共和国公司法》(以下简称公司法),制定本规定。

第二条 2024年6月30日前登记设立的公司,有限责任公司剩余认缴出资期限自2027年7月1日起超过5年的,应当在2027年6月30日前将其剩余认缴出资期限调整至5年内并记载于公司章程,股东应当在调整后的认缴出资期限内足额缴纳认缴的出资额;股份有限公司的发起人应当在2027年6月30日前按照其认购的股份全额缴纳股款。

公司生产经营涉及国家利益或者重大公共利益，国务院有关主管部门或者省级人民政府提出意见的，国务院市场监督管理部门可以同意其按原出资期限出资。

第三条 公司出资期限、注册资本明显异常的，公司登记机关可以结合公司的经营范围、经营状况以及股东的出资能力、主营项目、资产规模等进行研判，认定违背真实性、合理性原则的，可以依法要求其及时调整。

第四条 公司调整股东认缴和实缴的出资额、出资方式、出资期限，或者调整发起人认购的股份数等，应当自相关信息产生之日起20个工作日内通过国家企业信用信息公示系统向社会公示。

公司应当确保前款公示信息真实、准确、完整。

第五条 公司登记机关采取随机抽取检查对象、随机选派执法检查人员的方式，对公司公示认缴和实缴情况进行监督检查。

公司登记机关应当加强与有关部门的信息互联共享，根据公司的信用风险状况实施分类监管，强化信用风险分类结果的综合应用。

第六条 公司未按照本规定调整出资期限、注册资本的，由公司登记机关责令改正；逾期未改正的，由公司登记机关在国家企业信用信息公示系统作出特别标注并向社会公示。

第七条 公司因被吊销营业执照、责令关闭或者被撤销，或者通过其住所、经营场所无法联系被列入经营异常名录，出资期限、注册资本不符合本规定且无法调整的，公司登记机关对其另册管理，在国家企业信用信息公示系统作出特别标注并向社会公示。

第八条 公司自被吊销营业执照、责令关闭或者被撤销之日起，满3年未向公司登记机关申请注销公司登记的，公司登记机关可以通过国家企业信用信息公示系统予以公告，公告期限不少于60日。

公告期内，相关部门、债权人以及其他利害关系人向公司登记机关提出异议的，注销程序终止。公告期限届满后无异议的，公司登记机关可以注销公司登记，并在国家企业信用信息公示系统作出特别标注。

第九条 公司的股东或者发起人未按照本规定缴纳认缴的出资额或者股款，或者公司未依法公示有关信息的，依照公司法、《企业信息公示暂行条例》的有关规定予以处罚。

第十条 公司登记机关应当对公司调整出资期限、注册资本加强指导，制定具体操作指南，优化办理流程，提高登记效率，提升登记便利化水平。

第十一条 国务院市场监督管理部门根据本规定，制定公司注册资本登记管理的具体实施办法。

第十二条 上市公司依照公司法和国务院规定，在公司章程中规定在董事会中设置审计委员会,并载明审计委员会的组成、职权等事项。

第十三条 本规定自公布之日起施行。

3. 中华人民共和国市场主体登记管理条例

(2021 年 4 月 14 日国务院第 131 次常务会议通过
2021 年 7 月 27 日公布　自 2022 年 3 月 1 日起施行)

第一章　总　　则

第一条 为了规范市场主体登记管理行为,推进法治化市场建设,维护良好市场秩序和市场主体合法权益,优化营商环境,制定本条例。

第二条 本条例所称市场主体,是指在中华人民共和国境内以营利为目的的从事经营活动的下列自然人、法人及非法人组织:

(一)公司、非公司企业法人及其分支机构;

(二)个人独资企业、合伙企业及其分支机构;

(三)农民专业合作社(联合社)及其分支机构;

(四)个体工商户;

(五)外国公司分支机构;

(六)法律、行政法规规定的其他市场主体。

第三条 市场主体应当依照本条例办理登记。未经登记,不得以市场主体名义从事经营活动。法律、行政法规规定无需办理登记的除外。

市场主体登记包括设立登记、变更登记和注销登记。

第四条 市场主体登记管理应当遵循依法合规、规范统一、公开透明、便捷高效的原则。

第五条 国务院市场监督管理部门主管全国市场主体登记管理工作。

县级以上地方人民政府市场监督管理部门主管本辖区市场主体登记管理工作,加强统筹指导和监督管理。

第六条 国务院市场监督管理部门应当加强信息化建设,制定统一的市场主体登记数据和系统建设规范。

县级以上地方人民政府承担市场主体登记工作的部门(以下称登记机关)应当优化市场主体登记办理流程,提高市场主体登记效率,推行当场办结、一次办结、限时办结等制度,实现集中办理、就近办理、网上办理、异地可办,提升市场主体登记便利化程度。

第七条 国务院市场监督管理部门和国务院有关部门应当推动市场主体登记信息与其他政府信息的共享和运用,提升政府服务效能。

第二章 登记事项

第八条 市场主体的一般登记事项包括:

(一)名称;

(二)主体类型;

(三)经营范围;

(四)住所或者主要经营场所;

(五)注册资本或者出资额;

(六)法定代表人、执行事务合伙人或者负责人姓名。

除前款规定外,还应当根据市场主体类型登记下列事项:

(一)有限责任公司股东、股份有限公司发起人、非公司企业法人出资人的姓名或者名称;

(二)个人独资企业的投资人姓名及居所;

(三)合伙企业的合伙人名称或者姓名、住所、承担责任方式;

(四)个体工商户的经营者姓名、住所、经营场所;

(五)法律、行政法规规定的其他事项。

第九条 市场主体的下列事项应当向登记机关办理备案:

(一)章程或者合伙协议;

(二)经营期限或者合伙期限;

(三)有限责任公司股东或者股份有限公司发起人认缴的出资数额,合伙企业合伙人认缴或者实际缴付的出资数额、缴付期限和出资方式;

(四)公司董事、监事、高级管理人员;

(五)农民专业合作社(联合社)成员;

(六)参加经营的个体工商户家庭成员姓名;

(七)市场主体登记联络员、外商投资企业法律文件送达接受人;

(八)公司、合伙企业等市场主体受益所有人相关信息;

(九)法律、行政法规规定的其他事项。

第十条 市场主体只能登记一个名称,经登记的市场主体名称受法律保护。

市场主体名称由申请人依法自主申报。

第十一条 市场主体只能登记一个住所或者主要经营场所。

电子商务平台内的自然人经营者可以根据国家有关规定,将电子商务平台提供的网络经营场所作为经营场所。

省、自治区、直辖市人民政府可以根据有关法律、行政法规的规定和本地区实际情况，自行或者授权下级人民政府对住所或者主要经营场所作出更加便利市场主体从事经营活动的具体规定。

第十二条 有下列情形之一的，不得担任公司、非公司企业法人的法定代表人：

（一）无民事行为能力或者限制民事行为能力；

（二）因贪污、贿赂、侵占财产、挪用财产或者破坏社会主义市场经济秩序被判处刑罚，执行期满未逾5年，或者因犯罪被剥夺政治权利，执行期满未逾5年；

（三）担任破产清算的公司、非公司企业法人的法定代表人、董事或者厂长、经理，对破产负有个人责任的，自破产清算完结之日起未逾3年；

（四）担任因违法被吊销营业执照、责令关闭的公司、非公司企业法人的法定代表人，并负有个人责任的，自被吊销营业执照之日起未逾3年；

（五）个人所负数额较大的债务到期未清偿；

（六）法律、行政法规规定的其他情形。

第十三条 除法律、行政法规或者国务院决定另有规定外，市场主体的注册资本或者出资额实行认缴登记制，以人民币表示。

出资方式应当符合法律、行政法规的规定。公司股东、非公司企业法人出资人、农民专业合作社（联合社）成员不得以劳务、信用、自然人姓名、商誉、特许经营权或者设定担保的财产等作价出资。

第十四条 市场主体的经营范围包括一般经营项目和许可经营项目。经营范围中属于在登记前依法须经批准的许可经营项目，市场主体应当在申请登记时提交有关批准文件。

市场主体应当按照登记机关公布的经营项目分类标准办理经营范围登记。

第三章 登记规范

第十五条 市场主体实行实名登记。申请人应当配合登记机关核验身份信息。

第十六条 申请办理市场主体登记，应当提交下列材料：

（一）申请书；

（二）申请人资格文件、自然人身份证明；

（三）住所或者主要经营场所相关文件；

（四）公司、非公司企业法人、农民专业合作社（联合社）章程或者合伙企业合伙协议；

（五）法律、行政法规和国务院市场监督管理部门规定提交的其他材料。

国务院市场监督管理部门应当根据市场主体类型分别制定登记材料清单和文书格式样本，通过政府网站、登记机关服务窗口等向社会公开。

登记机关能够通过政务信息共享平台获取的市场主体登记相关信息，不得要求申请人重复提供。

第十七条 申请人应当对提交材料的真实性、合法性和有效性负责。

第十八条 申请人可以委托其他自然人或者中介机构代其办理市场主体登记。受委托的自然人或者中介机构代为办理登记事宜应当遵守有关规定，不得提供虚假信息和材料。

第十九条 登记机关应当对申请材料进行形式审查。对申请材料齐全、符合法定形式的予以确认并当场登记。不能当场登记的，应当在3个工作日内予以登记；情形复杂的，经登记机关负责人批准，可以再延长3个工作日。

申请材料不齐全或者不符合法定形式的，登记机关应当一次性告知申请人需要补正的材料。

第二十条 登记申请不符合法律、行政法规规定，或者可能危害国家安全、社会公共利益的，登记机关不予登记并说明理由。

第二十一条 申请人申请市场主体设立登记，登记机关依法予以登记的，签发营业执照。营业执照签发日期为市场主体的成立日期。

法律、行政法规或者国务院决定规定设立市场主体须经批准的，应当在批准文件有效期内向登记机关申请登记。

第二十二条 营业执照分为正本和副本，具有同等法律效力。

电子营业执照与纸质营业执照具有同等法律效力。

营业执照样式、电子营业执照标准由国务院市场监督管理部门统一制定。

第二十三条 市场主体设立分支机构，应当向分支机构所在地的登记机关申请登记。

第二十四条 市场主体变更登记事项，应当自作出变更决议、决定或者法定变更事项发生之日起30日内向登记机关申请变更登记。

市场主体变更登记事项属于依法须经批准的，申请人应当在批准文件有效期内向登记机关申请变更登记。

第二十五条 公司、非公司企业法人的法定代表人在任职期间发生本条例第十二条所列情形之一的，应当向登记机关申请变更登记。

第二十六条 市场主体变更经营范围，属于依法须经批准的项目的，应当自批准之日起30日内申请变更登记。许可证或者批准文件被吊销、撤销或者有效期届满的，应当自许可证或者批准文件被吊销、撤销或者有效期届满之日起30日内向登记机关申请变更登记或者办理注销登记。

第二十七条 市场主体变更住所或者主要经营场所跨登记机关辖区的，应当在迁入新的住所或者主要经营场所前，向迁入地登记机关申请变更登记。迁出地登记机关无正当理由不得拒绝移交市场主体档案等相关材料。

第二十八条 市场主体变更登记涉及营业执照记载事项的，登记机关应当及时为市场主体换发营业执照。

第二十九条 市场主体变更本条例第九条规定的备案事项的，应当自作出变更决议、决定或者法定变更事项发生之日起30日内向登记机关办理备案。农民专业合作社(联合社)成员发生变更的，应当自本会计年度终了之日起90日内向登记机关办理备案。

第三十条 因自然灾害、事故灾难、公共卫生事件、社会安全事件等原因造成经营困难的，市场主体可以自主决定在一定时期内歇业。法律、行政法规另有规定的除外。

市场主体应当在歇业前与职工依法协商劳动关系处理等有关事项。

市场主体应当在歇业前向登记机关办理备案。登记机关通过国家企业信用信息公示系统向社会公示歇业期限、法律文书送达地址等信息。

市场主体歇业的期限最长不得超过3年。市场主体在歇业期间开展经营活动的，视为恢复营业，市场主体应当通过国家企业信用信息公示系统向社会公示。

市场主体歇业期间，可以以法律文书送达地址代替住所或者主要经营场所。

第三十一条 市场主体因解散、被宣告破产或者其他法定事由需要终止的，应当依法向登记机关申请注销登记。经登记机关注销登记，市场主体终止。

市场主体注销依法须经批准的，应当经批准后向登记机关申请注销登记。

第三十二条 市场主体注销登记前依法应当清算的，清算组应当自成立之日起10日内将清算组成员、清算组负责人名单通过国家企业信用信息公示系统公告。清算组可以通过国家企业信用信息公示系统发布债权人公告。

清算组应当自清算结束之日起30日内向登记机关申请注销登记。市场主体申请注销登记前，应当依法办理分支机构注销登记。

第三十三条 市场主体未发生债权债务或者已将债权债务清偿完结，未发生或者已结清清偿费用、职工工资、社会保险费用、法定补偿金、应缴纳税款(滞纳金、罚款)，并由全体投资人书面承诺对上述情况的真实性承担法律责任的，可以按照简易程序办理注销登记。

市场主体应当将承诺书及注销登记申请通过国家企业信用信息公示系统公示，公示期为20日。在公示期内无相关部门、债权人及其他利害关系人提出异议的，市场主体可以于公示期届满之日起20日内向登记机关申请注销登记。

个体工商户按照简易程序办理注销登记的，无需公示，由登记机关将个体工商户的注销登记申请推送至税务等有关部门，有关部门在10日内没有提出异议的，可以直接办理注销登记。

市场主体注销依法须经批准的，或者市场主体被吊销营业执照、责令关闭、撤销，或者被列入经营异常名录的，不适用简易注销程序。

第三十四条 人民法院裁定强制清算或者裁定宣告破产的，有关清算组、破产管理人可以持人民法院终结强制清算程序的裁定或者终结破产程序的裁定，直接向登记机关申请办理注销登记。

第四章 监督管理

第三十五条 市场主体应当按照国家有关规定公示年度报告和登记相关信息。

第三十六条 市场主体应当将营业执照置于住所或者主要经营场所的醒目位置。从事电子商务经营的市场主体应当在其首页显著位置持续公示营业执照信息或者相关链接标识。

第三十七条 任何单位和个人不得伪造、涂改、出租、出借、转让营业执照。

营业执照遗失或者毁坏的，市场主体应当通过国家企业信用信息公示系统声明作废，申请补领。

登记机关依法作出变更登记、注销登记和撤销登记决定的，市场主体应当缴回营业执照。拒不缴回或者无法缴回营业执照的，由登记机关通过国家企业信用信息公示系统公告营业执照作废。

第三十八条 登记机关应当根据市场主体的信用风险状况实施分级分类监管。

登记机关应当采取随机抽取检查对象、随机选派执法检查人员的方式，对市场主体登记事项进行监督检查，并及时向社会公开监督检查结果。

第三十九条 登记机关对市场主体涉嫌违反本条例规定的行为进行查处，可以行使下列职权：

（一）进入市场主体的经营场所实施现场检查；

（二）查阅、复制、收集与市场主体经营活动有关的合同、票据、账簿以及其他资料；

（三）向与市场主体经营活动有关的单位和个人调查了解情况；

（四）依法责令市场主体停止相关经营活动；

（五）依法查询涉嫌违法的市场主体的银行账户；

（六）法律、行政法规规定的其他职权。

登记机关行使前款第四项、第五项规定的职权的，应当经登记机关主要负责人批准。

第四十条 提交虚假材料或者采取其他欺诈手段隐瞒重要事实取得市场主体登记的，受虚假市场主体登记影响的自然人、法人和其他组织可以向登记机关提出撤销市场主体登记的申请。

登记机关受理申请后，应当及时开展调查。经调查认定存在虚假市场主体登记情形的，登记机关应当撤销市场主体登记。相关市场主体和人员无法联系或者拒不配合的，登记机关可以将相关市场主体的登记时间、登记事项等通过国家企业信用信息公示系统向社会公示,公示期为 45 日。相关市场主体及其利害关系人在公示期内没有提出异议的,登记机关可以撤销市场主体登记。

因虚假市场主体登记被撤销的市场主体,其直接责任人自市场主体登记被撤销之日起 3 年内不得再次申请市场主体登记。登记机关应当通过国家企业信用信息公示系统予以公示。

第四十一条 有下列情形之一的,登记机关可以不予撤销市场主体登记:

(一)撤销市场主体登记可能对社会公共利益造成重大损害;

(二)撤销市场主体登记后无法恢复到登记前的状态;

(三)法律、行政法规规定的其他情形。

第四十二条 登记机关或者其上级机关认定撤销市场主体登记决定错误的,可以撤销该决定,恢复原登记状态,并通过国家企业信用信息公示系统公示。

第五章 法律责任

第四十三条 未经设立登记从事经营活动的,由登记机关责令改正,没收违法所得;拒不改正的,处 1 万元以上 10 万元以下的罚款;情节严重的,依法责令关闭停业,并处 10 万元以上 50 万元以下的罚款。

第四十四条 提交虚假材料或者采取其他欺诈手段隐瞒重要事实取得市场主体登记的,由登记机关责令改正,没收违法所得,并处 5 万元以上 20 万元以下的罚款;情节严重的,处 20 万元以上 100 万元以下的罚款,吊销营业执照。

第四十五条 实行注册资本实缴登记制的市场主体虚报注册资本取得市场主体登记的,由登记机关责令改正,处虚报注册资本金额 5% 以上 15% 以下的罚款;情节严重的,吊销营业执照。

实行注册资本实缴登记制的市场主体的发起人、股东虚假出资,未交付或者未按期交付作为出资的货币或者非货币财产的,或者在市场主体成立后抽逃出资的,由登记机关责令改正,处虚假出资金额 5% 以上 15% 以下的罚款。

第四十六条 市场主体未依照本条例办理变更登记的,由登记机关责令改正;拒不改正的,处 1 万元以上 10 万元以下的罚款;情节严重的,吊销营业执照。

第四十七条 市场主体未依照本条例办理备案的,由登记机关责令改正;拒不改正的,处 5 万元以下的罚款。

第四十八条 市场主体未依照本条例将营业执照置于住所或者主要经营场所醒目位置的,由登记机关责令改正;拒不改正的,处 3 万元以下的罚款。

从事电子商务经营的市场主体未在其首页显著位置持续公示营业执照信息或者相关链接标识的,由登记机关依照《中华人民共和国电子商务法》处罚。

市场主体伪造、涂改、出租、出借、转让营业执照的,由登记机关没收违法所得,处 10 万元以下的罚款;情节严重的,处 10 万元以上 50 万元以下的罚款,吊销营业执照。

第四十九条 违反本条例规定的，登记机关确定罚款金额时，应当综合考虑市场主体的类型、规模、违法情节等因素。

第五十条 登记机关及其工作人员违反本条例规定未履行职责或者履行职责不当的，对直接负责的主管人员和其他直接责任人员依法给予处分。

第五十一条 违反本条例规定，构成犯罪的，依法追究刑事责任。

第五十二条 法律、行政法规对市场主体登记管理违法行为处罚另有规定的，从其规定。

第六章 附 则

第五十三条 国务院市场监督管理部门可以依照本条例制定市场主体登记和监督管理的具体办法。

第五十四条 无固定经营场所摊贩的管理办法，由省、自治区、直辖市人民政府根据当地实际情况另行规定。

第五十五条 本条例自2022年3月1日起施行。《中华人民共和国公司登记管理条例》、《中华人民共和国企业法人登记管理条例》、《中华人民共和国合伙企业登记管理办法》、《农民专业合作社登记管理条例》、《企业法人法定代表人登记管理规定》同时废止。

4. 中华人民共和国市场主体登记管理条例实施细则

（2022年2月9日市场监管总局第3次局务会议通过
2022年3月1日公布　自公布之日起施行）

第一章 总 则

第一条 根据《中华人民共和国市场主体登记管理条例》（以下简称《条例》）等有关法律法规，制定本实施细则。

第二条 市场主体登记管理应当遵循依法合规、规范统一、公开透明、便捷高效的原则。

第三条 国家市场监督管理总局主管全国市场主体统一登记管理工作,制定市场主体登记管理的制度措施,推进登记全程电子化,规范登记行为,指导地方登记机关依法有序开展登记管理工作。

县级以上地方市场监督管理部门主管本辖区市场主体登记管理工作,加强对辖区内市场主体登记管理工作的统筹指导和监督管理,提升登记管理水平。

县级市场监督管理部门的派出机构可以依法承担个体工商户等市场主体的登记管理职责。

各级登记机关依法履行登记管理职责,执行全国统一的登记管理政策文件和规范要求,使用统一的登记材料、文书格式,以及省级统一的市场主体登记管理系统,优化登记办理流程,推行网上办理等便捷方式,健全数据安全管理制度,提供规范化、标准化登记管理服务。

第四条 省级以上人民政府或者其授权的国有资产监督管理机构履行出资人职责的公司,以及该公司投资设立并持有50%以上股权或者股份的公司的登记管理由省级登记机关负责;股份有限公司的登记管理由地市级以上地方登记机关负责。

除前款规定的情形外,省级市场监督管理部门依法对本辖区登记管辖作出统一规定;上级登记机关在特定情形下,可以依法将部分市场主体登记管理工作交由下级登记机关承担,或者承担下级登记机关的部分登记管理工作。

外商投资企业登记管理由国家市场监督管理总局或者其授权的地方市场监督管理部门负责。

第五条 国家市场监督管理总局应当加强信息化建设,统一登记管理业务规范、数据标准和平台服务接口,归集全国市场主体登记管理信息。

省级市场监督管理部门主管本辖区登记管理信息化建设,建立统一的市场主体登记管理系统,归集市场主体登记管理信息,规范市场主体登记注册流程,提升政务服务水平,强化部门间信息共享和业务协同,提升市场主体登记管理便利化程度。

第二章 登记事项

第六条 市场主体应当按照类型依法登记下列事项:

(一)公司:名称、类型、经营范围、住所、注册资本、法定代表人姓名、有限责任公司股东或者股份有限公司发起人姓名或者名称。

(二)非公司企业法人:名称、类型、经营范围、住所、出资额、法定代表人姓名、出资人(主管部门)名称。

(三)个人独资企业:名称、类型、经营范围、住所、出资额、投资人姓名及居所。

(四)合伙企业:名称、类型、经营范围、主要经营场所、出资额、执行事务合伙人名称或者姓名,合伙人名称或者姓名、住所、承担责任方式。执行事务合伙人是法人或者其他组织的，登记事项还应当包括其委派的代表姓名。

（五）农民专业合作社（联合社）：名称、类型、经营范围、住所、出资额、法定代表人姓名。

（六）分支机构：名称、类型、经营范围、经营场所、负责人姓名。

（七）个体工商户：组成形式、经营范围、经营场所，经营者姓名、住所。个体工商户使用名称的，登记事项还应当包括名称。

（八）法律、行政法规规定的其他事项。

第七条 市场主体应当按照类型依法备案下列事项：

（一）公司：章程、经营期限、有限责任公司股东或者股份有限公司发起人认缴的出资数额、董事、监事、高级管理人员、登记联络员、外商投资公司法律文件送达接受人。

（二）非公司企业法人：章程、经营期限、登记联络员。

（三）个人独资企业：登记联络员。

（四）合伙企业：合伙协议、合伙期限、合伙人认缴或者实际缴付的出资数额、缴付期限和出资方式、登记联络员、外商投资合伙企业法律文件送达接受人。

（五）农民专业合作社（联合社）：章程、成员、登记联络员。

（六）分支机构：登记联络员。

（七）个体工商户：家庭参加经营的家庭成员姓名、登记联络员。

（八）公司、合伙企业等市场主体受益所有人相关信息。

（九）法律、行政法规规定的其他事项。

上述备案事项由登记机关在设立登记时一并进行信息采集。

受益所有人信息管理制度由中国人民银行会同国家市场监督管理总局另行制定。

第八条 市场主体名称由申请人依法自主申报。

第九条 申请人应当依法申请登记下列市场主体类型：

（一）有限责任公司、股份有限公司；

（二）全民所有制企业、集体所有制企业、联营企业；

（三）个人独资企业；

（四）普通合伙（含特殊普通合伙）企业、有限合伙企业；

（五）农民专业合作社、农民专业合作社联合社；

（六）个人经营的个体工商户、家庭经营的个体工商户。

分支机构应当按所属市场主体类型注明分公司或者相应的分支机构。

第十条 申请人应当根据市场主体类型依法向其住所（主要经营场所、经营场所）所在地具有登记管辖权的登记机关办理登记。

第十一条 申请人申请登记市场主体法定代表人、执行事务合伙人（含委派代表)，应当符合章程或者协议约定。

合伙协议未约定或者全体合伙人未决定委托执行事务合伙人的，除有限合伙人外，申请人应当将其他合伙人均登记为执行事务合伙人。

第十二条 申请人应当按照国家市场监督管理总局发布的经营范围规范目录，根据市场主体主要行业或者经营特征自主选择一般经营项目和许可经营项目，申请办理经营范围登记。

第十三条 申请人申请登记的市场主体注册资本(出资额)应当符合章程或者协议约定。

市场主体注册资本(出资额)以人民币表示。外商投资企业的注册资本(出资额)可以用可自由兑换的货币表示。

依法以境内公司股权或者债权出资的，应当权属清楚、权能完整，依法可以评估、转让，符合公司章程规定。

第三章 登记规范

第十四条 申请人可以自行或者指定代表人、委托代理人办理市场主体登记、备案事项。

第十五条 申请人应当在申请材料上签名或者盖章。

申请人可以通过全国统一电子营业执照系统等电子签名工具和途径进行电子签名或者电子签章。符合法律规定的可靠电子签名、电子签章与手写签名或者盖章具有同等法律效力。

第十六条 在办理登记、备案事项时，申请人应当配合登记机关通过实名认证系统，采用人脸识别等方式对下列人员进行实名验证：

(一)法定代表人、执行事务合伙人(含委派代表)、负责人；

(二)有限责任公司股东、股份有限公司发起人、公司董事、监事及高级管理人员；

(三)个人独资企业投资人、合伙企业合伙人、农民专业合作社(联合社)成员、个体工商户经营者；

(四)市场主体登记联络员、外商投资企业法律文件送达接受人；

(五)指定的代表人或者委托代理人。

因特殊原因，当事人无法通过实名认证系统核验身份信息的，可以提交经依法公证的自然人身份证明文件，或者由本人持身份证件到现场办理。

第十七条 办理市场主体登记、备案事项，申请人可以到登记机关现场提交申请，也可以通过市场主体登记注册系统提出申请。

申请人对申请材料的真实性、合法性、有效性负责。

办理市场主体登记、备案事项，应当遵守法律法规，诚实守信，不得利用市场主体登记，牟取非法利益，扰乱市场秩序，危害国家安全、社会公共利益。

第十八条 申请材料齐全、符合法定形式的，登记机关予以确认，并当场登记，出具登记通知书，及时制发营业执照。

不予当场登记的，登记机关应当向申请人出具接收申请材料凭证，并在3个工作日内对申请材料进行审查；情形复杂的，经登记机关负责人批准，可以延长3个工作日，并书面告知申请人。

申请材料不齐全或者不符合法定形式的，登记机关应当将申请材料退还申请人，并一次性告知申请人需要补正的材料。申请人补正后，应当重新提交申请材料。

不属于市场主体登记范畴或者不属于本登记机关登记管辖范围的事项，登记机关应当告知申请人向有关行政机关申请。

第十九条 市场主体登记申请不符合法律、行政法规或者国务院决定规定，或者可能危害国家安全、社会公共利益的，登记机关不予登记，并出具不予登记通知书。

利害关系人就市场主体申请材料的真实性、合法性、有效性或者其他有关实体权利提起诉讼或者仲裁，对登记机关依法登记造成影响的，申请人应当在诉讼或者仲裁终结后，向登记机关申请办理登记。

第二十条 市场主体法定代表人依法受到任职资格限制的，在申请办理其他变更登记时，应当依法及时申请办理法定代表人变更登记。

市场主体因通过登记的住所（主要经营场所、经营场所）无法取得联系被列入经营异常名录的，在申请办理其他变更登记时，应当依法及时申请办理住所（主要经营场所、经营场所）变更登记。

第二十一条 公司或者农民专业合作社（联合社）合并、分立的，可以通过国家企业信用信息公示系统公告，公告期45日，应当于公告期届满后申请办理登记。

非公司企业法人合并、分立的，应当经出资人（主管部门）批准，自批准之日起30日内申请办理登记。

市场主体设立分支机构的，应当自决定作出之日起30日内向分支机构所在地登记机关申请办理登记。

第二十二条 法律、行政法规或者国务院决定规定市场主体申请登记、备案事项前需要审批的，在办理登记、备案时，应当在有效期内提交有关批准文件或者许可证书。有关批准文件或者许可证书未规定有效期限，自批准之日起超过90日的，申请人应当报审批机关确认其效力或者另行报批。

市场主体设立后，前款规定批准文件或者许可证书内容有变化、被吊销、撤销或者有效期届满的，应当自批准文件、许可证书重新批准之日或者被吊销、撤销、有效期届满之日起30日内申请办理变更登记或者注销登记。

第二十三条 市场主体营业执照应当载明名称、法定代表人（执行事务合伙人、个人独资企业投资人、经营者或者负责人)姓名、类型(组成形式)、注册资本(出资额)、住所(主要经营场所、经营场所)、经营范围、登记机关、成立日期、统一社会信用代码。

电子营业执照与纸质营业执照具有同等法律效力,市场主体可以凭电子营业执照开展经营活动。

市场主体在办理涉及营业执照记载事项变更登记或者申请注销登记时,需要在提交申请时一并缴回纸质营业执照正、副本。对于市场主体营业执照拒不缴回或者无法缴回的,登记机关在完成变更登记或者注销登记后,通过国家企业信用信息公示系统公告营业执照作废。

第二十四条 外国投资者在中国境内设立外商投资企业,其主体资格文件或者自然人身份证明应当经所在国家公证机关公证并经中国驻该国使(领)馆认证。中国与有关国家缔结或者共同参加的国际条约对认证另有规定的除外。

香港特别行政区、澳门特别行政区和台湾地区投资者的主体资格文件或者自然人身份证明应当按照专项规定或者协议,依法提供当地公证机构的公证文件。按照国家有关规定,无需提供公证文件的除外。

第四章 设立登记

第二十五条 申请办理设立登记,应当提交下列材料:

(一)申请书;

(二)申请人主体资格文件或者自然人身份证明;

(三)住所(主要经营场所、经营场所)相关文件;

(四)公司、非公司企业法人、农民专业合作社(联合社)章程或者合伙企业合伙协议。

第二十六条 申请办理公司设立登记,还应当提交法定代表人、董事、监事和高级管理人员的任职文件和自然人身份证明。

除前款规定的材料外,募集设立股份有限公司还应当提交依法设立的验资机构出具的验资证明;公开发行股票的,还应当提交国务院证券监督管理机构的核准或者注册文件。涉及发起人首次出资属于非货币财产的,还应当提交已办理财产权转移手续的证明文件。

第二十七条 申请设立非公司企业法人,还应当提交法定代表人的任职文件和自然人身份证明。

第二十八条 申请设立合伙企业,还应当提交下列材料:

(一)法律、行政法规规定设立特殊的普通合伙企业需要提交合伙人的职业资格文件的,提交相应材料。

(二)全体合伙人决定委托执行事务合伙人的,应当提交全体合伙人的委托书和执行事务合伙人的主体资格文件或者自然人身份证明。执行事务合伙人是法人或者其他组织的，还应当提交其委派代表的委托书和自然人身份证明。

第二十九条 申请设立农民专业合作社（联合社），还应当提交下列材料：

（一）全体设立人签名或者盖章的设立大会纪要；

（二）法定代表人、理事的任职文件和自然人身份证明；

（三）成员名册和出资清单，以及成员主体资格文件或者自然人身份证明。

第三十条 申请办理分支机构设立登记，还应当提交负责人的任职文件和自然人身份证明。

第五章 变更登记

第三十一条 市场主体变更登记事项，应当自作出变更决议、决定或者法定变更事项发生之日起 30 日内申请办理变更登记。

市场主体登记事项变更涉及分支机构登记事项变更的，应当自市场主体登记事项变更登记之日起 30 日内申请办理分支机构变更登记。

第三十二条 申请办理变更登记，应当提交申请书，并根据市场主体类型及具体变更事项分别提交下列材料：

（一）公司变更事项涉及章程修改的，应当提交修改后的章程或者章程修正案；需要对修改章程作出决议决定的，还应当提交相关决议决定；

（二）合伙企业应当提交全体合伙人或者合伙协议约定的人员签署的变更决定书；变更事项涉及修改合伙协议的，应当提交由全体合伙人签署或者合伙协议约定的人员签署修改或者补充的合伙协议；

（三）农民专业合作社（联合社）应当提交成员大会或者成员代表大会作出的变更决议；变更事项涉及章程修改的应当提交修改后的章程或者章程修正案。

第三十三条 市场主体更换法定代表人、执行事务合伙人（含委派代表）、负责人的变更登记申请由新任法定代表人、执行事务合伙人（含委派代表）、负责人签署。

第三十四条 市场主体变更名称，可以自主申报名称并在保留期届满前申请变更登记，也可以直接申请变更登记。

第三十五条 市场主体变更住所（主要经营场所、经营场所），应当在迁入新住所（主要经营场所、经营场所）前向迁入地登记机关申请变更登记，并提交新的住所（主要经营场所、经营场所）使用相关文件。

第三十六条 市场主体变更注册资本或者出资额的，应当办理变更登记。

公司增加注册资本，有限责任公司股东认缴新增资本的出资和股份有限公司的股东认购新股的，应当按照设立时缴纳出资和缴纳股款的规定执行。股份有限公司以公开发行新股方式或者上市公司以非公开发行新股方式增加注册资本，还应当提交国务院证券监督管理机构的核准或者注册文件。

公司减少注册资本,可以通过国家企业信用信息公示系统公告,公告期 45 日,应当于公告期届满后申请变更登记。法律、行政法规或者国务院决定对公司注册资本有最低限额规定的,减少后的注册资本应当不少于最低限额。

外商投资企业注册资本(出资额)币种发生变更,应当向登记机关申请变更登记。

第三十七条 公司变更类型,应当按照拟变更公司类型的设立条件,在规定的期限内申请变更登记,并提交有关材料。

非公司企业法人申请改制为公司,应当按照拟变更的公司类型设立条件,在规定期限内申请变更登记,并提交有关材料。

个体工商户申请转变为企业组织形式,应当按照拟变更的企业类型设立条件申请登记。

第三十八条 个体工商户变更经营者,应当在办理注销登记后,由新的经营者重新申请办理登记。双方经营者同时申请办理的,登记机关可以合并办理。

第三十九条 市场主体变更备案事项的,应当按照《条例》第二十九条规定办理备案。

农民专业合作社因成员发生变更,农民成员低于法定比例的,应当自事由发生之日起 6 个月内采取吸收新的农民成员入社等方式使农民成员达到法定比例。农民专业合作社联合社成员退社,成员数低于联合社设立法定条件的,应当自事由发生之日起 6 个月内采取吸收新的成员入社等方式使农民专业合作社联合社成员达到法定条件。

第六章 歇　　业

第四十条 因自然灾害、事故灾难、公共卫生事件、社会安全事件等原因造成经营困难的,市场主体可以自主决定在一定时期内歇业。法律、行政法规另有规定的除外。

第四十一条 市场主体决定歇业,应当在歇业前向登记机关办理备案。登记机关通过国家企业信用信息公示系统向社会公示歇业期限、法律文书送达地址等信息。

以法律文书送达地址代替住所(主要经营场所、经营场所)的,应当提交法律文书送达地址确认书。

市场主体延长歇业期限,应当于期限届满前 30 日内按规定办理。

第四十二条 市场主体办理歇业备案后,自主决定开展或者已实际开展经营活动的,应当于 30 日内在国家企业信用信息公示系统上公示终止歇业。

市场主体恢复营业时,登记、备案事项发生变化的,应当及时办理变更登记或者备案。以法律文书送达地址代替住所(主要经营场所、经营场所)的,应当及时办理住所(主要经营场所、经营场所)变更登记。

市场主体备案的歇业期限届满,或者累计歇业满3年,视为自动恢复经营,决定不再经营的,应当及时办理注销登记。

第四十三条 歇业期间,市场主体以法律文书送达地址代替原登记的住所(主要经营场所、经营场所)的,不改变歇业市场主体的登记管辖。

第七章 注销登记

第四十四条 市场主体因解散、被宣告破产或者其他法定事由需要终止的,应当依法向登记机关申请注销登记。依法需要清算的,应当自清算结束之日起30日内申请注销登记。依法不需要清算的,应当自决定作出之日起30日内申请注销登记。市场主体申请注销后,不得从事与注销无关的生产经营活动。自登记机关予以注销登记之日起,市场主体终止。

第四十五条 市场主体注销登记前依法应当清算的,清算组应当自成立之日起10日内将清算组成员、清算组负责人名单通过国家企业信用信息公示系统公告。清算组可以通过国家企业信用信息公示系统发布债权人公告。

第四十六条 申请办理注销登记,应当提交下列材料:

(一)申请书;

(二)依法作出解散、注销的决议或者决定,或者被行政机关吊销营业执照、责令关闭、撤销的文件;

(三)清算报告、负责清理债权债务的文件或者清理债务完结的证明;

(四)税务部门出具的清税证明。

除前款规定外,人民法院指定清算人、破产管理人进行清算的,应当提交人民法院指定证明;合伙企业分支机构申请注销登记,还应当提交全体合伙人签署的注销分支机构决定书。

个体工商户申请注销登记的,无需提交第二项、第三项材料;因合并、分立而申请市场主体注销登记的,无需提交第三项材料。

第四十七条 申请办理简易注销登记,应当提交申请书和全体投资人承诺书。

第四十八条 有下列情形之一的,市场主体不得申请办理简易注销登记:

(一)在经营异常名录或者市场监督管理严重违法失信名单中的;

(二)存在股权(财产份额)被冻结、出质或者动产抵押,或者对其他市场主体存在投资的;

(三)正在被立案调查或者采取行政强制措施,正在诉讼或者仲裁程序中的;

(四)被吊销营业执照、责令关闭、撤销的;

(五)受到罚款等行政处罚尚未执行完毕的;

(六)不符合《条例》第三十三条规定的其他情形。

第四十九条 申请办理简易注销登记,市场主体应当将承诺书及注销登记申请通过国家企业信用信息公示系统公示,公示期为 20 日。

在公示期内无相关部门、债权人及其他利害关系人提出异议的,市场主体可以于公示期届满之日起 20 日内向登记机关申请注销登记。

第八章 撤销登记

第五十条 对涉嫌提交虚假材料或者采取其他欺诈手段隐瞒重要事实取得市场主体登记的行为,登记机关可以根据当事人申请或者依职权主动进行调查。

第五十一条 受虚假登记影响的自然人、法人和其他组织,可以向登记机关提出撤销市场主体登记申请。涉嫌冒用自然人身份的虚假登记,被冒用人应当配合登记机关通过线上或者线下途径核验身份信息。

涉嫌虚假登记市场主体的登记机关发生变更的,由现登记机关负责处理撤销登记,原登记机关应当协助进行调查。

第五十二条 登记机关收到申请后,应当在 3 个工作日内作出是否受理的决定,并书面通知申请人。

有下列情形之一的,登记机关可以不予受理:

(一)涉嫌冒用自然人身份的虚假登记,被冒用人未能通过身份信息核验的;

(二)涉嫌虚假登记的市场主体已注销的,申请撤销注销登记的除外;

(三)其他依法不予受理的情形。

第五十三条 登记机关受理申请后,应当于 3 个月内完成调查,并及时作出撤销或者不予撤销市场主体登记的决定。情形复杂的,经登记机关负责人批准,可以延长 3 个月。

在调查期间,相关市场主体和人员无法联系或者拒不配合的,登记机关可以将涉嫌虚假登记市场主体的登记时间、登记事项,以及登记机关联系方式等信息通过国家企业信用信息公示系统向社会公示,公示期 45 日。相关市场主体及其利害关系人在公示期内没有提出异议的,登记机关可以撤销市场主体登记。

第五十四条 有下列情形之一的,经当事人或者其他利害关系人申请,登记机关可以中止调查:

(一)有证据证明与涉嫌虚假登记相关的民事权利存在争议的;

(二)涉嫌虚假登记的市场主体正在诉讼或者仲裁程序中的;

(三)登记机关收到有关部门出具的书面意见,证明涉嫌虚假登记的市场主体或者其法定代表人、负责人存在违法案件尚未结案,或者尚未履行相关法定义务的。

第五十五条 有下列情形之一的,登记机关可以不予撤销市场主体登记:

(一)撤销市场主体登记可能对社会公共利益造成重大损害;

（二）撤销市场主体登记后无法恢复到登记前的状态；

（三）法律、行政法规规定的其他情形。

第五十六条 登记机关作出撤销登记决定后，应当通过国家企业信用信息公示系统向社会公示。

第五十七条 同一登记包含多个登记事项，其中部分登记事项被认定为虚假，撤销虚假的登记事项不影响市场主体存续的，登记机关可以仅撤销虚假的登记事项。

第五十八条 撤销市场主体备案事项的，参照本章规定执行。

第九章 档案管理

第五十九条 登记机关应当负责建立市场主体登记管理档案，对在登记、备案过程中形成的具有保存价值的文件依法分类，有序收集管理，推动档案电子化、影像化，提供市场主体登记管理档案查询服务。

第六十条 申请查询市场主体登记管理档案，应当按照下列要求提交材料：

（一）公安机关、国家安全机关、检察机关、审判机关、纪检监察机关、审计机关等国家机关进行查询，应当出具本部门公函及查询人员的有效证件；

（二）市场主体查询自身登记管理档案，应当出具授权委托书及查询人员的有效证件；

（三）律师查询与承办法律事务有关市场主体登记管理档案，应当出具执业证书、律师事务所证明以及相关承诺书。

除前款规定情形外，省级以上市场监督管理部门可以结合工作实际，依法对档案查询范围以及提交材料作出规定。

第六十一条 登记管理档案查询内容涉及国家秘密、商业秘密、个人信息的，应当按照有关法律法规规定办理。

第六十二条 市场主体发生住所（主要经营场所、经营场所）迁移的，登记机关应当于3个月内将所有登记管理档案移交迁入地登记机关管理。档案迁出、迁入应当记录备案。

第十章 监督管理

第六十三条 市场主体应当于每年1月1日至6月30日，通过国家企业信用信息公示系统报送上一年度年度报告，并向社会公示。

个体工商户可以通过纸质方式报送年度报告，并自主选择年度报告内容是否向社会公示。

歇业的市场主体应当按时公示年度报告。

第六十四条 市场主体应当将营业执照（含电子营业执照）置于住所（主要经

营场所、经营场所)的醒目位置。

从事电子商务经营的市场主体应当在其首页显著位置持续公示营业执照信息或者其链接标识。

营业执照记载的信息发生变更时,市场主体应当于15日内完成对应信息的更新公示。市场主体被吊销营业执照的,登记机关应当将吊销情况标注于电子营业执照中。

第六十五条 登记机关应当对登记注册、行政许可、日常监管、行政执法中的相关信息进行归集,根据市场主体的信用风险状况实施分级分类监管,并强化信用风险分类结果的综合应用。

第六十六条 登记机关应当随机抽取检查对象、随机选派执法检查人员,对市场主体的登记备案事项、公示信息情况等进行抽查,并将抽查检查结果通过国家企业信用信息公示系统向社会公示。必要时可以委托会计师事务所、税务师事务所、律师事务所等专业机构开展审计、验资、咨询等相关工作,依法使用其他政府部门作出的检查、核查结果或者专业机构作出的专业结论。

第六十七条 市场主体被撤销设立登记、吊销营业执照、责令关闭,6个月内未办理清算组公告或者未申请注销登记的,登记机关可以在国家企业信用信息公示系统上对其作出特别标注并予以公示。

第十一章 法律责任

第六十八条 未经设立登记从事一般经营活动的,由登记机关责令改正,没收违法所得;拒不改正的,处1万元以上10万元以下的罚款;情节严重的,依法责令关闭停业,并处10万元以上50万元以下的罚款。

第六十九条 未经设立登记从事许可经营活动或者未依法取得许可从事经营活动的,由法律、法规或者国务院决定规定的部门予以查处;法律、法规或者国务院决定没有规定或者规定不明确的,由省、自治区、直辖市人民政府确定的部门予以查处。

第七十条 市场主体未按照法律、行政法规规定的期限公示或者报送年度报告的,由登记机关列入经营异常名录,可以处1万元以下的罚款。

第七十一条 提交虚假材料或者采取其他欺诈手段隐瞒重要事实取得市场主体登记的,由登记机关依法责令改正,没收违法所得,并处5万元以上20万元以下的罚款;情节严重的,处20万元以上100万元以下的罚款,吊销营业执照。

明知或者应当知道申请人提交虚假材料或者采取其他欺诈手段隐瞒重要事实进行市场主体登记,仍接受委托代为办理,或者协助其进行虚假登记的,由登记机关没收违法所得,处10万元以下的罚款。

虚假市场主体登记的直接责任人自市场主体登记被撤销之日起3年内不得再

次申请市场主体登记。登记机关应当通过国家企业信用信息公示系统予以公示。

第七十二条 市场主体未按规定办理变更登记的，由登记机关责令改正；拒不改正的，处1万元以上10万元以下的罚款；情节严重的，吊销营业执照。

第七十三条 市场主体未按规定办理备案的，由登记机关责令改正；拒不改正的，处5万元以下的罚款。

依法应当办理受益所有人信息备案的市场主体，未办理备案的，按照前款规定处理。

第七十四条 市场主体未按照本实施细则第四十二条规定公示终止歇业的，由登记机关责令改正；拒不改正的，处3万元以下的罚款。

第七十五条 市场主体未按规定将营业执照置于住所（主要经营场所、经营场所）醒目位置的，由登记机关责令改正；拒不改正的，处3万元以下的罚款。

电子商务经营者未在首页显著位置持续公示营业执照信息或者相关链接标识的，由登记机关依照《中华人民共和国电子商务法》处罚。

市场主体伪造、涂改、出租、出借、转让营业执照的，由登记机关没收违法所得，处10万元以下的罚款；情节严重的，处10万元以上50万元以下的罚款，吊销营业执照。

第七十六条 利用市场主体登记，牟取非法利益，扰乱市场秩序，危害国家安全、社会公共利益的，法律、行政法规有规定的，依照其规定；法律、行政法规没有规定的，由登记机关处10万元以下的罚款。

第七十七条 违反本实施细则规定，登记机关确定罚款幅度时，应当综合考虑市场主体的类型、规模、违法情节等因素。

情节轻微并及时改正，没有造成危害后果的，依法不予行政处罚。初次违法且危害后果轻微并及时改正的，可以不予行政处罚。当事人有证据足以证明没有主观过错的，不予行政处罚。

第十二章　附　　则

第七十八条 本实施细则所指申请人，包括设立登记时的申请人、依法设立后的市场主体。

第七十九条 人民法院办理案件需要登记机关协助执行的，登记机关应当按照人民法院的生效法律文书和协助执行通知书，在法定职责范围内办理协助执行事项。

第八十条 国家市场监督管理总局根据法律、行政法规、国务院决定及本实施细则，制定登记注册前置审批目录、登记材料和文书格式。

第八十一条 法律、行政法规或者国务院决定对登记管理另有规定的，从其规定。

第八十二条 本实施细则自公布之日起施行。1988 年 11 月 3 日原国家工商行政管理局令第 1 号公布的《中华人民共和国企业法人登记管理条例施行细则》,2000 年 1 月 13 日原国家工商行政管理局令第 94 号公布的《个人独资企业登记管理办法》,2011 年 9 月 30 日原国家工商行政管理总局令第 56 号公布的《个体工商户登记管理办法》,2014 年 2 月 20 日原国家工商行政管理总局令第 64 号公布的《公司注册资本登记管理规定》,2015 年 8 月 27 日原国家工商行政管理总局令第 76 号公布的《企业经营范围登记管理规定》同时废止。

5. 中华人民共和国外商投资法

(2019 年 3 月 15 日第十三届全国人民代表大会第二次会议通过)

第一章 总 则

第一条 为了进一步扩大对外开放,积极促进外商投资,保护外商投资合法权益,规范外商投资管理,推动形成全面开放新格局,促进社会主义市场经济健康发展,根据宪法,制定本法。

第二条 在中华人民共和国境内(以下简称中国境内)的外商投资,适用本法。

本法所称外商投资,是指外国的自然人、企业或者其他组织(以下称外国投资者)直接或者间接在中国境内进行的投资活动,包括下列情形:

(一)外国投资者单独或者与其他投资者共同在中国境内设立外商投资企业;

(二)外国投资者取得中国境内企业的股份、股权、财产份额或者其他类似权益;

(三)外国投资者单独或者与其他投资者共同在中国境内投资新建项目;

(四)法律、行政法规或者国务院规定的其他方式的投资。

本法所称外商投资企业,是指全部或者部分由外国投资者投资,依照中国法律在中国境内经登记注册设立的企业。

第三条 国家坚持对外开放的基本国策,鼓励外国投资者依法在中国境内投资。

国家实行高水平投资自由化便利化政策,建立和完善外商投资促进机制,营造稳定、透明、可预期和公平竞争的市场环境。

第四条 国家对外商投资实行准入前国民待遇加负面清单管理制度。

前款所称准入前国民待遇，是指在投资准入阶段给予外国投资者及其投资不低于本国投资者及其投资的待遇；所称负面清单，是指国家规定在特定领域对外商投资实施的准入特别管理措施。国家对负面清单之外的外商投资，给予国民待遇。

负面清单由国务院发布或者批准发布。

中华人民共和国缔结或者参加的国际条约、协定对外国投资者准入待遇有更优惠规定的，可以按照相关规定执行。

第五条 国家依法保护外国投资者在中国境内的投资、收益和其他合法权益。

第六条 在中国境内进行投资活动的外国投资者、外商投资企业，应当遵守中国法律法规，不得危害中国国家安全、损害社会公共利益。

第七条 国务院商务主管部门、投资主管部门按照职责分工，开展外商投资促进、保护和管理工作；国务院其他有关部门在各自职责范围内，负责外商投资促进、保护和管理的相关工作。

县级以上地方人民政府有关部门依照法律法规和本级人民政府确定的职责分工，开展外商投资促进、保护和管理工作。

第八条 外商投资企业职工依法建立工会组织，开展工会活动，维护职工的合法权益。外商投资企业应当为本企业工会提供必要的活动条件。

第二章 投资促进

第九条 外商投资企业依法平等适用国家支持企业发展的各项政策。

第十条 制定与外商投资有关的法律、法规、规章，应当采取适当方式征求外商投资企业的意见和建议。

与外商投资有关的规范性文件、裁判文书等，应当依法及时公布。

第十一条 国家建立健全外商投资服务体系，为外国投资者和外商投资企业提供法律法规、政策措施、投资项目信息等方面的咨询和服务。

第十二条 国家与其他国家和地区、国际组织建立多边、双边投资促进合作机制，加强投资领域的国际交流与合作。

第十三条 国家根据需要，设立特殊经济区域，或者在部分地区实行外商投资试验性政策措施，促进外商投资，扩大对外开放。

第十四条 国家根据国民经济和社会发展需要，鼓励和引导外国投资者在特定行业、领域、地区投资。外国投资者、外商投资企业可以依照法律、行政法规或者国务院的规定享受优惠待遇。

第十五条 国家保障外商投资企业依法平等参与标准制定工作，强化标准制定的信息公开和社会监督。

国家制定的强制性标准平等适用于外商投资企业。

第十六条 国家保障外商投资企业依法通过公平竞争参与政府采购活动。政府采购依法对外商投资企业在中国境内生产的产品、提供的服务平等对待。

第十七条 外商投资企业可以依法通过公开发行股票、公司债券等证券和其他方式进行融资。

第十八条 县级以上地方人民政府可以根据法律、行政法规、地方性法规的规定,在法定权限内制定外商投资促进和便利化政策措施。

第十九条 各级人民政府及其有关部门应当按照便利、高效、透明的原则,简化办事程序,提高办事效率,优化政务服务,进一步提高外商投资服务水平。

有关主管部门应当编制和公布外商投资指引,为外国投资者和外商投资企业提供服务和便利。

第三章 投资保护

第二十条 国家对外国投资者的投资不实行征收。

在特殊情况下,国家为了公共利益的需要,可以依照法律规定对外国投资者的投资实行征收或者征用。征收、征用应当依照法定程序进行,并及时给予公平、合理的补偿。

第二十一条 外国投资者在中国境内的出资、利润、资本收益、资产处置所得、知识产权许可使用费、依法获得的补偿或者赔偿、清算所得等,可以依法以人民币或者外汇自由汇入、汇出。

第二十二条 国家保护外国投资者和外商投资企业的知识产权,保护知识产权权利人和相关权利人的合法权益;对知识产权侵权行为,严格依法追究法律责任。

国家鼓励在外商投资过程中基于自愿原则和商业规则开展技术合作。技术合作的条件由投资各方遵循公平原则平等协商确定。行政机关及其工作人员不得利用行政手段强制转让技术。

第二十三条 行政机关及其工作人员对于履行职责过程中知悉的外国投资者、外商投资企业的商业秘密,应当依法予以保密,不得泄露或者非法向他人提供。

第二十四条 各级人民政府及其有关部门制定涉及外商投资的规范性文件,应当符合法律法规的规定;没有法律、行政法规依据的,不得减损外商投资企业的合法权益或者增加其义务,不得设置市场准入和退出条件,不得干预外商投资企业的正常生产经营活动。

第二十五条 地方各级人民政府及其有关部门应当履行向外国投资者、外商投资企业依法作出的政策承诺以及依法订立的各类合同。

因国家利益、社会公共利益需要改变政策承诺、合同约定的,应当依照法定权限和程序进行,并依法对外国投资者、外商投资企业因此受到的损失予以补偿。

第二十六条 国家建立外商投资企业投诉工作机制,及时处理外商投资企业或者其投资者反映的问题,协调完善相关政策措施。

外商投资企业或者其投资者认为行政机关及其工作人员的行政行为侵犯其合法权益的，可以通过外商投资企业投诉工作机制申请协调解决。

外商投资企业或者其投资者认为行政机关及其工作人员的行政行为侵犯其合法权益的，除依照前款规定通过外商投资企业投诉工作机制申请协调解决外，还可以依法申请行政复议、提起行政诉讼。

第二十七条 外商投资企业可以依法成立和自愿参加商会、协会。商会、协会依照法律法规和章程的规定开展相关活动，维护会员的合法权益。

第四章 投资管理

第二十八条 外商投资准入负面清单规定禁止投资的领域，外国投资者不得投资。

外商投资准入负面清单规定限制投资的领域，外国投资者进行投资应当符合负面清单规定的条件。

外商投资准入负面清单以外的领域，按照内外资一致的原则实施管理。

第二十九条 外商投资需要办理投资项目核准、备案的，按照国家有关规定执行。

第三十条 外国投资者在依法需要取得许可的行业、领域进行投资的，应当依法办理相关许可手续。

有关主管部门应当按照与内资一致的条件和程序，审核外国投资者的许可申请，法律、行政法规另有规定的除外。

第三十一条 外商投资企业的组织形式、组织机构及其活动准则，适用《中华人民共和国公司法》、《中华人民共和国合伙企业法》等法律的规定。

第三十二条 外商投资企业开展生产经营活动，应当遵守法律、行政法规有关劳动保护、社会保险的规定，依照法律、行政法规和国家有关规定办理税收、会计、外汇等事宜，并接受相关主管部门依法实施的监督检查。

第三十三条 外国投资者并购中国境内企业或者以其他方式参与经营者集中的，应当依照《中华人民共和国反垄断法》的规定接受经营者集中审查。

第三十四条 国家建立外商投资信息报告制度。外国投资者或者外商投资企业应当通过企业登记系统以及企业信用信息公示系统向商务主管部门报送投资信息。

外商投资信息报告的内容和范围按照确有必要的原则确定；通过部门信息共享能够获得的投资信息，不得再行要求报送。

第三十五条 国家建立外商投资安全审查制度，对影响或者可能影响国家安全的外商投资进行安全审查。

依法作出的安全审查决定为最终决定。

第五章 法律责任

第三十六条 外国投资者投资外商投资准入负面清单规定禁止投资的领域的，由有关主管部门责令停止投资活动，限期处分股份、资产或者采取其他必要措施，恢复到实施投资前的状态；有违法所得的，没收违法所得。

外国投资者的投资活动违反外商投资准入负面清单规定的限制性准入特别管理措施的，由有关主管部门责令限期改正，采取必要措施满足准入特别管理措施的要求；逾期不改正的，依照前款规定处理。

外国投资者的投资活动违反外商投资准入负面清单规定的，除依照前两款规定处理外，还应当依法承担相应的法律责任。

第三十七条 外国投资者、外商投资企业违反本法规定，未按照外商投资信息报告制度的要求报送投资信息的，由商务主管部门责令限期改正；逾期不改正的，处十万元以上五十万元以下的罚款。

第三十八条 对外国投资者、外商投资企业违反法律、法规的行为，由有关部门依法查处，并按照国家有关规定纳入信用信息系统。

第三十九条 行政机关工作人员在外商投资促进、保护和管理工作中滥用职权、玩忽职守、徇私舞弊的，或者泄露、非法向他人提供履行职责过程中知悉的商业秘密的，依法给予处分；构成犯罪的，依法追究刑事责任。

第六章 附　　则

第四十条 任何国家或者地区在投资方面对中华人民共和国采取歧视性的禁止、限制或者其他类似措施的，中华人民共和国可以根据实际情况对该国家或者该地区采取相应的措施。

第四十一条 对外国投资者在中国境内投资银行业、证券业、保险业等金融行业，或者在证券市场、外汇市场等金融市场进行投资的管理，国家另有规定的，依照其规定。

第四十二条 本法自2020年1月1日起施行。《中华人民共和国中外合资经营企业法》、《中华人民共和国外资企业法》、《中华人民共和国中外合作经营企业法》同时废止。

本法施行前依照《中华人民共和国中外合资经营企业法》、《中华人民共和国外资企业法》、《中华人民共和国中外合作经营企业法》设立的外商投资企业，在本法施行后五年内可以继续保留原企业组织形式等。具体实施办法由国务院规定。

6. 中华人民共和国外商投资法实施条例

（2019 年 12 月 12 日国务院第 74 次常务会议通过
2019 年 12 月 26 日公布　自 2020 年 1 月 1 日起施行）

第一章　总　　则

第一条　根据《中华人民共和国外商投资法》（以下简称外商投资法），制定本条例。

第二条　国家鼓励和促进外商投资，保护外商投资合法权益，规范外商投资管理，持续优化外商投资环境，推进更高水平对外开放。

第三条　外商投资法第二条第二款第一项、第三项所称其他投资者，包括中国的自然人在内。

第四条　外商投资准入负面清单（以下简称负面清单）由国务院投资主管部门会同国务院商务主管部门等有关部门提出，报国务院发布或者报国务院批准后由国务院投资主管部门、商务主管部门发布。

国家根据进一步扩大对外开放和经济社会发展需要，适时调整负面清单。调整负面清单的程序，适用前款规定。

第五条　国务院商务主管部门、投资主管部门以及其他有关部门按照职责分工，密切配合、相互协作，共同做好外商投资促进、保护和管理工作。

县级以上地方人民政府应当加强对外商投资促进、保护和管理工作的组织领导，支持、督促有关部门依照法律法规和职责分工开展外商投资促进、保护和管理工作，及时协调、解决外商投资促进、保护和管理工作中的重大问题。

第二章　投 资 促 进

第六条　政府及其有关部门在政府资金安排、土地供应、税费减免、资质许可、标准制定、项目申报、人力资源政策等方面，应当依法平等对待外商投资企业和内资企业。

政府及其有关部门制定的支持企业发展的政策应当依法公开；对政策实施中需要由企业申请办理的事项，政府及其有关部门应当公开申请办理的条件、流程、时限等，并在审核中依法平等对待外商投资企业和内资企业。

第七条 制定与外商投资有关的行政法规、规章、规范性文件,或者政府及其有关部门起草与外商投资有关的法律、地方性法规,应当根据实际情况,采取书面征求意见以及召开座谈会、论证会、听证会等多种形式,听取外商投资企业和有关商会、协会等方面的意见和建议;对反映集中或者涉及外商投资企业重大权利义务问题的意见和建议,应当通过适当方式反馈采纳的情况。

与外商投资有关的规范性文件应当依法及时公布,未经公布的不得作为行政管理依据。与外商投资企业生产经营活动密切相关的规范性文件,应当结合实际,合理确定公布到施行之间的时间。

第八条 各级人民政府应当按照政府主导、多方参与的原则,建立健全外商投资服务体系,不断提升外商投资服务能力和水平。

第九条 政府及其有关部门应当通过政府网站、全国一体化在线政务服务平台集中列明有关外商投资的法律、法规、规章、规范性文件、政策措施和投资项目信息,并通过多种途径和方式加强宣传、解读,为外国投资者和外商投资企业提供咨询、指导等服务。

第十条 外商投资法第十三条所称特殊经济区域,是指经国家批准设立、实行更大力度的对外开放政策措施的特定区域。

国家在部分地区实行的外商投资试验性政策措施,经实践证明可行的,根据实际情况在其他地区或者全国范围内推广。

第十一条 国家根据国民经济和社会发展需要,制定鼓励外商投资产业目录,列明鼓励和引导外国投资者投资的特定行业、领域、地区。鼓励外商投资产业目录由国务院投资主管部门会同国务院商务主管部门等有关部门拟订,报国务院批准后由国务院投资主管部门、商务主管部门发布。

第十二条 外国投资者、外商投资企业可以依照法律、行政法规或者国务院的规定,享受财政、税收、金融、用地等方面的优惠待遇。

外国投资者以其在中国境内的投资收益在中国境内扩大投资的,依法享受相应的优惠待遇。

第十三条 外商投资企业依法和内资企业平等参与国家标准、行业标准、地方标准和团体标准的制定、修订工作。外商投资企业可以根据需要自行制定或者与其他企业联合制定企业标准。

外商投资企业可以向标准化行政主管部门和有关行政主管部门提出标准的立项建议,在标准立项、起草、技术审查以及标准实施信息反馈、评估等过程中提出意见和建议,并按照规定承担标准起草、技术审查的相关工作以及标准的外文翻译工作。

标准化行政主管部门和有关行政主管部门应当建立健全相关工作机制,提高标准制定、修订的透明度,推进标准制定、修订全过程信息公开。

第十四条 国家制定的强制性标准对外商投资企业和内资企业平等适用，不得专门针对外商投资企业适用高于强制性标准的技术要求。

第十五条 政府及其有关部门不得阻挠和限制外商投资企业自由进入本地区和本行业的政府采购市场。

政府采购的采购人、采购代理机构不得在政府采购信息发布、供应商条件确定和资格审查、评标标准等方面，对外商投资企业实行差别待遇或者歧视待遇，不得以所有制形式、组织形式、股权结构、投资者国别、产品或者服务品牌以及其他不合理的条件对供应商予以限定，不得对外商投资企业在中国境内生产的产品、提供的服务和内资企业区别对待。

第十六条 外商投资企业可以依照《中华人民共和国政府采购法》（以下简称政府采购法）及其实施条例的规定，就政府采购活动事项向采购人、采购代理机构提出询问、质疑，向政府采购监督管理部门投诉。采购人、采购代理机构、政府采购监督管理部门应当在规定的时限内作出答复或者处理决定。

第十七条 政府采购监督管理部门和其他有关部门应当加强对政府采购活动的监督检查，依法纠正和查处对外商投资企业实行差别待遇或者歧视待遇等违法违规行为。

第十八条 外商投资企业可以依法在中国境内或者境外通过公开发行股票、公司债券等证券，以及公开或者非公开发行其他融资工具、借用外债等方式进行融资。

第十九条 县级以上地方人民政府可以根据法律、行政法规、地方性法规的规定，在法定权限内制定费用减免、用地指标保障、公共服务提供等方面的外商投资促进和便利化政策措施。

县级以上地方人民政府制定外商投资促进和便利化政策措施，应当以推动高质量发展为导向，有利于提高经济效益、社会效益、生态效益，有利于持续优化外商投资环境。

第二十条 有关主管部门应当编制和公布外商投资指引，为外国投资者和外商投资企业提供服务和便利。外商投资指引应当包括投资环境介绍、外商投资办事指南、投资项目信息以及相关数据信息等内容，并及时更新。

第三章 投资保护

第二十一条 国家对外国投资者的投资不实行征收。

在特殊情况下，国家为了公共利益的需要依照法律规定对外国投资者的投资实行征收的，应当依照法定程序、以非歧视性的方式进行，并按照被征收投资的市场价值及时给予补偿。

外国投资者对征收决定不服的，可以依法申请行政复议或者提起行政诉讼。

第二十二条 外国投资者在中国境内的出资、利润、资本收益、资产处置所得、取得的知识产权许可使用费、依法获得的补偿或者赔偿、清算所得等,可以依法以人民币或者外汇自由汇入、汇出,任何单位和个人不得违法对币种、数额以及汇入、汇出的频次等进行限制。

外商投资企业的外籍职工和香港、澳门、台湾职工的工资收入和其他合法收入,可以依法自由汇出。

第二十三条 国家加大对知识产权侵权行为的惩处力度,持续强化知识产权执法,推动建立知识产权快速协同保护机制,健全知识产权纠纷多元化解决机制,平等保护外国投资者和外商投资企业的知识产权。

标准制定中涉及外国投资者和外商投资企业专利的,应当按照标准涉及专利的有关管理规定办理。

第二十四条 行政机关(包括法律、法规授权的具有管理公共事务职能的组织,下同)及其工作人员不得利用实施行政许可、行政检查、行政处罚、行政强制以及其他行政手段,强制或者变相强制外国投资者、外商投资企业转让技术。

第二十五条 行政机关依法履行职责,确需外国投资者、外商投资企业提供涉及商业秘密的材料、信息的,应当限定在履行职责所必需的范围内,并严格控制知悉范围,与履行职责无关的人员不得接触有关材料、信息。

行政机关应当建立健全内部管理制度,采取有效措施保护履行职责过程中知悉的外国投资者、外商投资企业的商业秘密;依法需要与其他行政机关共享信息的,应当对信息中含有的商业秘密进行保密处理,防止泄露。

第二十六条 政府及其有关部门制定涉及外商投资的规范性文件,应当按照国务院的规定进行合法性审核。

外国投资者、外商投资企业认为行政行为所依据的国务院部门和地方人民政府及其部门制定的规范性文件不合法,在依法对行政行为申请行政复议或者提起行政诉讼时,可以一并请求对该规范性文件进行审查。

第二十七条 外商投资法第二十五条所称政策承诺,是指地方各级人民政府及其有关部门在法定权限内,就外国投资者、外商投资企业在本地区投资所适用的支持政策、享受的优惠待遇和便利条件等作出的书面承诺。政策承诺的内容应当符合法律、法规规定。

第二十八条 地方各级人民政府及其有关部门应当履行向外国投资者、外商投资企业依法作出的政策承诺以及依法订立的各类合同,不得以行政区划调整、政府换届、机构或者职能调整以及相关责任人更替等为由违约毁约。因国家利益、社会公共利益需要改变政策承诺、合同约定的,应当依照法定权限和程序进行,并依法对外国投资者、外商投资企业因此受到的损失及时予以公平、合理的补偿。

第二十九条 县级以上人民政府及其有关部门应当按照公开透明、高效便利的原则,建立健全外商投资企业投诉工作机制,及时处理外商投资企业或者其投资者反映的问题，协调完善相关政策措施。

国务院商务主管部门会同国务院有关部门建立外商投资企业投诉工作部际联席会议制度，协调、推动中央层面的外商投资企业投诉工作，对地方的外商投资企业投诉工作进行指导和监督。县级以上地方人民政府应当指定部门或者机构负责受理本地区外商投资企业或者其投资者的投诉。

国务院商务主管部门、县级以上地方人民政府指定的部门或者机构应当完善投诉工作规则、健全投诉方式、明确投诉处理时限。投诉工作规则、投诉方式、投诉处理时限应当对外公布。

第三十条 外商投资企业或者其投资者认为行政机关及其工作人员的行政行为侵犯其合法权益，通过外商投资企业投诉工作机制申请协调解决的，有关方面进行协调时可以向被申请的行政机关及其工作人员了解情况，被申请的行政机关及其工作人员应当予以配合。协调结果应当以书面形式及时告知申请人。

外商投资企业或者其投资者依照前款规定申请协调解决有关问题的，不影响其依法申请行政复议、提起行政诉讼。

第三十一条 对外商投资企业或者其投资者通过外商投资企业投诉工作机制反映或者申请协调解决问题，任何单位和个人不得压制或者打击报复。

除外商投资企业投诉工作机制外，外商投资企业或者其投资者还可以通过其他合法途径向政府及其有关部门反映问题。

第三十二条 外商投资企业可以依法成立商会、协会。除法律、法规另有规定外，外商投资企业有权自主决定参加或者退出商会、协会，任何单位和个人不得干预。

商会、协会应当依照法律法规和章程的规定，加强行业自律，及时反映行业诉求，为会员提供信息咨询、宣传培训、市场拓展、经贸交流、权益保护、纠纷处理等方面的服务。

国家支持商会、协会依照法律法规和章程的规定开展相关活动。

第四章　投资管理

第三十三条 负面清单规定禁止投资的领域，外国投资者不得投资。负面清单规定限制投资的领域，外国投资者进行投资应当符合负面清单规定的股权要求、高级管理人员要求等限制性准入特别管理措施。

第三十四条 有关主管部门在依法履行职责过程中，对外国投资者拟投资负面清单内领域，但不符合负面清单规定的，不予办理许可、企业登记注册等相关事项；涉及固定资产投资项目核准的，不予办理相关核准事项。

有关主管部门应当对负面清单规定执行情况加强监督检查，发现外国投资者投资负面清单规定禁止投资的领域，或者外国投资者的投资活动违反负面清单规定的限制性准入特别管理措施的,依照外商投资法第三十六条的规定予以处理。

第三十五条 外国投资者在依法需要取得许可的行业、领域进行投资的,除法律、行政法规另有规定外,负责实施许可的有关主管部门应当按照与内资一致的条件和程序,审核外国投资者的许可申请,不得在许可条件、申请材料、审核环节、审核时限等方面对外国投资者设置歧视性要求。

负责实施许可的有关主管部门应当通过多种方式,优化审批服务,提高审批效率。对符合相关条件和要求的许可事项,可以按照有关规定采取告知承诺的方式办理。

第三十六条 外商投资需要办理投资项目核准、备案的,按照国家有关规定执行。

第三十七条 外商投资企业的登记注册,由国务院市场监督管理部门或者其授权的地方人民政府市场监督管理部门依法办理。国务院市场监督管理部门应当公布其授权的市场监督管理部门名单。

外商投资企业的注册资本可以用人民币表示,也可以用可自由兑换货币表示。

第三十八条 外国投资者或者外商投资企业应当通过企业登记系统以及企业信用信息公示系统向商务主管部门报送投资信息。国务院商务主管部门、市场监督管理部门应当做好相关业务系统的对接和工作衔接,并为外国投资者或者外商投资企业报送投资信息提供指导。

第三十九条 外商投资信息报告的内容、范围、频次和具体流程,由国务院商务主管部门会同国务院市场监督管理部门等有关部门按照确有必要、高效便利的原则确定并公布。商务主管部门、其他有关部门应当加强信息共享,通过部门信息共享能够获得的投资信息,不得再行要求外国投资者或者外商投资企业报送。

外国投资者或者外商投资企业报送的投资信息应当真实、准确、完整。

第四十条 国家建立外商投资安全审查制度,对影响或者可能影响国家安全的外商投资进行安全审查。

第五章 法律责任

第四十一条 政府和有关部门及其工作人员有下列情形之一的,依法依规追究责任:

(一)制定或者实施有关政策不依法平等对待外商投资企业和内资企业;

(二)违法限制外商投资企业平等参与标准制定、修订工作,或者专门针对外商投资企业适用高于强制性标准的技术要求;

(三)违法限制外国投资者汇入、汇出资金;

(四)不履行向外国投资者、外商投资企业依法作出的政策承诺以及依法订立的各类合同,超出法定权限作出政策承诺,或者政策承诺的内容不符合法律、法规规定。

第四十二条 政府采购的采购人、采购代理机构以不合理的条件对外商投资企业实行差别待遇或者歧视待遇的，依照政府采购法及其实施条例的规定追究其法律责任；影响或者可能影响中标、成交结果的，依照政府采购法及其实施条例的规定处理。

政府采购监督管理部门对外商投资企业的投诉逾期未作处理的，对直接负责的主管人员和其他直接责任人员依法给予处分。

第四十三条 行政机关及其工作人员利用行政手段强制或者变相强制外国投资者、外商投资企业转让技术的，对直接负责的主管人员和其他直接责任人员依法给予处分。

第六章 附 则

第四十四条 外商投资法施行前依照《中华人民共和国中外合资经营企业法》、《中华人民共和国外资企业法》、《中华人民共和国中外合作经营企业法》设立的外商投资企业（以下称现有外商投资企业），在外商投资法施行后5年内，可以依照《中华人民共和国公司法》、《中华人民共和国合伙企业法》等法律的规定调整其组织形式、组织机构等，并依法办理变更登记，也可以继续保留原企业组织形式、组织机构等。

自2025年1月1日起，对未依法调整组织形式、组织机构等并办理变更登记的现有外商投资企业，市场监督管理部门不予办理其申请的其他登记事项，并将相关情形予以公示。

第四十五条 现有外商投资企业办理组织形式、组织机构等变更登记的具体事宜，由国务院市场监督管理部门规定并公布。国务院市场监督管理部门应当加强对变更登记工作的指导，负责办理变更登记的市场监督管理部门应当通过多种方式优化服务，为企业办理变更登记提供便利。

第四十六条 现有外商投资企业的组织形式、组织机构等依法调整后，原合营、合作各方在合同中约定的股权或者权益转让办法、收益分配办法、剩余财产分配办法等，可以继续按照约定办理。

第四十七条 外商投资企业在中国境内投资，适用外商投资法和本条例的有关规定。

第四十八条 香港特别行政区、澳门特别行政区投资者在内地投资，参照外商投资法和本条例执行；法律、行政法规或者国务院另有规定的，从其规定。

台湾地区投资者在大陆投资，适用《中华人民共和国台湾同胞投资保护法》（以下简称台湾同胞投资保护法）及其实施细则的规定；台湾同胞投资保护法及其实施细则未规定的事项，参照外商投资法和本条例执行。

定居在国外的中国公民在中国境内投资,参照外商投资法和本条例执行;法律、行政法规或者国务院另有规定的,从其规定。

第四十九条 本条例自2020年1月1日起施行。《中华人民共和国中外合资经营企业法实施条例》、《中外合资经营企业合营期限暂行规定》、《中华人民共和国外资企业法实施细则》、《中华人民共和国中外合作经营企业法实施细则》同时废止。

2020年1月1日前制定的有关外商投资的规定与外商投资法和本条例不一致的,以外商投资法和本条例的规定为准。

7. 中华人民共和国合伙企业法

(1997年2月23日第八届全国人民代表大会常务委员会第二十四次会议通过 2006年8月27日第十届全国人民代表大会常务委员会第二十三次会议修订)

第一章 总 则

第一条 为了规范合伙企业的行为,保护合伙企业及其合伙人、债权人的合法权益,维护社会经济秩序,促进社会主义市场经济的发展,制定本法。

第二条 本法所称合伙企业,是指自然人、法人和其他组织依照本法在中国境内设立的普通合伙企业和有限合伙企业。

普通合伙企业由普通合伙人组成,合伙人对合伙企业债务承担无限连带责任。本法对普通合伙人承担责任的形式有特别规定的,从其规定。

有限合伙企业由普通合伙人和有限合伙人组成,普通合伙人对合伙企业债务承担无限连带责任,有限合伙人以其认缴的出资额为限对合伙企业债务承担责任。

第三条 国有独资公司、国有企业、上市公司以及公益性的事业单位、社会团体不得成为普通合伙人。

第四条 合伙协议依法由全体合伙人协商一致、以书面形式订立。

第五条 订立合伙协议、设立合伙企业,应当遵循自愿、平等、公平、诚实信用原则。

第六条 合伙企业的生产经营所得和其他所得,按照国家有关税收规定,由合伙人分别缴纳所得税。

第七条 合伙企业及其合伙人必须遵守法律、行政法规，遵守社会公德、商业道德，承担社会责任。

第八条 合伙企业及其合伙人的合法财产及其权益受法律保护。

第九条 申请设立合伙企业，应当向企业登记机关提交登记申请书、合伙协议书、合伙人身份证明等文件。

合伙企业的经营范围中有属于法律、行政法规规定在登记前须经批准的项目的，该项经营业务应当依法经过批准，并在登记时提交批准文件。

第十条 申请人提交的登记申请材料齐全、符合法定形式，企业登记机关能够当场登记的，应予当场登记，发给营业执照。

除前款规定情形外，企业登记机关应当自受理申请之日起二十日内，作出是否登记的决定。予以登记的，发给营业执照；不予登记的，应当给予书面答复，并说明理由。

第十一条 合伙企业的营业执照签发日期，为合伙企业成立日期。

合伙企业领取营业执照前，合伙人不得以合伙企业名义从事合伙业务。

第十二条 合伙企业设立分支机构，应当向分支机构所在地的企业登记机关申请登记，领取营业执照。

第十三条 合伙企业登记事项发生变更的，执行合伙事务的合伙人应当自作出变更决定或者发生变更事由之日起十五日内，向企业登记机关申请办理变更登记。

第二章 普通合伙企业

第一节 合伙企业设立

第十四条 设立合伙企业，应当具备下列条件：

（一）有二个以上合伙人。合伙人为自然人的，应当具有完全民事行为能力；

（二）有书面合伙协议；

（三）有合伙人认缴或者实际缴付的出资；

（四）有合伙企业的名称和生产经营场所；

（五）法律、行政法规规定的其他条件。

第十五条 合伙企业名称中应当标明“普通合伙”字样。

第十六条 合伙人可以用货币、实物、知识产权、土地使用权或者其他财产权利出资，也可以用劳务出资。

合伙人以实物、知识产权、土地使用权或者其他财产权利出资，需要评估作价的，可以由全体合伙人协商确定，也可以由全体合伙人委托法定评估机构评估。

合伙人以劳务出资的，其评估办法由全体合伙人协商确定，并在合伙协议中载明。

第十七条 合伙人应当按照合伙协议约定的出资方式、数额和缴付期限，履行出资义务。

以非货币财产出资的，依照法律、行政法规的规定，需要办理财产权转移手续的，应当依法办理。

第十八条 合伙协议应当载明下列事项：

（一）合伙企业的名称和主要经营场所的地点；

（二）合伙目的和合伙经营范围；

（三）合伙人的姓名或者名称、住所；

（四）合伙人的出资方式、数额和缴付期限；

（五）利润分配、亏损分担方式；

（六）合伙事务的执行；

（七）入伙与退伙；

（八）争议解决办法；

（九）合伙企业的解散与清算；

（十）违约责任。

第十九条 合伙协议经全体合伙人签名、盖章后生效。合伙人按照合伙协议享有权利，履行义务。

修改或者补充合伙协议，应当经全体合伙人一致同意；但是，合伙协议另有约定的除外。

合伙协议未约定或者约定不明确的事项，由合伙人协商决定；协商不成的，依照本法和其他有关法律、行政法规的规定处理。

第二节 合伙企业财产

第二十条 合伙人的出资、以合伙企业名义取得的收益和依法取得的其他财产，均为合伙企业的财产。

第二十一条 合伙人在合伙企业清算前，不得请求分割合伙企业的财产；但是，本法另有规定的除外。

合伙人在合伙企业清算前私自转移或者处分合伙企业财产的，合伙企业不得以此对抗善意第三人。

第二十二条 除合伙协议另有约定外，合伙人向合伙人以外的人转让其在合伙企业中的全部或者部分财产份额时，须经其他合伙人一致同意。

合伙人之间转让在合伙企业中的全部或者部分财产份额时，应当通知其他合伙人。

第二十三条 合伙人向合伙人以外的人转让其在合伙企业中的财产份额的，在同等条件下，其他合伙人有优先购买权；但是，合伙协议另有约定的除外。

第二十四条 合伙人以外的人依法受让合伙人在合伙企业中的财产份额的，经修改合伙协议即成为合伙企业的合伙人，依照本法和修改后的合伙协议享有权利，履行义务。

第二十五条 合伙人以其在合伙企业中的财产份额出质的，须经其他合伙人一致同意；未经其他合伙人一致同意，其行为无效，由此给善意第三人造成损失的，由行为人依法承担赔偿责任。

第三节 合伙事务执行

第二十六条 合伙人对执行合伙事务享有同等的权利。

按照合伙协议的约定或者经全体合伙人决定，可以委托一个或者数个合伙人对外代表合伙企业，执行合伙事务。

作为合伙人的法人、其他组织执行合伙事务的，由其委派的代表执行。

第二十七条 依照本法第二十六条第二款规定委托一个或者数个合伙人执行合伙事务的，其他合伙人不再执行合伙事务。

不执行合伙事务的合伙人有权监督执行事务合伙人执行合伙事务的情况。

第二十八条 由一个或者数个合伙人执行合伙事务的，执行事务合伙人应当定期向其他合伙人报告事务执行情况以及合伙企业的经营和财务状况，其执行合伙事务所产生的收益归合伙企业，所产生的费用和亏损由合伙企业承担。

合伙人为了解合伙企业的经营状况和财务状况，有权查阅合伙企业会计账簿等财务资料。

第二十九条 合伙人分别执行合伙事务的，执行事务合伙人可以对其他合伙人执行的事务提出异议。提出异议时，应当暂停该项事务的执行。如果发生争议，依照本法第三十条规定作出决定。

受委托执行合伙事务的合伙人不按照合伙协议或者全体合伙人的决定执行事务的，其他合伙人可以决定撤销该委托。

第三十条 合伙人对合伙企业有关事项作出决议，按照合伙协议约定的表决办法办理。合伙协议未约定或者约定不明确的，实行合伙人一人一票并经全体合伙人过半数通过的表决办法。

本法对合伙企业的表决办法另有规定的，从其规定。

第三十一条 除合伙协议另有约定外，合伙企业的下列事项应当经全体合伙人一致同意：

（一）改变合伙企业的名称；

（二）改变合伙企业的经营范围、主要经营场所的地点；

（三）处分合伙企业的不动产；

（四）转让或者处分合伙企业的知识产权和其他财产权利；

（五）以合伙企业名义为他人提供担保；

（六）聘任合伙人以外的人担任合伙企业的经营管理人员。

第三十二条 合伙人不得自营或者同他人合作经营与本合伙企业相竞争的业务。

除合伙协议另有约定或者经全体合伙人一致同意外，合伙人不得同本合伙企业进行交易。

合伙人不得从事损害本合伙企业利益的活动。

第三十三条 合伙企业的利润分配、亏损分担，按照合伙协议的约定办理；合伙协议未约定或者约定不明确的，由合伙人协商决定；协商不成的，由合伙人按照实缴出资比例分配、分担；无法确定出资比例的，由合伙人平均分配、分担。

合伙协议不得约定将全部利润分配给部分合伙人或者由部分合伙人承担全部亏损。

第三十四条 合伙人按照合伙协议的约定或者经全体合伙人决定，可以增加或者减少对合伙企业的出资。

第三十五条 被聘任的合伙企业的经营管理人员应当在合伙企业授权范围内履行职务。

被聘任的合伙企业的经营管理人员，超越合伙企业授权范围履行职务，或者在履行职务过程中因故意或者重大过失给合伙企业造成损失的，依法承担赔偿责任。

第三十六条 合伙企业应当依照法律、行政法规的规定建立企业财务、会计制度。

第四节 合伙企业与第三人关系

第三十七条 合伙企业对合伙人执行合伙事务以及对外代表合伙企业权利的限制，不得对抗善意第三人。

第三十八条 合伙企业对其债务，应先以其全部财产进行清偿。

第三十九条 合伙企业不能清偿到期债务的，合伙人承担无限连带责任。

第四十条 合伙人由于承担无限连带责任，清偿数额超过本法第三十三条第一款规定的其亏损分担比例的，有权向其他合伙人追偿。

第四十一条 合伙人发生与合伙企业无关的债务，相关债权人不得以其债权抵销其对合伙企业的债务；也不得代位行使合伙人在合伙企业中的权利。

第四十二条 合伙人的自有财产不足清偿其与合伙企业无关的债务的，该合伙人可以以其从合伙企业中分取的收益用于清偿；债权人也可以依法请求人民法院强制执行该合伙人在合伙企业中的财产份额用于清偿。

人民法院强制执行合伙人的财产份额时，应当通知全体合伙人，其他合伙人有优先购买权；其他合伙人未购买，又不同意将该财产份额转让给他人的，依照本法第五十一条的规定为该合伙人办理退伙结算,或者办理削减该合伙人相应财产份额的结算。

第五节　入伙、退伙

第四十三条　新合伙人入伙,除合伙协议另有约定外,应当经全体合伙人一致同意,并依法订立书面入伙协议。

订立入伙协议时,原合伙人应当向新合伙人如实告知原合伙企业的经营状况和财务状况。

第四十四条　入伙的新合伙人与原合伙人享有同等权利,承担同等责任。入伙协议另有约定的,从其约定。

新合伙人对入伙前合伙企业的债务承担无限连带责任。

第四十五条　合伙协议约定合伙期限的,在合伙企业存续期间,有下列情形之一的,合伙人可以退伙:

(一)合伙协议约定的退伙事由出现;

(二)经全体合伙人一致同意;

(三)发生合伙人难以继续参加合伙的事由;

(四)其他合伙人严重违反合伙协议约定的义务。

第四十六条　合伙协议未约定合伙期限的,合伙人在不给合伙企业事务执行造成不利影响的情况下,可以退伙,但应当提前三十日通知其他合伙人。

第四十七条　合伙人违反本法第四十五条、第四十六条的规定退伙的,应当赔偿由此给合伙企业造成的损失。

第四十八条　合伙人有下列情形之一的,当然退伙:

(一)作为合伙人的自然人死亡或者被依法宣告死亡;

(二)个人丧失偿债能力;

(三)作为合伙人的法人或者其他组织依法被吊销营业执照、责令关闭、撤销,或者被宣告破产;

(四)法律规定或者合伙协议约定合伙人必须具有相关资格而丧失该资格;

(五)合伙人在合伙企业中的全部财产份额被人民法院强制执行。

合伙人被依法认定为无民事行为能力人或者限制民事行为能力人的,经其他合伙人一致同意,可以依法转为有限合伙人,普通合伙企业依法转为有限合伙企业。其他合伙人未能一致同意的,该无民事行为能力或者限制民事行为能力的合伙人退伙。

退伙事由实际发生之日为退伙生效日。

第四十九条　合伙人有下列情形之一的,经其他合伙人一致同意,可以决议将其除名:

（一）未履行出资义务；

（二）因故意或者重大过失给合伙企业造成损失；

（三）执行合伙事务时有不正当行为；

（四）发生合伙协议约定的事由。

对合伙人的除名决议应当书面通知被除名人。被除名人接到除名通知之日，除名生效，被除名人退伙。

被除名人对除名决议有异议的，可以自接到除名通知之日起三十日内，向人民法院起诉。

第五十条 合伙人死亡或者被依法宣告死亡的，对该合伙人在合伙企业中的财产份额享有合法继承权的继承人，按照合伙协议的约定或者经全体合伙人一致同意，从继承开始之日起，取得该合伙企业的合伙人资格。

有下列情形之一的，合伙企业应当向合伙人的继承人退还被继承合伙人的财产份额：

（一）继承人不愿意成为合伙人；

（二）法律规定或者合伙协议约定合伙人必须具有相关资格，而该继承人未取得该资格；

（三）合伙协议约定不能成为合伙人的其他情形。

合伙人的继承人为无民事行为能力人或者限制民事行为能力人的，经全体合伙人一致同意，可以依法成为有限合伙人，普通合伙企业依法转为有限合伙企业。全体合伙人未能一致同意的，合伙企业应当将被继承合伙人的财产份额退还该继承人。

第五十一条 合伙人退伙，其他合伙人应当与该退伙人按照退伙时的合伙企业财产状况进行结算，退还退伙人的财产份额。退伙人对给合伙企业造成的损失负有赔偿责任的，相应扣减其应当赔偿的数额。

退伙时有未了结的合伙企业事务的，待该事务了结后进行结算。

第五十二条 退伙人在合伙企业中财产份额的退还办法，由合伙协议约定或者由全体合伙人决定，可以退还货币，也可以退还实物。

第五十三条 退伙人对基于其退伙前的原因发生的合伙企业债务，承担无限连带责任。

第五十四条 合伙人退伙时，合伙企业财产少于合伙企业债务的，退伙人应当依照本法第三十三条第一款的规定分担亏损。

第六节 特殊的普通合伙企业

第五十五条 以专业知识和专门技能为客户提供有偿服务的专业服务机构，可以设立为特殊的普通合伙企业。

特殊的普通合伙企业是指合伙人依照本法第五十七条的规定承担责任的普通合伙企业。

特殊的普通合伙企业适用本节规定；本节未作规定的，适用本章第一节至第五节的规定。

第五十六条 特殊的普通合伙企业名称中应当标明“特殊普通合伙”字样。

第五十七条 一个合伙人或者数个合伙人在执业活动中因故意或者重大过失造成合伙企业债务的，应当承担无限责任或者无限连带责任，其他合伙人以其在合伙企业中的财产份额为限承担责任。

合伙人在执业活动中非因故意或者重大过失造成的合伙企业债务以及合伙企业的其他债务，由全体合伙人承担无限连带责任。

第五十八条 合伙人执业活动中因故意或者重大过失造成的合伙企业债务，以合伙企业财产对外承担责任后，该合伙人应当按照合伙协议的约定对给合伙企业造成的损失承担赔偿责任。

第五十九条 特殊的普通合伙企业应当建立执业风险基金、办理职业保险。

执业风险基金用于偿付合伙人执业活动造成的债务。执业风险基金应当单独立户管理。具体管理办法由国务院规定。

第三章 有限合伙企业

第六十条 有限合伙企业及其合伙人适用本章规定；本章未作规定的，适用本法第二章第一节至第五节关于普通合伙企业及其合伙人的规定。

第六十一条 有限合伙企业由二个以上五十个以下合伙人设立；但是，法律另有规定的除外。

有限合伙企业至少应当有一个普通合伙人。

第六十二条 有限合伙企业名称中应当标明“有限合伙”字样。

第六十三条 合伙协议除符合本法第十八条的规定外，还应当载明下列事项：

（一）普通合伙人和有限合伙人的姓名或者名称、住所；

（二）执行事务合伙人应具备的条件和选择程序；

（三）执行事务合伙人权限与违约处理办法；

（四）执行事务合伙人的除名条件和更换程序；

（五）有限合伙人入伙、退伙的条件、程序以及相关责任；

（六）有限合伙人和普通合伙人相互转变程序。

第六十四条 有限合伙人可以用货币、实物、知识产权、土地使用权或者其他财产权利作价出资。

有限合伙人不得以劳务出资。

第六十五条 有限合伙人应当按照合伙协议的约定按期足额缴纳出资；未按期

足额缴纳的，应当承担补缴义务，并对其他合伙人承担违约责任。

第六十六条 有限合伙企业登记事项中应当载明有限合伙人的姓名或者名称及认缴的出资数额。

第六十七条 有限合伙企业由普通合伙人执行合伙事务。执行事务合伙人可以要求在合伙协议中确定执行事务的报酬及报酬提取方式。

第六十八条 有限合伙人不执行合伙事务，不得对外代表有限合伙企业。

有限合伙人的下列行为，不视为执行合伙事务：

（一）参与决定普通合伙人入伙、退伙；

（二）对企业的经营管理提出建议；

（三）参与选择承办有限合伙企业审计业务的会计师事务所；

（四）获取经审计的有限合伙企业财务会计报告；

（五）对涉及自身利益的情况，查阅有限合伙企业财务会计账簿等财务资料；

（六）在有限合伙企业中的利益受到侵害时，向有责任的合伙人主张权利或者提起诉讼；

（七）执行事务合伙人怠于行使权利时，督促其行使权利或者为了本企业的利益以自己的名义提起诉讼；

（八）依法为本企业提供担保。

第六十九条 有限合伙企业不得将全部利润分配给部分合伙人；但是，合伙协议另有约定的除外。

第七十条 有限合伙人可以同本有限合伙企业进行交易；但是，合伙协议另有约定的除外。

第七十一条 有限合伙人可以自营或者同他人合作经营与本有限合伙企业相竞争的业务；但是，合伙协议另有约定的除外。

第七十二条 有限合伙人可以将其在有限合伙企业中的财产份额出质；但是，合伙协议另有约定的除外。

第七十三条 有限合伙人可以按照合伙协议的约定向合伙人以外的人转让其在有限合伙企业中的财产份额，但应当提前三十日通知其他合伙人。

第七十四条 有限合伙人的自有财产不足清偿其与合伙企业无关的债务的，该合伙人可以以其从有限合伙企业中分取的收益用于清偿；债权人也可以依法请求人民法院强制执行该合伙人在有限合伙企业中的财产份额用于清偿。

人民法院强制执行有限合伙人的财产份额时，应当通知全体合伙人。在同等条件下，其他合伙人有优先购买权。

第七十五条 有限合伙企业仅剩有限合伙人的，应当解散；有限合伙企业仅剩普通合伙人的，转为普通合伙企业。

第七十六条 第三人有理由相信有限合伙人为普通合伙人并与其交易的，该有限合伙人对该笔交易承担与普通合伙人同样的责任。

有限合伙人未经授权以有限合伙企业名义与他人进行交易,给有限合伙企业或者其他合伙人造成损失的,该有限合伙人应当承担赔偿责任。

第七十七条 新入伙的有限合伙人对入伙前有限合伙企业的债务,以其认缴的出资额为限承担责任。

第七十八条 有限合伙人有本法第四十八条第一款第一项、第三项至第五项所列情形之一的,当然退伙。

第七十九条 作为有限合伙人的自然人在有限合伙企业存续期间丧失民事行为能力的,其他合伙人不得因此要求其退伙。

第八十条 作为有限合伙人的自然人死亡、被依法宣告死亡或者作为有限合伙人的法人及其他组织终止时,其继承人或者权利承受人可以依法取得该有限合伙人在有限合伙企业中的资格。

第八十一条 有限合伙人退伙后,对基于其退伙前的原因发生的有限合伙企业债务,以其退伙时从有限合伙企业中取回的财产承担责任。

第八十二条 除合伙协议另有约定外,普通合伙人转变为有限合伙人,或者有限合伙人转变为普通合伙人,应当经全体合伙人一致同意。

第八十三条 有限合伙人转变为普通合伙人的,对其作为有限合伙人期间有限合伙企业发生的债务承担无限连带责任。

第八十四条 普通合伙人转变为有限合伙人的,对其作为普通合伙人期间合伙企业发生的债务承担无限连带责任。

第四章 合伙企业解散、清算

第八十五条 合伙企业有下列情形之一的,应当解散:

(一)合伙期限届满,合伙人决定不再经营;

(二)合伙协议约定的解散事由出现;

(三)全体合伙人决定解散;

(四)合伙人已不具备法定人数满三十天;

(五)合伙协议约定的合伙目的已经实现或者无法实现;

(六)依法被吊销营业执照、责令关闭或者被撤销;

(七)法律、行政法规规定的其他原因。

第八十六条 合伙企业解散,应当由清算人进行清算。

清算人由全体合伙人担任;经全体合伙人过半数同意,可以自合伙企业解散事由出现后十五日内指定一个或者数个合伙人,或者委托第三人,担任清算人。

自合伙企业解散事由出现之日起十五日内未确定清算人的,合伙人或者其他利害关系人可以申请人民法院指定清算人。

第八十七条 清算人在清算期间执行下列事务：

（一）清理合伙企业财产，分别编制资产负债表和财产清单；

（二）处理与清算有关的合伙企业未了结事务；

（三）清缴所欠税款；

（四）清理债权、债务；

（五）处理合伙企业清偿债务后的剩余财产；

（六）代表合伙企业参加诉讼或者仲裁活动。

第八十八条 清算人自被确定之日起十日内将合伙企业解散事项通知债权人，并于六十日内在报纸上公告。债权人应当自接到通知书之日起三十日内，未接到通知书的自公告之日起四十五日内，向清算人申报债权。

债权人申报债权，应当说明债权的有关事项，并提供证明材料。清算人应当对债权进行登记。

清算期间，合伙企业存续，但不得开展与清算无关的经营活动。

第八十九条 合伙企业财产在支付清算费用和职工工资、社会保险费用、法定补偿金以及缴纳所欠税款、清偿债务后的剩余财产，依照本法第三十三条第一款的规定进行分配。

第九十条 清算结束，清算人应当编制清算报告，经全体合伙人签名、盖章后，在十五日内向企业登记机关报送清算报告，申请办理合伙企业注销登记。

第九十一条 合伙企业注销后，原普通合伙人对合伙企业存续期间的债务仍应承担无限连带责任。

第九十二条 合伙企业不能清偿到期债务的，债权人可以依法向人民法院提出破产清算申请，也可以要求普通合伙人清偿。

合伙企业依法被宣告破产的，普通合伙人对合伙企业债务仍应承担无限连带责任。

第五章 法律责任

第九十三条 违反本法规定，提交虚假文件或者采取其他欺骗手段，取得合伙企业登记的，由企业登记机关责令改正，处以五千元以上五万元以下的罚款；情节严重的，撤销企业登记，并处以五万元以上二十万元以下的罚款。

第九十四条 违反本法规定，合伙企业未在其名称中标明“普通合伙”、“特殊普通合伙”或者“有限合伙”字样的，由企业登记机关责令限期改正，处以二千元以上一万元以下的罚款。

第九十五条 违反本法规定，未领取营业执照，而以合伙企业或者合伙企业分支机构名义从事合伙业务的，由企业登记机关责令停止，处以五千元以上五万元以下的罚款。

合伙企业登记事项发生变更时，未依照本法规定办理变更登记的，由企业登记机关责令限期登记；逾期不登记的，处以二千元以上二万元以下的罚款。

合伙企业登记事项发生变更，执行合伙事务的合伙人未按期申请办理变更登记的，应当赔偿由此给合伙企业、其他合伙人或者善意第三人造成的损失。

第九十六条 合伙人执行合伙事务，或者合伙企业从业人员利用职务上的便利，将应当归合伙企业的利益据为己有的，或者采取其他手段侵占合伙企业财产的，应当将该利益和财产退还合伙企业；给合伙企业或者其他合伙人造成损失的，依法承担赔偿责任。

第九十七条 合伙人对本法规定或者合伙协议约定必须经全体合伙人一致同意始得执行的事务擅自处理，给合伙企业或者其他合伙人造成损失的，依法承担赔偿责任。

第九十八条 不具有事务执行权的合伙人擅自执行合伙事务，给合伙企业或者其他合伙人造成损失的，依法承担赔偿责任。

第九十九条 合伙人违反本法规定或者合伙协议的约定，从事与本合伙企业相竞争的业务或者与本合伙企业进行交易的，该收益归合伙企业所有；给合伙企业或者其他合伙人造成损失的，依法承担赔偿责任。

第一百条 清算人未依照本法规定向企业登记机关报送清算报告，或者报送清算报告隐瞒重要事实，或者有重大遗漏的，由企业登记机关责令改正。由此产生的费用和损失，由清算人承担和赔偿。

第一百零一条 清算人执行清算事务，牟取非法收入或者侵占合伙企业财产的，应当将该收入和侵占的财产退还合伙企业；给合伙企业或者其他合伙人造成损失的，依法承担赔偿责任。

第一百零二条 清算人违反本法规定，隐匿、转移合伙企业财产，对资产负债表或者财产清单作虚假记载，或者在未清偿债务前分配财产，损害债权人利益的，依法承担赔偿责任。

第一百零三条 合伙人违反合伙协议的，应当依法承担违约责任。

合伙人履行合伙协议发生争议的，合伙人可以通过协商或者调解解决。不愿通过协商、调解解决或者协商、调解不成的，可以按照合伙协议约定的仲裁条款或者事后达成的书面仲裁协议，向仲裁机构申请仲裁。合伙协议中未订立仲裁条款，事后又没有达成书面仲裁协议的，可以向人民法院起诉。

第一百零四条 有关行政管理机关的工作人员违反本法规定，滥用职权、徇私舞弊、收受贿赂、侵害合伙企业合法权益的，依法给予行政处分。

第一百零五条 违反本法规定，构成犯罪的，依法追究刑事责任。

第一百零六条 违反本法规定，应当承担民事赔偿责任和缴纳罚款、罚金，其财产不足以同时支付的，先承担民事赔偿责任。

第六章　附　　则

第一百零七条　非企业专业服务机构依据有关法律采取合伙制的,其合伙人承担责任的形式可以适用本法关于特殊的普通合伙企业合伙人承担责任的规定。

第一百零八条　外国企业或者个人在中国境内设立合伙企业的管理办法由国务院规定。

第一百零九条　本法自2007年6月1日起施行。

8.中华人民共和国个人独资企业法

(1999年8月30日第九届全国人民代表大会常务委员会第十一次会议通过
1999年8月30日公布　自2000年1月1日起施行)

第一章　总　　则

第一条　为了规范个人独资企业的行为,保护个人独资企业投资人和债权人的合法权益,维护社会经济秩序,促进社会主义市场经济的发展,根据宪法,制定本法。

第二条　本法所称个人独资企业,是指依照本法在中国境内设立,由一个自然人投资,财产为投资人个人所有,投资人以其个人财产对企业债务承担无限责任的经营实体。

第三条　个人独资企业以其主要办事机构所在地为住所。

第四条　个人独资企业从事经营活动必须遵守法律、行政法规,遵守诚实信用原则,不得损害社会公共利益。

个人独资企业应当依法履行纳税义务。

第五条　国家依法保护个人独资企业的财产和其他合法权益。

第六条　个人独资企业应当依法招用职工。职工的合法权益受法律保护。

个人独资企业职工依法建立工会,工会依法开展活动。

第七条　在个人独资企业中的中国共产党党员依照中国共产党章程进行活动。

第二章　个人独资企业的设立

第八条　设立个人独资企业应当具备下列条件:

(一)投资人为一个自然人;

（二）有合法的企业名称；

（三）有投资人申报的出资；

（四）有固定的生产经营场所和必要的生产经营条件；

（五）有必要的从业人员。

第九条 申请设立个人独资企业，应当由投资人或者其委托的代理人向个人独资企业所在地的登记机关提交设立申请书、投资人身份证明、生产经营场所使用证明等文件。委托代理人申请设立登记时，应当出具投资人的委托书和代理人的合法证明。

个人独资企业不得从事法律、行政法规禁止经营的业务；从事法律、行政法规规定须报经有关部门审批的业务，应当在申请设立登记时提交有关部门的批准文件。

第十条 个人独资企业设立申请书应当载明下列事项：

（一）企业的名称和住所；

（二）投资人的姓名和居所；

（三）投资人的出资额和出资方式；

（四）经营范围。

第十一条 个人独资企业的名称应当与其责任形式及从事的营业相符合。

第十二条 登记机关应当在收到设立申请文件之日起十五日内，对符合本法规定条件的，予以登记，发给营业执照；对不符合本法规定条件的，不予登记，并应当给予书面答复，说明理由。

第十三条 个人独资企业的营业执照的签发日期，为个人独资企业成立日期。

在领取个人独资企业营业执照前，投资人不得以个人独资企业名义从事经营活动。

第十四条 个人独资企业设立分支机构，应当由投资人或者其委托的代理人向分支机构所在地的登记机关申请登记，领取营业执照。

分支机构经核准登记后，应将登记情况报该分支机构隶属的个人独资企业的登记机关备案。

分支机构的民事责任由设立该分支机构的个人独资企业承担。

第十五条 个人独资企业存续期间登记事项发生变更的，应当在作出变更决定之日起的十五日内依法向登记机关申请办理变更登记。

第三章 个人独资企业的投资人及事务管理

第十六条 法律、行政法规禁止从事营利性活动的人，不得作为投资人申请设立个人独资企业。

第十七条 个人独资企业投资人对本企业的财产依法享有所有权，其有关权利可以依法进行转让或继承。

第十八条 个人独资企业投资人在申请企业设立登记时明确以其家庭共有财产作为个人出资的,应当依法以家庭共有财产对企业债务承担无限责任。

第十九条 个人独资企业投资人可以自行管理企业事务,也可以委托或者聘用其他具有民事行为能力的人负责企业的事务管理。

投资人委托或者聘用他人管理个人独资企业事务,应当与受托人或者被聘用的人签订书面合同,明确委托的具体内容和授予的权利范围。

受托人或者被聘用的人员应当履行诚信、勤勉义务,按照与投资人签订的合同负责个人独资企业的事务管理。

投资人对受托人或者被聘用的人员职权的限制,不得对抗善意第三人。

第二十条 投资人委托或者聘用的管理个人独资企业事务的人员不得有下列行为:

(一)利用职务上的便利,索取或者收受贿赂;

(二)利用职务或者工作上的便利侵占企业财产;

(三)挪用企业的资金归个人使用或者借贷给他人;

(四)擅自将企业资金以个人名义或者以他人名义开立帐户储存;

(五)擅自以企业财产提供担保;

(六)未经投资人同意,从事与本企业相竞争的业务;

(七)未经投资人同意,同本企业订立合同或者进行交易;

(八)未经投资人同意,擅自将企业商标或者其他知识产权转让给他人使用;

(九)泄露本企业的商业秘密;

(十)法律、行政法规禁止的其他行为。

第二十一条 个人独资企业应当依法设置会计帐簿,进行会计核算。

第二十二条 个人独资企业招用职工的,应当依法与职工签订劳动合同,保障职工的劳动安全,按时、足额发放职工工资。

第二十三条 个人独资企业应当按照国家规定参加社会保险,为职工缴纳社会保险费。

第二十四条 个人独资企业可以依法申请贷款、取得土地使用权,并享有法律、行政法规规定的其他权利。

第二十五条 任何单位和个人不得违反法律、行政法规的规定,以任何方式强制个人独资企业提供财力、物力、人力;对于违法强制提供财力、物力、人力的行为,个人独资企业有权拒绝。

第四章 个人独资企业的解散和清算

第二十六条 个人独资企业有下列情形之一时,应当解散:

(一)投资人决定解散;

（二）投资人死亡或者被宣告死亡，无继承人或者继承人决定放弃继承；

（三）被依法吊销营业执照；

（四）法律、行政法规规定的其他情形。

第二十七条　个人独资企业解散，由投资人自行清算或者由债权人申请人民法院指定清算人进行清算。

投资人自行清算的，应当在清算前十五日内书面通知债权人，无法通知的，应当予以公告。债权人应当在接到通知之日起三十日内，未接到通知的应当在公告之日起六十日内，向投资人申报其债权。

第二十八条　个人独资企业解散后，原投资人对个人独资企业存续期间的债务仍应承担偿还责任，但债权人在五年内未向债务人提出偿债请求的，该责任消灭。

第二十九条　个人独资企业解散的，财产应当按照下列顺序清偿：

（一）所欠职工工资和社会保险费用；

（二）所欠税款；

（三）其他债务。

第三十条　清算期间，个人独资企业不得开展与清算目的无关的经营活动。在按前条规定清偿债务前，投资人不得转移、隐匿财产。

第三十一条　个人独资企业财产不足以清偿债务的，投资人应当以其个人的其他财产予以清偿。

第三十二条　个人独资企业清算结束后，投资人或者人民法院指定的清算人应当编制清算报告，并于十五日内到登记机关办理注销登记。

第五章　法律责任

第三十三条　违反本法规定，提交虚假文件或采取其他欺骗手段，取得企业登记的，责令改正，处以五千元以下的罚款；情节严重的，并处吊销营业执照。

第三十四条　违反本法规定，个人独资企业使用的名称与其在登记机关登记的名称不相符合的，责令限期改正，处以二千元以下的罚款。

第三十五条　涂改、出租、转让营业执照的，责令改正，没收违法所得，处以三千元以下的罚款；情节严重的，吊销营业执照。

伪造营业执照的，责令停业，没收违法所得，处以五千元以下的罚款。构成犯罪的，依法追究刑事责任。

第三十六条　个人独资企业成立后无正当理由超过六个月未开业的，或者开业后自行停业连续六个月以上的，吊销营业执照。

第三十七条　违反本法规定，未领取营业执照，以个人独资企业名义从事经营活动的，责令停止经营活动，处以三千元以下的罚款。

个人独资企业登记事项发生变更时，未按本法规定办理有关变更登记的，责令限期办理变更登记;逾期不办理的,处以二千元以下的罚款。

第三十八条 投资人委托或者聘用的人员管理个人独资企业事务时违反双方订立的合同,给投资人造成损害的,承担民事赔偿责任。

第三十九条 个人独资企业违反本法规定,侵犯职工合法权益,未保障职工劳动安全,不缴纳社会保险费用的,按照有关法律、行政法规予以处罚,并追究有关责任人员的责任。

第四十条 投资人委托或者聘用的人员违反本法第二十条规定,侵犯个人独资企业财产权益的,责令退还侵占的财产;给企业造成损失的,依法承担赔偿责任;有违法所得的,没收违法所得;构成犯罪的,依法追究刑事责任。

第四十一条 违反法律、行政法规的规定强制个人独资企业提供财力、物力、人力的,按照有关法律、行政法规予以处罚,并追究有关责任人员的责任。

第四十二条 个人独资企业及其投资人在清算前或清算期间隐匿或转移财产,逃避债务的,依法追回其财产,并按照有关规定予以处罚;构成犯罪的,依法追究刑事责任。

第四十三条 投资人违反本法规定,应当承担民事赔偿责任和缴纳罚款、罚金,其财产不足以支付的,或者被判处没收财产的,应当先承担民事赔偿责任。

第四十四条 登记机关对不符合本法规定条件的个人独资企业予以登记,或者对符合本法规定条件的企业不予登记的,对直接责任人员依法给予行政处分;构成犯罪的,依法追究刑事责任。

第四十五条 登记机关的上级部门的有关主管人员强令登记机关对不符合本法规定条件的企业予以登记,或者对符合本法规定条件的企业不予登记的,或者对登记机关的违法登记行为进行包庇的,对直接责任人员依法给予行政处分;构成犯罪的,依法追究刑事责任。

第四十六条 登记机关对符合法定条件的申请不予登记或者超过法定时限不予答复的,当事人可依法申请行政复议或提起行政诉讼。

第六章　附　　则

第四十七条 外商独资企业不适用本法。

第四十八条 本法自 2000 年 1 月 1 日起施行。

9. 企业名称登记管理规定

（2020年12月14日国务院第118次常务会议修订通过
2020年12月28日　自2021年3月1日起施行）

第一条　为了规范企业名称登记管理，保护企业的合法权益，维护社会经济秩序，优化营商环境，制定本规定。

第二条　县级以上人民政府市场监督管理部门（以下统称企业登记机关）负责中国境内设立企业的企业名称登记管理。

国务院市场监督管理部门主管全国企业名称登记管理工作，负责制定企业名称登记管理的具体规范。

省、自治区、直辖市人民政府市场监督管理部门负责建立本行政区域统一的企业名称申报系统和企业名称数据库，并向社会开放。

第三条　企业登记机关应当不断提升企业名称登记管理规范化、便利化水平，为企业和群众提供高效、便捷的服务。

第四条　企业只能登记一个企业名称，企业名称受法律保护。

第五条　企业名称应当使用规范汉字。民族自治地方的企业名称可以同时使用本民族自治地方通用的民族文字。

第六条　企业名称由行政区划名称、字号、行业或者经营特点、组织形式组成。跨省、自治区、直辖市经营的企业，其名称可以不含行政区划名称；跨行业综合经营的企业，其名称可以不含行业或者经营特点。

第七条　企业名称中的行政区划名称应当是企业所在地的县级以上地方行政区划名称。市辖区名称在企业名称中使用时应当同时冠以其所属的设区的市的行政区划名称。开发区、垦区等区域名称在企业名称中使用时应当与行政区划名称连用，不得单独使用。

第八条　企业名称中的字号应当由两个以上汉字组成。

县级以上地方行政区划名称、行业或者经营特点不得作为字号，另有含义的除外。

第九条　企业名称中的行业或者经营特点应当根据企业的主营业务和国民经济行业分类标准标明。国民经济行业分类标准中没有规定的，可以参照行业习惯或者专业文献等表述。

第十条 企业应当根据其组织结构或者责任形式,依法在企业名称中标明组织形式。

第十一条 企业名称不得有下列情形:

(一)损害国家尊严或者利益;

(二)损害社会公共利益或者妨碍社会公共秩序;

(三)使用或者变相使用政党、党政军机关、群团组织名称及其简称、特定称谓和部队番号;

(四)使用外国国家(地区)、国际组织名称及其通用简称、特定称谓;

(五)含有淫秽、色情、赌博、迷信、恐怖、暴力的内容;

(六)含有民族、种族、宗教、性别歧视的内容;

(七)违背公序良俗或者可能有其他不良影响;

(八)可能使公众受骗或者产生误解;

(九)法律、行政法规以及国家规定禁止的其他情形。

第十二条 企业名称冠以"中国"、"中华"、"中央"、"全国"、"国家"等字词,应当按照有关规定从严审核,并报国务院批准。国务院市场监督管理部门负责制定具体管理办法。

企业名称中间含有"中国"、"中华"、"全国"、"国家"等字词的,该字词应当是行业限定语。

使用外国投资者字号的外商独资或者控股的外商投资企业,企业名称中可以含有"(中国)"字样。

第十三条 企业分支机构名称应当冠以其所从属企业的名称,并缀以"分公司"、"分厂"、"分店"等字词。境外企业分支机构还应当在名称中标明该企业的国籍及责任形式。

第十四条 企业集团名称应当与控股企业名称的行政区划名称、字号、行业或者经营特点一致。控股企业可以在其名称的组织形式之前使用"集团"或者"(集团)"字样。

第十五条 有投资关系或者经过授权的企业,其名称中可以含有另一个企业的名称或者其他法人、非法人组织的名称。

第十六条 企业名称由申请人自主申报。

申请人可以通过企业名称申报系统或者在企业登记机关服务窗口提交有关信息和材料,对拟定的企业名称进行查询、比对和筛选,选取符合本规定要求的企业名称。

申请人提交的信息和材料应当真实、准确、完整,并承诺因其企业名称与他人企业名称近似侵犯他人合法权益的,依法承担法律责任。

第十七条 在同一企业登记机关,申请人拟定的企业名称中的字号不得与下列同行业或者不使用行业、经营特点表述的企业名称中的字号相同:

（一）已经登记或者在保留期内的企业名称，有投资关系的除外；

（二）已经注销或者变更登记未满1年的原企业名称，有投资关系或者受让企业名称的除外；

（三）被撤销设立登记或者被撤销变更登记未满1年的原企业名称，有投资关系的除外。

第十八条 企业登记机关对通过企业名称申报系统提交完成的企业名称予以保留，保留期为2个月。设立企业依法应当报经批准或者企业经营范围中有在登记前须经批准的项目的，保留期为1年。

申请人应当在保留期届满前办理企业登记。

第十九条 企业名称转让或者授权他人使用的，相关企业应当依法通过国家企业信用信息公示系统向社会公示。

第二十条 企业登记机关在办理企业登记时，发现企业名称不符合本规定的，不予登记并书面说明理由。

企业登记机关发现已经登记的企业名称不符合本规定的，应当及时纠正。其他单位或者个人认为已经登记的企业名称不符合本规定的，可以请求企业登记机关予以纠正。

第二十一条 企业认为其他企业名称侵犯本企业名称合法权益的，可以向人民法院起诉或者请求为涉嫌侵权企业办理登记的企业登记机关处理。

企业登记机关受理申请后，可以进行调解；调解不成的，企业登记机关应当自受理之日起3个月内作出行政裁决。

第二十二条 利用企业名称实施不正当竞争等行为的，依照有关法律、行政法规的规定处理。

第二十三条 使用企业名称应当遵守法律法规，诚实守信，不得损害他人合法权益。

人民法院或者企业登记机关依法认定企业名称应当停止使用的，企业应当自收到人民法院生效的法律文书或者企业登记机关的处理决定之日起30日内办理企业名称变更登记。名称变更前，由企业登记机关以统一社会信用代码代替其名称。企业逾期未办理变更登记的，企业登记机关将其列入经营异常名录；完成变更登记后，企业登记机关将其移出经营异常名录。

第二十四条 申请人登记或者使用企业名称违反本规定的，依照企业登记相关法律、行政法规的规定予以处罚。

企业登记机关对不符合本规定的企业名称予以登记，或者对符合本规定的企业名称不予登记的，对直接负责的主管人员和其他直接责任人员，依法给予行政处分。

第二十五条 农民专业合作社和个体工商户的名称登记管理，参照本规定执行。

第二十六条 本规定自2021年3月1日起施行。

实用工具

附录1:国家市场监督管理总局企业名称申报指引

1.网上申请操作指引

1.1 申请范围

依法需经国家市场监督管理总局登记的新设立企业名称,主要包括:内资公司、非公司企业法人和外资企业法人等。

1.2 登录系统

1.2.1 登录渠道

登录“国家市场监督管理总局企业名称申报系统”(以下简称“企业名称申报系统”)有三种渠道:

第一种:在国家市场监督管理总局网站(http://www.samr.gov.cn/)下方左侧的“服务”模块,点击“企业登记网上注册”,登录企业名称申报系统。

第二种:点击国家市场监督管理总局网站(http://www.samr.gov.cn/)导航栏的“服务”,选择“国家市场监督管理总局政务服务平台”,进入平台后选择“登记注册”栏目,然后点击“企业名称申报服务”对应的【申请】,通过“统一身份认证平台”登录企业名称申报系统。

第三种:点击国家市场监督管理总局登记注册局网站(http://www.samr.gov.cn/djzcj)下方的“在线申报”,登录企业名称申报系统。

第四种:直接登录企业名称申报系统(http://wsdj.samr.gov.cn/)。

1.2.2 系统登录操作

通过点击“个人用户”或者“企业用户”可以选择不同登录方式,根据页面要求,填写用户登录信息,并点击【登录】进行登录。

注意事项:

1)未注册为本系统用户的,需先注册为用户;

2)使用浏览器:谷歌浏览器、360安全浏览器(极速模式);

3)"联系电话"应为有效手机号,确保能正常注册账号、登录系统以及接收到业务短信提示。

1.3 进入企业名称登记申报页面

登录企业名称申报系统后,进入"企业名称申报"界面。

1.4 选择企业名称类型

在名企业名称类型选择页面,申报人员可根据企业名称实际情况选择"内资名称"或"外资名称",并点击【确认】按钮,完成企业名称类型选择。完成企业名称类型选择后,系统将弹出"温馨提示",需要用户认真阅读,点击【确定】按钮可关闭"温馨提示"页面并进入"名称登记申报"信息填写页面。

1.5 填写申报信息

企业名称设立登记申报需填写"名称信息"、"企业信息"、"投资人信息"和"其他信息"。

"名称信息"页面上的信息填写完毕后,系统会对填写的企业名称进行初步检查,检查通过,可填写"企业信息";检查不通过,需要调整名称信息直至检查通过后才可以继续操作。

"企业信息"页面内容填写完毕并通过检查后,进入"投资人信息"页面填写相关内容。

"其他信息"页面用语补充完善代理人信息,以及上传相关证明材料。

注意事项:

1)名称分为四段式,由"行政区划名称"、"字号"、"行业或者经营特点"和"组织形式"组成。国家市场监督管理总局登记管理的企业名称不含行政区划名称,"行政区划名称"一栏不需要填写;

2)填报人需在"名称行业"处录入行业关键字,然后根据系统提示选择规范性行业名称,同时系统根据规范性名称行业匹配相对应的行业代码和主营业务;如果企业名称不含"名称行业",填报人可以勾选"无行业表述",并至少选择5大类行业代码;

3)填报的企业字号与投资人相同、企业名称存在授权关系,需要上传相关资格证明文件(*.pdf格式);

4）填报的企业名称存在其他含义，需要填写含义说明；

5）外资企业名称申报，需要上传全体投资人资格证明文件（*.pdf格式）；

6）通过点击【下一步】或【上一步】进行页面切换；

7）在系统中填写的信息真实有效，以保证通过系统打印出的文书内容无误。

1.6 检查提交

在填报信息预览页面，系统会对申请人填写的所有信息再次进行检查；检查通过后可点击【提交】按钮，通过互联网将申请提交至国家市场监督管理登记注册局。检查不通过的，申请人需根据提示修改填报信息，直至被检查通过才可提交申请至业务部门。

注意事项：业务状态为"已提交待预审"表示业务已经提交成功，此时申报信息只能查看，不能修改。

1.7 查看反馈

企业登记机关将在3～5个工作日内作出企业名称设立登记意见。申请人可登录企业名称申报系统，点击【我的业务申报】查看申报业务审查过程反馈信息。

申报状态为"退回修改"的，业务信息可查看、修改或者将申报的业务直接"删除"。

申报状态为"已办理成功"的，业务信息可查看、文书可以打印。

1.8 打印告知书

查看系统业务办理状态为"已办理成功"后，打印系统生成的《企业名称网上登记告知书》（含指定代表或者共同委托代理人授权委托书及身份证件复印件）。

注意事项：

1）将委托人身份证复印件粘贴在授权委托人信息处；

2）《企业名称网上申报告知书》由申请人申报通过以后自行下载、打印、填写。

1.9 提交纸质材料，领取通知书

咨询企业住所所在地企业登记机关本省市登记管辖有关规定，协商、确认拟注册企业的登记机关。申请人需按要求准备好相关申报材料现场交给该企业登记机关，领取加盖登记机关业务专用章的《企业名称保留告知书》。

注意事项：

1）提交材料规范：

①《企业名称网上申报告知书》（含指定代表或者共同委托代理人授权委托书及身份证件复印件）。

②投资人的资格证明复印件（外商投资企业提供，文件是外文的、需提交加盖翻译单位公章的中文翻译件）。

③其他有关文件、证件。

2）申请人通过企业登记申报系统申请不含行政区划企业名称登记后，到企业登记机关领取《企业名称保留告知书》；

3）《企业名称保留告知书》应当由指定代表或者共同委托代理人持本人有效身份证件领取。指定代表或者共同委托代理人发生变化，或者因故不能领取的，可以由申请人或者指定代表或者共同委托代理人另行委托他人持本人有效证件领取。另行委托需另行填写《指定代表或者共同委托代理人授权委托书》（可从国家市场监督管理总局网站下载）。指定代表或者共同委托代理人另行委托的，在"委托书"的"申请人签字或盖章"处签字。

2. 现场申请操作指引

2.1 申请范围

内资新设企业名称登记，总局现场受理范围：冠以"中国"、"中华"、"全国"、"国家"、"国际"等字样或者含有"中国"、"中华"、"全国"、"国家"等字样的企业名称，其他需总局现场受理的企业名称。

2.2 申请书下载

申请书下载有两种渠道：

第一种：点击国家市场监督管理总局网（http://www.samr.gov.cn/）导航栏的"服务"，进入"网上办事"栏目，点击登记注册主题下的"表格"并下载《企业名称登记申请书》；

第二种：点击登记注册局网站（http://www.samr.gov.cn/djzcj）下方"企业名称登记（不含行政区划）"并下载。

2.3　准备申请材料、选择企业登记机关

根据名称登记申请要求准备相关材，结合企业现场申请条件及企业名称相关信息（如：注册资本、企业住所），选择有受理权限的企业登记机关。

2.4　提交纸质材料

将填写完整的《企业名称登记申请书》（含指定代表或者共同委托代理人授权委托书及身份证件复印件）及其他有关文件、证件交给企业登记机关，并接受企业登记机关受理意见。

1）提交的申请书与其它申请材料应当使用 A4 型纸。

2）提交的文件若用外文书写，需提交中文译本，并加盖翻译单位印章；

3）提交材料未注明提交复印件的，应当提交原件；提交复印件的，应当注明“与原件一致”并由申请人签署；

4）提交材料规范：

①《企业名称登记申请书》（含指定代表或者共同委托代理人授权委托书及身份证件复印件）。

②外商投资企业提交全体投资人的资格证明复印件（文件是外文的，需提交加盖翻译单位公章的中文翻译件）。

2.5　领取通知书

企业登记机关将在 3 ~ 5 个工作日内作出企业名称设立登记意见。通过后，授权委托人可到企业名称登记机关领取《企业名称保留告知书》。未通过的，申请人需按要求提交相关修改材料。

附录2:国家市场监督管理总局企业名称登记申请书

注:请仔细阅读本申请书《填写说明》,按要求填写。

□企业名称登记申请			
申请 企业名称	______________________ (申请集团母公司需填写:集团名称　　　　　　集团简称:　　　　　　)		
企业住所地	______省(市/自治区)______市(地区/盟/自治州) ______县(自治县/旗/自治旗/市/区)		
注册资本(金)	______万元	币种	
投资总额(外)	______万元	币种	
企业类型		经营期限	
经营范围			

续表

<table>
<tr><td rowspan="12">投资人</td><td rowspan="6">内资</td><td colspan="2">名称或姓名</td><td colspan="3">证照号码</td></tr>
<tr><td colspan="2"></td><td colspan="3"></td></tr>
<tr><td colspan="2"></td><td colspan="3"></td></tr>
<tr><td colspan="2"></td><td colspan="3"></td></tr>
<tr><td colspan="2"></td><td colspan="3"></td></tr>
<tr><td colspan="2"></td><td colspan="3"></td></tr>
<tr><td rowspan="6">外资</td><td>名称或姓名</td><td>国别
(地区)</td><td>出资额
(万元)</td><td>币种</td><td>出资
比例</td></tr>
<tr><td></td><td></td><td></td><td></td><td></td></tr>
<tr><td></td><td></td><td></td><td></td><td></td></tr>
<tr><td></td><td></td><td></td><td></td><td></td></tr>
<tr><td></td><td></td><td></td><td></td><td></td></tr>
<tr><td></td><td></td><td></td><td></td><td></td></tr>
</table>

<table>
<tr><td colspan="6">□已登记名称项目调整(投资人除外)</td></tr>
<tr><td>已登记名称</td><td colspan="2"></td><td colspan="2">通知书文号</td><td></td></tr>
<tr><td>拟调整项目</td><td colspan="2">原申请内容</td><td colspan="3">拟调整内容</td></tr>
<tr><td></td><td colspan="2"></td><td colspan="3"></td></tr>
<tr><td></td><td colspan="2"></td><td colspan="3"></td></tr>
<tr><td></td><td colspan="2"></td><td colspan="3"></td></tr>
<tr><td></td><td colspan="2"></td><td colspan="3"></td></tr>
<tr><td colspan="6">□已登记名称延期</td></tr>
<tr><td>已登记名称</td><td colspan="2"></td><td colspan="2">通知书文号</td><td></td></tr>
<tr><td>原有效期</td><td colspan="2"></td><td colspan="2">有效期延至</td><td>____年____月____日</td></tr>
<tr><td colspan="6">指定代表或者共同委托代理人</td></tr>
<tr><td>具体经办人
姓名</td><td></td><td>身份证
件号码</td><td></td><td>联系电话</td><td></td></tr>
</table>

续表

授权期限	自　年　月　日至　年　月　日
授权权限	1. 同意□不同意□核对登记材料中的复印件并签署核对意见； 2. 同意□不同意□修改有关表格的填写错误； 3. 同意□不同意□领取《企业名称登记通知书》。
（指定代表或委托代理人、具体经办人身份证件复印件粘贴处）	
申请人 签字或盖章	年　月　日

☞ 企业名称登记申请书填写说明

注：以下"说明"供填写申请书参照使用，不需向登记机关提供。

1. 本申请书适用于所有企业的名称登记申请、名称项目调整（投资人除外）、名称延期申请等。

2. 向登记机关提交的申请书只填写与本次申请有关的栏目。

3. 申请人应根据《企业名称登记管理规定》和《企业名称登记管理实施办法》有关规定申请企业名称登记，所提供信息应真实、合法、有效。

4. "企业类型"栏应根据以下具体类型选择填写：有限责任公司、股份有限公司、分公司、非公司企业法人、营业单位、企业非法人分支机构、个人独资企业、合伙企业、中外合作企业、中外合资企业、外资企业。

5. "经营范围"栏只需填写与企业名称行业表述相一致的主要业务项目，应参照《国民经济行业分类》国家标准及有关规定填写。

6. 申请企业设立名称登记、对已登记企业名称项目进行调整或延长有效期限的，申请人为全体投资人。其中，自然人投资的由本人签字，非自然人投资的加盖公章。

7. 在原登记名称不变的情况下，可以对已登记名称项目进行调整，如住所、注册资本(金)等,变更投资人项目的除外。

8.《企业名称登记通知书》的延期应当在有效期期满前一个月内申请办理,申请延期时应缴回《企业名称登记通知书》原件。投资人有正当理由,可以申请《企业名称登记通知书》有效期延期六个月,经延期的《企业名称登记通知书》不得再次申请延期。

9. 指定代表或委托代理人、具体经办人应在粘贴的身份证件复印件上用黑色钢笔或签字笔签字确认"与原件一致"。

10. "投资人"项及"已核准名称项目调整(投资人除外)"项可加行续写或附页续写。

11. 申请人提交的申请书应当使用 A4 型纸。依本表打印生成的,使用黑色钢笔或签字笔签署;手工填写的,使用黑色钢笔或签字笔工整填写、签署。

附录 3:公司设立登记提交材料

序号	材料	提示
1	《公司登记(备案)申请书》	具体填写要求详见申请书注释; 全市实施市场主体登记告知承诺制,按照承诺制办理的,一并提交承诺书。
2	公司章程	有限责任公司由全体股东签署; 股份有限公司由全体发起人签署; 国有独资公司章程应由国有资产监督管理机构制定或由董事会制订报国有资产监督管理机构批准。 自然人由本人签字,法人和其他组织由法定代表人、负责人或有权签字人签字,并加盖公章。
3	股东主体资格文件或自然人身份证明	自然人股东提交身份证复印件,企业法人股东提交营业执照复印件。其他类别股东资格证明的提交方式请参见《市场主体登记注册通用指南》。
4	法定代表人、董事、监事和高级管理人员的任职文件	根据《公司法》和公司章程的规定,有限责任公司提交股东决定或股东会决议;发起设立的股份有限公司提交股东大会会议记录(募集设立的股份有限公司提交创立大会会议记录);国有独资公司需提交国有资产监督管理机构批准董事会、监事会成员委派文件及董事长、监事会主席的指定文件。对《公司法》和章程规定公司组织机构人员任职须经董事会、监事会、职工大会(职工代表大会)等形式产生的,还需提交董事签字的董事会决议、监事签字的监事会决议、职工(职工代表)签字的职工大会(职工代表大会)决议等相关材料。

续表

序号	材料	提示
		注： 1. 高级管理人员，是指公司的经理、副经理、财务负责人，上市公司董事会秘书和公司章程规定的其他人员。 2. 股份有限公司必须设立董事会、监事会，其董事会成员为五人至十九人；其监事会成员不得少于三人，监事会中职工代表的比例不得低于三分之一。 3. 国有独资公司必须设立董事会、监事会，其监事会成员不得少于五人，其中职工代表的比例不得低于三分之一。
5	住所使用相关文件	产权人签字或盖章的房产证复印件。产权人为自然人的应亲笔签字，产权人为单位的应加盖公章。其他情况请参见《市场主体登记注册通用指南》。
6	验资证明	募集设立的股份有限公司提交依法设立的验资机构出具的验资证明。涉及发起人首次出资是非货币财产的，提交已办理财产权转移手续的证明文件。
7	国务院证券监督管理机构的核准文件	募集设立的股份有限公司公开发行股票的需提交。
8	批准文件或者许可证件的复印件	法律、行政法规和国务院决定规定设立公司必须报经批准的或公司申请登记的经营范围中有法律、行政法规和国务院决定规定必须在登记前报经批准的项目，提交有关批准文件或者许可证件的复印件。

☞ **特别提请注意**

1. 提交的登记申请文书与其它申请材料应当使用 A4 型白色纸张，用黑色或蓝色墨水钢笔或签字笔工整填写、签字。

2. 对于现场窗口提交材料的，未注明提交复印件的，应当提交原件（未注明复印件的即为原件）；提交复印件的，应当注明“与原件一致”并由申请人签署，或者由其指定的代表或共同委托的代理人签字。

3. 通过全程电子化方式申请登记注册的，主体资格证明、身份证明、批准证书、章程、决议等文件可通过全程电子化登记系统提交原件影像（印）件，或通过登记业务系统设置的申请文书格式规范生成相关材料并使用。

4. 提交材料涉及签署，参照申请书中申请人的注释，未注明签署人的，自然人由本人签字，法人和其他组织由法定代表人、负责人或有权签字人签字，并加盖公章。无法亲笔签署的，需提交授权人委托他人签字的授权委托书，授权委托书应为原件，且授权人应亲笔签字，被委托人应配合登记机关进行实名认证。

5. 提交材料、公证认证文书为外文的，应对其内容进行准确的中文翻译，同时提交中文翻译件、外文原件两种文书，并注明“翻译准确”字样。翻译单位应在翻译件上加盖翻译单位公章（翻译专用章）或者附营业执照复印件等主体资格证明文件复印件，同时注明翻译人及联系方式。自然人的应在翻译件上签名，注明联系方式，并附翻译人员相应翻译资质复印件或者身份证明复印件。

6. 在办理登记、备案事项时，申请人应当配合登记机关通过实名认证系统，采用人脸识别等方式对相关人员进行实名验证。因特殊原因，当事人无法通过实名认证系统核验身份信息的，可以提交经依法公证的自然人身份证明文件，或者由本人持身份证件到现场办理。

附录4:公司变更登记提交材料

公司变更登记提交材料

序号	材料	提示
1	《公司登记(备案)申请书》	具体填写要求详见申请书注释; 全市实施市场主体登记告知承诺制,按照承诺制办理的,一并提交承诺书。
2	提交修改公司章程的决议、决定	变更登记事项涉及公司章程修改的需提交,内容应符合《公司法》和章程规定的议事规则和表决比例(其中变更住所、经营范围、股东姓名或名称的,无需提交该文件,公司章程另有规定的,从其规定)。 有限责任公司提交由代表三分之二以上表决权的股东签署的股东会决议。 股份有限公司提交由会议主持人及出席会议的董事签署的股东大会会议记录。 一人有限责任公司提交股东签署的书面决定。 国有独资公司提交国务院、地方人民政府或者其授权的本级人民政府国有资产监督管理机构的批准文件复印件。
3	章程或者公司章程修正案	变更登记事项涉及公司章程修改的需提交,并由公司法定代表人在公司章程或公司章程修正案上签字确认。(其中变更住所、经营范围、股东姓名或名称的,无需提交该文件)。
4	批准文件或者许可证件复印件	法律、行政法规和国务院决定规定公司变更事项必须报经批准的,提交有关的批准文件或者许可证件复印件。
5	营业执照正、副本	已领取纸质版营业执照的缴回营业执照正、副本。

续表

序号	材料	提示
6	变更事项相关证明文件	涉及下述各登记事项变更的,还应当按相应的提交材料规范提交材料:
	变更名称	具体要求请参见《市场主体登记注册通用指南》。
	变更住所	产权人签字或盖章的房产证复印件。产权人为自然人的应亲笔签字,产权人为单位的应加盖公章。其他情况请参见《市场主体登记注册通用指南》。
	变更法定代表人	根据公司章程的规定提交法定代表人免职证明和新任法定代表人的任职证明(股东会决议、股东决定由股东签署,董事会决议由公司董事签字)。
	法定代表人更改姓名	提交公安部门出具的证明(自然人更改姓名后,其身份证号码与更改姓名前一致的,无需提交公安部门证明,只需提交新的身份证件复印件)。
	减少注册资本	提交公司债务清偿或债务担保情况的说明(公司盖章或法定代表人签字),仅通过报纸发布减少注册资本公告的,需要提交依法刊登公告的报纸样张。应当自公告之日起45日后申请变更登记。已通过国家企业信用信息公示系统发布减少注册资本公告的,可免于提交减资公告材料。
	变更经营范围	公司申请登记的经营范围中有法律、行政法规和国务院决定规定必须在登记前报经批准的项目,提交有关批准文件或者许可证件的复印件。

续表

序号	材料	提示
	变更股东	提交股东双方签署的股权转让协议或者股权交割证明；新股东的主体资格文件或自然人身份证件复印件。 注： 1. 变更自然人股东的，提交与该股权交易相关的个人所得税税款缴纳或纳税申报凭证。 2. 因继承、受遗赠取得股权，当事人申请办理股东登记的，应当提交经公证的材料或者生效的法律文书等继承证明材料。 3. 公司章程对股权转让、股权继承另有规定的，从其规定。 4. 人民法院依法判决、裁定划转股权的，应当提交人民法院的生效判决书或裁定书，无须提交股东双方签署的股权转让协议或者股权交割证明和其他股东过半数同意的文件；国务院、地方人民政府或者其授权的本级人民政府国有资产监督管理机构划转国有资产相关股权的，提交国务院、地方人民政府或者其授权的本级人民政府国有资产监督管理机构关于划转股权的文件，无须提交股东双方签署的股权转让协议或者股权交割证明。 5. 涉及本市国有产权转让的，应提交北京产权交易所有限公司出具的《产权交易凭证》；涉及中央国有产权转让的，应提交中央企业国有产权交易试点机构出具的《产权交易凭证》；涉及外埠国有产权转让的，可依据国有产权属地政府有关规定，提交规定的产权交易机构出具的产权转让交割文件或国有资产管理部门出具的产权转让批准文件。 6. 股份有限公司的股东名称和股份数额不是登记事项，股份有限公司无需到市场监管部门办理股东变更登记。

续表

序号	材料	提示
	变更股东或发起人名称或姓名	因股东或发起人自身更名需变更登记的股东或发起人名称或姓名,提交股东或发起人名称或姓名变更证明;股东或发起人更名后新的主体资格文件或者自然人身份证件复印件。其中,自然人股东或发起人更改姓名的,如其身份证号码与更改姓名前一致的,无需提交公安部门证明,只需提交新的身份证件复印件。 外国投资者的名称变更证明文件应当经所在国家公证机关公证并经中国驻该国使(领)馆认证。如其本国与中国没有外交关系,则应当经与中国有外交关系的第三国驻该国使(领)馆认证,再由中国驻该第三国使(领)馆认证。某些国家的海外属地出具的文书,应先在该属地办妥公证,再经该国外交机构认证,最后由中国驻该国使(领)馆认证。中国与有关国家缔结或者共同参加的国际条约对认证另有规定的除外。 香港特别行政区、澳门特别行政区和台湾地区投资者的名称变更文件应当按照专项规定或者协议,依法提供当地公证机构的公证文件。提交港澳居民居住证或者往来内地通行证的,无需公证。大陆公安部门颁发的台湾居民居住证、大陆出入境管理部门颁发的台湾居民往来大陆通行证,可作为台湾地区自然人投资者的身份证明且无需公证。
	股份有限公司增加注册资本	股份有限公司以公开发行新股方式或者上市公司以非公开发行新股方式增加注册资本的,还应当提交国务院证券监督管理机构的核准文件。

注:

变更登记事项:名称、类型、经营范围、住所、注册资本、法定代表人姓名、有限责任公司股东或者股份有限公司发起人姓名或者名称

公司备案提交材料

序号	材料	提示
1	《公司登记(备案)申请书》	具体填写要求详见申请书注释; 全市实施市场主体登记告知承诺制,按照承诺制办理的,一并提交承诺书。
2	许可项目审批文件	法律、行政法规和国务院决定规定备案事项必须报经批准的,提交有关的批准文件或者许可证件复印件。
3	备案事项证明文件	涉及备案下述各登记事项的,还应当按相应的提交材料规范提交材料。公司备案与公司变更登记同时申请时,可一并提交有关材料:
	章程备案	提交修改后的公司章程或者公司章程修正案(公司法定代表人签署);关于修改公司章程的决议、决定。有限责任公司提交由代表三分之二以上表决权的股东签署的股东会决议;股份有限公司提交由会议主持人及出席会议的董事签署的股东大会会议记录;一人有限责任公司提交股东签署的书面决定;国有独资公司提交国务院、地方人民政府或者其授权的本级人民政府国有资产监督管理机构的批准文件复印件。
	经营期限、认缴的出资数额备案	提交修改后的公司章程或者公司章程修正案(公司法定代表人签署)。其中因股东之间转让部分股权导致认缴的出资数额变更的,还需提交股东双方签署的股权转让协议或者股权交割证明。 自然人股东转让股权的,还需提交与该股权交易相关的个人所得税的税款缴纳或纳税申报凭证完税凭证。 涉及本市国有产权转让的,应提交北京产权交易所有限公司出具的《产权交易凭证》;涉及中央国有产权转让的,应提交中央企业国有产权交易试点机构出具的《产权交易凭证》;涉及外埠国有产权转让的,可依据国有产权属地政府有关规定,提交规定的产权交易机构出具的产权转让交割文件或国有资产管理部门出具的产权转让批准文件。

续表

序号	材料	提示
	董事、监事、高级管理人员备案	提交有关董事、监事、高级管理人员任免职的决议、决定。根据《公司法》和公司章程的规定，有限责任公司提交股东决定或股东会决议，发起设立的股份有限公司提交股东大会会议记录（募集设立的股份有限公司提交创立大会会议记录）。对《公司法》和章程规定公司组织机构人员任职须经董事会、监事会、职工大会（职工代表大会）等形式产生的，还需提交董事签字的董事会决议、监事签字的监事会决议、职工（职工代表）签字的职工大会（职工代表大会）决议等相关材料。
	更换登记联络员	填写《联络员信息表》，提交联络员的身份证明复印件（粘贴在申请书中即可）。
	更换境外投资者法律文件送达接受人	提交《外商投资企业法律文件送达授权委托书》和被授权人的主体资格文件复印件或自然人身份证明复印件。

备案事项：章程、经营期限、有限责任公司股东或者股份有限公司发起人认缴的出资数额、董事、监事、高级管理人员、登记联络员、外商投资公司法律文件送达接受人

依据《中外合资经营企业法》、《外资企业法》、《中外合作经营企业法》等法规设立的外商投资公司、非公司外商投资企业、外商投资公司分公司、非公司外商投资企业分支机构申请变更、备案、注销登记，在2024年12月31日前的过渡期内，可继续参照原要求提交材料。

☞ **特别提请注意**

1. 提交的登记申请文书与其它申请材料应当使用A4型白色纸张，用黑色或蓝色墨水钢笔或签字笔工整填写、签字。

2. 对于现场窗口提交材料的，未注明提交复印件的，应当提交原件（未注明复印件的即为原件）；提交复印件的，应当注明“与原件一致”并由申请人签署，或者由其指定的代表或共同委托的代理人签字。

3. 通过全程电子化方式申请登记注册的，主体资格证明、身份证明、批准证书、章程、决议等文件可通过全程电子化登记系统提交原件影像（印）件，或通过登记业务系统设置的申请文书格式规范生成相关材料并使用。

4. 提交材料涉及签署,参照申请书中申请人的注释,未注明签署人的,自然人由本人签字,法人和其他组织由法定代表人、负责人或有权签字人签字,并加盖公章。无法亲笔签署的,需提交授权人委托他人签字的授权委托书,授权委托书应为原件,且授权人应亲笔签字,被委托人应配合登记机关进行实名认证。

5. 提交材料、公证认证文书为外文的,应对其内容进行准确的中文翻译,同时提交中文翻译件、外文原件两种文书,并注明“翻译准确”字样。翻译单位应在翻译件上加盖翻译单位公章(翻译专用章)或者附营业执照复印件等主体资格证明文件复印件,同时注明翻译人及联系方式。自然人的应在翻译件上签名,注明联系方式,并附翻译人员相应翻译资质复印件或者身份证明复印件。

6. 在办理登记、备案事项时,申请人应当配合登记机关通过实名认证系统,采用人脸识别等方式对相关人员进行实名验证。因特殊原因,当事人无法通过实名认证系统核验身份信息的,可以提交经依法公证的自然人身份证明文件,或者由本人持身份证件到现场办理。

附录5:公司登记(备案)申请书

□基本信息(必填项)				
名称	____________________ (集团母公司需填写:集团名称:　　　　　　集团简称:　　　　　)			
统一社会信用代码(设立登记不填写)				
住所	北京市__________区______________(门牌号)			
联系电话		邮政编码		
□设立(仅设立登记填写)				
法定代表人姓名		公司类型	□有限责任公司 □股份有限公司 □外资有限责任公司 □外资股份有限公司	
注册资本	________万元　(币种:□人民币　□其他________)			
投资总额(外资公司填写)	________万元　(币种:________) 折美元:________万元			
设立方式(股份公司填写)	□发起设立 □募集设立	营业期限/经营期限	□长期　□________年	
申领执照	□申领纸质执照　其中:副本__________个 (电子执照系统自动生成,纸质执照自行勾选)			

续表

经营范围 （根据登记机关公布的经营项目分类标准办理经营范围登记）	

注：1. 本申请书适用于内资、外资公司申请设立、变更、备案。

2. 申请书应当使用A4纸。依本表打印生成的，使用黑色或蓝色墨水钢笔或签字笔签署；手工填写的，使用黑色或蓝色墨水钢笔或签字笔工整填写、签署。

□变更（仅变更登记填写，只填写与本次申请有关的事项）		
事项	□名称 □住所 □法定代表人（姓名） □注册资本 □公司类型 □经营范围 □股东 □股东（发起人）姓名或名称	
变更事项	原登记内容	变更后登记内容
注：变更事项包括名称、住所、法定代表人（姓名）、注册资本、公司类型、经营范围、有限责任公司股东（股东姓名或者名称）、股份有限公司发起人的姓名或者名称。 申请公司名称变更，在名称中增加“集团或（集团）”字样的，应当填写集团名称、集团简称（无集团简称的可不填）		
□备案（仅备案填写）		
事项	□公司董事、监事、高级管理人员 □经营期限 □联络员	□章程（含修正案） □认缴出资数额 □外国投资者法律文件送达接受人

续表

<table>
<tr><td>备案事项</td><td colspan="2">原登记内容</td><td>备案后登记内容</td></tr>
<tr><td></td><td colspan="2"></td><td></td></tr>
<tr><td></td><td colspan="2"></td><td></td></tr>
<tr><td></td><td colspan="2"></td><td></td></tr>
<tr><td></td><td colspan="2"></td><td></td></tr>
<tr><td colspan="4">注：高级管理人员包括经理、副经理、财务负责人，上市公司董事会秘书和公司章程规定的其他人员。</td></tr>
<tr><td colspan="4">□指定代表/委托代理人（必填项）</td></tr>
<tr><td>委托权限</td><td colspan="3">1. 同意□不同意□核对登记材料中的复印件并签署核对意见；
2. 同意□不同意□修改企业自备文件的错误；
3. 同意□不同意□修改有关表格的填写错误；
4. 同意□不同意□领取营业执照和有关文书。</td></tr>
<tr><td>固定电话</td><td></td><td>移动电话</td><td></td></tr>
<tr><td colspan="4">（指定代表或者委托代理人身份证件复（影）印件正反面粘贴处）</td></tr>
<tr><td colspan="4">指定代表/委托代理人签字：
年　月　日</td></tr>
</table>

续表

□申请人签署(必填项)
本申请人和签字人承诺如下,并承担相应的法律责任: 1. 向登记机关提交的材料文件和填报的信息真实、准确、有效、完整。 2. 使用的名称符合《企业名称登记管理规定》有关要求,不含有损国家、社会公共利益或违背公序良俗及有其他不良影响的内容;名称与他人使用的名称近似侵犯他人合法权益的,依法承担法律责任;如使用的名称被登记机关认定为不适宜名称,将主动配合登记机关进行纠正。 3. 已依法取得住所(经营场所)使用权,申请登记的住所(经营场所)信息与实际一致。 4. 经营范围涉及法律、行政法规、国务院决定规定、地方行政法规和地方规章规定,需要办理许可的,在取得相关部门批准前,不从事相关经营活动。不从事本市产业政策禁止和限制类项目的经营活动。 5. 本企业法定代表人不存在《公司法》第一百四十六条所规定的不得担任法定代表人的情形。 6. 本企业一经设立将自觉报送年度报告,依法主动公示信息,对报送和公示信息的真实性、及时性负责。 7. 本企业依法纳税,依法缴纳社会保险费,自觉履行法定统计义务,严格遵守有关法律法规的规定,诚实守信经营。 8. 本企业不存在《公司法》中对一人有限公司的限制性规定。 9. 外商投资企业设立、变更或再投资办理登记时,全体投资人已承诺申报内容符合《外商投资法》及《外商投资准入特别管理措施(负面清单)》要求。 全体股东签字或盖章(仅限有限责任公司设立登记,可另附签字页): 董事会成员签字(仅限股份有限公司设立登记,可另附签字页): 法定代表人签字: 公司盖章(限变更、备案登记) 年　　月　　日

注:1. 股东为自然人的由本人签字,为法人和其他组织的由法定代表人、负责人或有权签字人签字,并加盖公章。

2. 公司更换法定代表人的变更登记申请由新任法定代表人签字。

附表 1

法定代表人信息

本表适用于设立及变更法定代表人填写。

姓名		国别(地区)	
职务	□董事长　□执行董事　□经理	产生方式	
身份证件类型		身份证件号码	
固定电话		移动电话	
住所		电子邮箱	
（身份证件复、影印件粘贴处）			
拟任法定代表人签字： 年　月　日			

附表 2

董事、监事、高级管理人员信息表

姓名	国别（地区）	证件类型	证件号码	职务	产生方式	移动电话

注：1. 本表适用于设立及变更主要人员填写，变更时请完整填写新任职人员信息（未发生变化人员仅需填写“姓名”及职务两栏即可）。请另行提交人员任免职文件，无需股东在本表盖章或签字。本页不够填的，可复印续填。

2. “职务”指董事长（执行董事）、董事、经理、监事会主席、监事、副经理、财务负责人、董事会秘书等。上市股份有限公司设置独立董事的应在“职务”栏内注明。“产生方式”按照章程规定填写，董事、监事一般应为“选举”或“委派”；经理一般应为“聘任”。中外合资（合作）企业应当明确上述人员的委派方。

3. 高级管理人员包括“经理、副经理、财务负责人，上市公司董事会秘书和公司章程规定的其他人员”。

附表 3

董事、监事、高级管理人员身份证明页

（身份证件复（影）印件粘贴处）
（身份证件复（影）印件粘贴处）
（身份证件复（影）印件粘贴处） 注：新设立或涉及董事、监事、高级管理人员变更的，请将其身份证件复印件、影印件正反面粘贴在本页，本页如不够粘贴可复印使用。

附表4

股东(发起人)、外国投资者出资情况

股东(发起人)、外国投资者名称或姓名	国别(地区)	证件类型	证件号码	认缴出资额	实缴出资额	出资(认缴)时间	出资方式

单位:万元(币种:□人民币　□其他____)

附表 5

自然人股东(发起人)身份证明页

(身份证件复(影)印件粘贴处)
(身份证件复(影)印件粘贴处)
(身份证件复(影)印件粘贴处) 注:新设立或涉及自然人股东(股东或发起人姓名或名称)变更的,请将其身份证件复印件、影印件正反面粘贴在本页,本页如不够粘贴可复印使用。

附表 6

非自然人股东(发起人)资格证明页

注:新设立或涉及非自然人股东(股东或发起人姓名或名称)变更的,请将其资格证明复印件、影印件附于本页。

附表7

住所使用说明

本表适用于设立及变更住所填写。

名称	
住所	北京市____________区____________（门牌号）
产权人证明	该地址房屋安全，已取得《不动产权证书》（《房屋所有权证》）或《房屋安全鉴定报告》，同意将其提供给企业使用。 产权人盖章（签字）： 年　月　日
需要证明情况	上述地址房屋安全，已取得《房屋安全鉴定报告》，鉴定合格，产权人为________________，房屋用途为________________。 特此证明。 证明单位公章： 证明单位负责人签字： 年　月　日

附表 8

联络员信息

姓名		固定电话	
移动电话		电子邮箱	
身份证件类型		身份证件号码	
（身份证件复、影印件正反面粘贴处）			

注：1. 联络员主要负责本企业与企业登记机关的联系沟通，以本人个人信息登录国家企业信用信息公示系统依法向社会公示本企业有关信息等。联络员应了解企业登记相关法规和企业信息公示有关规定。

2.《联络员信息》未变更的不需重填。

附表 9

外商投资企业法律文件送达授权委托书

授权人：________________________________

被授权人：________________________________

授权范围：授予________________（被授权人名称或姓名）代表__________（授权人名称或姓名）在中国境内接受企业登记机关法律文件送达，直至解除授权为止。

被授权人	证件类型		证件号码	
	固定电话		移动电话	
	地址			
被授权人联系人	姓名		地址	
	证件类型		证件号码	
	固定电话		移动电话	

授权人签字或盖章：　　　　　　　　被授权人签字或盖章：

年　月　日

注：1. 仅限外资企业填写。

2.《外商投资企业法律文件送达授权委托书》由外国（地区）投资者（授权人）与境内法律文件送达接受人（被授权人）签署。被授权人可以是外国（地区）投资者设立的在中国境内从事生产经营活动的机构、拟设立的公司（被授权人为拟设立的公司的，公司设立后委托生效）或者其他境内有关单位或个人。被授权人、被授权人地址等事项发生变更的，应当签署新的《外商投资企业法律文件送达授权委托书》，并提交相关主体资格文件或身份证明文件，及时向企业登记机关备案。

3. 被授权人为自然人的，填写“被授权人”信息，被授权人为非自然人的，填写“被授权人”及“被授权人联系人”信息，并提交相关主体资格文件或身份证明文件。

附录6:公司注销登记提交材料

公司注销登记提交材料

序号	材料	提示
1	《企业注销登记申请书》	具体填写要求详见申请书注释; 全市实施市场主体登记告知承诺制,按照承诺制办理的,一并提交承诺书。
2	公司依照《公司法》作出解散的决议或者决定	也可提交人民法院的破产裁定、解散裁判文书、裁定强制清算终结文书,行政机关责令关闭、公司依法被吊销营业执照或被撤销的文件。
3	清算报告	由股东会、股东大会、一人有限责任公司的股东或人民法院、公司批准机关确认。 有限责任公司由代表三分之二以上表决权的股东签署确认;一人有限责任公司由股东签署确认;股份有限公司由股东大会会议主持人及出席会议的董事签字确认。 公司破产程序终结后办理注销登记的,不提交此项材料。提交人民法院关于破产程序终结的裁定书。
4	国有资产监督管理机构的决定	国有独资公司需提交。其中,国务院确定的重要的国有独资公司,还应当提交本级人民政府的批准文件复印件。
5	清税证明材料	经登记机关在线核查已办结清税手续的,无需提交纸质清税文书。
6	报纸样张	仅通过报纸发布债权人公告的,需要提交依法刊登公告的报纸样张。

续表

序号	材料	提示
7	人民法院指定其为清算人、破产管理人的证明	清算人、破产管理人申请注销登记的需提交。
8	批准文件复印件	法律、行政法规和国务院决定规定注销公司必须报经批准的，提交有关批准文件的复印件。
9	营业执照正、副本	已领取纸质版营业执照的缴回营业执照正、副本。
10	合并协议或分立决议、决定	因合并、分立而解散的公司，不进行清算的，办理公司注销登记时无需提交此规范第3项材料，提交合并协议或分立决议、决定。合并协议、分立决议或决定中载明解散公司需办理清算的，在办理注销登记时需提交清算报告。

简易注销

企业决定解散，符合简易注销条件的，可以通过北京市企业服务e窗通平台“企业法人”中的“主体注销”模块向社会公告拟申请简易注销登记及全体投资人承诺信息（强制清算终结和破产程序终结的企业除外），公告将通过国家企业信用信息公示系统向社会公示，公示期为20日。

公司简易注销登记提交材料

序号	材料	提示
1	《企业注销登记申请书》	具体填写要求详见申请书注释； 全市实施市场主体登记告知承诺制，按照承诺制办理的，一并提交承诺书。
2	营业执照正、副本	已领取纸质版营业执照的缴回营业执照正、副本。

续表

序号	材料	提示
3	《简易注销全体投资人承诺书》	
4	《股东名册》	非上市股份有限公司申请简易注销登记的需提交。

注：

有下列情形之一的市场主体不适用于简易注销：

（一）在经营异常名录或者市场监督管理严重违法失信名单中的；

（二）存在股权（财产份额）被冻结、出质或者动产抵押，或者对其他市场主体存在投资的；

（三）有正在被立案调查或者采取行政强制措施、正在诉讼或者仲裁程序中；

（四）被吊销营业执照、责令关闭、撤销的；

（五）受到罚款等行政处罚尚未执行完毕的；

（六）不符合《市场主体登记管理条例》第三十三条规定的其他情形。

经人民法院裁定宣告破产并终结破产程序、强制清算程序终结后办理注销登记的，可持《企业注销登记申请书》、人民法院指定清算人、破产管理人的证明、营业执照正、副本以及以及人民法院宣告破产的裁定书和终结破产程序的裁定书原件、人民法院终结强制清算程序的裁定书原件（包括以无法清算或无法全面清算为由作出的裁定）申请办理简易注销登记，无需经过简易注销公告程序。

☞ **特别提请注意**

1. 提交的登记申请文书与其它申请材料应当使用 A4 型白色纸张，用黑色或蓝色墨水钢笔或签字笔工整填写、签字。

2. 对于现场窗口提交材料的，未注明提交复印件的，应当提交原件（未注明复印件的即为原件）；提交复印件的，应当注明"与原件一致"并由申请人签署，或者由其指定的代表或共同委托的代理人签字。

3. 通过全程电子化方式申请登记注册的，主体资格证明、身份证明、批准证书、章程、决议等文件可通过全程电子化登记系统提交原件影像（印）件，或通过登记业务系统设置的申请文书格式规范生成相关材料并使用。

4. 提交材料涉及签署，参照申请书中申请人的注释，未注明签署人的，自然人由本人签字，法人和其他组织由法定代表人、负责人或有权签字人签字，并加盖公章。无法亲笔签署的，需提交授权人委托他人签字的授权委托书，授权委托书应为原件，且授权人应亲笔签字，被委托人应配合登记机关进行实名认证。

5. 提交材料、公证认证文书为外文的，应对其内容进行准确的中文翻译，同时提交中文翻译件、外文原件两种文书，并注明“翻译准确”字样。翻译单位应在翻译件上加盖翻译单位公章（翻译专用章）或者附营业执照复印件等主体资格证明文件复印件，同时注明翻译人及联系方式。自然人的应在翻译件上签名，注明联系方式，并附翻译人员相应翻译资质复印件或者身份证明复印件。

6. 在办理登记、备案事项时，申请人应当配合登记机关通过实名认证系统，采用人脸识别等方式对相关人员进行实名验证。因特殊原因，当事人无法通过实名认证系统核验身份信息的，可以提交经依法公证的自然人身份证明文件，或者由本人持身份证件到现场办理。

附录7:企业注销登记申请书

<table>
<tr><td colspan="4">□基本信息(必填项)</td></tr>
<tr><td>名称</td><td></td><td>统一社会信用代码</td><td></td></tr>
<tr><td colspan="4">□普通注销原因(仅普通注销登记填写,根据企业类型勾选)</td></tr>
<tr><td>□有限责任公司及股份有限公司</td><td colspan="3">□公司章程规定的营业期限届满或其他解散事由出现。
□股东决定、股东会、股东大会、外商投资公司最高权力机构为董事会作出的董事会决议解散。
□因公司合并或者分立需要解散。
□依法被吊销营业执照、责令关闭或者被撤销。
□人民法院依法予以解散。
□被人民法院依法宣告破产。
□法律、行政法规规定的其它情形________________。</td></tr>
<tr><td>□非公司企业法人</td><td colspan="3">□依法被吊销营业执照、责令关闭或者被撤销。
□被人民法院依法宣告破产。
□因合并而终止。
□法律、行政法规规定的其它情形________________。</td></tr>
<tr><td>□合伙企业</td><td colspan="3">□合伙期限届满,合伙人决定不再经营。
□合伙协议约定的解散事由出现。
□全体合伙人决定解散。
□合伙人已不具备法定人数满三十天。
□合伙协议约定的合伙目的已经实现或者无法实现。
□依法被吊销营业执照、责令关闭或者被撤销。
□法律、行政法规规定的其它原因________________。</td></tr>
</table>

续表

□个人独资企业	□投资人决定解散。 □投资人死亡或者被宣告死亡，无继承人或者继承人决定放弃继承。 □被依法吊销营业执照。 □法律、行政法规规定的其他情形______________。

注：1、本申请书适用于公司、非公司企业法人、合伙企业（以上类型包含内资和外资）、个人独资企业办理注销登记。

2、申请书应当使用A4纸。依本表打印生成的，使用黑色或蓝色墨水钢笔或签字笔签署；手工填写的，使用黑色或蓝色墨水钢笔或签字笔工整填写、签署。

□普通注销（仅普通注销登记填写）		
公告情况（内资非公司企业法人、个人独资企业无须填写）	□通过国家企业信用信息公示系统公告　公告日期： □通过报纸公告报纸名称：____________公告日期：	
分支机构注销登记情况	□已注销完毕	□无分支机构
债权债务清理情况	□已清理完毕	□无债权债务
清税情况	□已清理完毕	□未涉及纳税义务
对外投资清理情况	□已清理完毕	□无对外投资
海关手续清缴情况	□已清理完毕	□未涉及海关事务
批准证书缴销情况（外资企业填写）	□批准证书已缴销完毕	□不涉及批准证书
批准（决定）机关（批准的外商投资合伙企业填写）		
批准（决定）文号（批准的外商投资合伙企业填写）		
经济性质（非公司企业法人填写）	□全民所有制 □集体所有制（股份合作） □其他______________	□集体所有制 □联营
主管部门（出资人）（非公司企业法人填写）		

续表

<table>
<tr><td colspan="4">□简易注销(仅简易注销登记填写)</td></tr>
<tr><td>企业类型</td><td colspan="3">□有限责任公司 □非上市股份公司 □非公司企业法人
□个人独资企业 □合伙企业</td></tr>
<tr><td>国家企业信用信息公示系统公告日期</td><td colspan="3">________年______月______日</td></tr>
<tr><td rowspan="3">适用情形</td><td>□未开业</td><td colspan="2">□未发生债权债务 □债权债务已清算完结</td></tr>
<tr><td>□无债权债务</td><td colspan="2">□未发生债权债务 □债权债务已清算完结</td></tr>
<tr><td colspan="3">□人民法院裁定强制清算终结
□人民法院裁定破产程序终结</td></tr>
</table>

<table>
<tr><td colspan="6">□指定代表/委托代理人(必填项)</td></tr>
<tr><td>委托权限</td><td colspan="5">1. 同意□不同意□核对登记材料中的复印件并签署核对意见;
2. 同意□不同意□修改企业自备文件的错误;
3. 同意□不同意□修改有关表格的填写错误;
4. 同意□不同意□领取有关文书。</td></tr>
<tr><td>固定电话</td><td></td><td>移动电话</td><td></td><td>指定代表/委托代理人签字</td><td></td></tr>
<tr><td colspan="6">(指定代表或者委托代理人身份证件复(影)印件粘贴处)</td></tr>
</table>

续表

□申请人签署(必填项)
本申请人和签字人承诺提交的材料文件和填报的信息真实有效,并承担相应的法律责任。 申请人签字: 企业盖章 年　　月　　日

注:1. 申请普通注销的已清算的公司、非公司外资企业、合伙企业由清算组负责人(清算人)签字;个人独资企业由投资人或清算人签字。

2. 申请普通注销的已清算的非公司企业法人和因合并或分立未清算的公司、非公司外资企业由法定代表人签字。

3. 申请简易注销的公司、非公司企业法人、非公司外资企业由法定代表人签字,合伙企业由执行事务合伙人(含委派代表)签字,个人独资企业由投资人签字。

4. 人民法院裁定解散的由其指定的清算组负责人(破产管理人)签字。

附录8:有限责任公司章程参考样本

______有限责任公司章程(参考样本)

第一章　总　　则

第一条　依据《中华人民共和国公司法》(以下简称《公司法》)及有关法律、法规的规定,由______等______方共同出资,设立______有限责任公司(以下简称公司),特制定本章程。

第二条　本章程中的各项条款与法律、法规、规章不符的,以法律、法规、规章的规定为准。

第二章　公司名称和住所

第三条　公司名称:______。

第四条　住所:______。

第三章　公司经营范围

第五条　公司经营范围:(注:根据实际情况具体填写)。

第四章　公司注册资本及股东的姓名(名称)、出资方式、出资额、出资时间

第六条　公司注册资本:______万元人民币。

第七条　股东的姓名(名称)、认缴及实缴的出资额、出资时间、出资方式如下:

股东姓名或名称	认缴情况			设立(截至变更登记申请日)时实际缴付			分期缴付		
	出资数额	出资时间	出资方式	出资数额	出资时间	出资方式	出资数额	出资时间	出资方式
合计									
	其中货币出资								

第五章　公司的机构及其产生办法、职权、议事规则

第八条　股东会由全体股东组成，是公司的权力机构，行使下列职权：

（一）决定公司的经营方针和投资计划；

（二）选举和更换非由职工代表担任的董事、监事，决定有关董事、监事的报酬事项；

（三）审议批准董事会（或执行董事）的报告；

（四）审议批准监事会或监事的报告；

（五）审议批准公司的年度财务预算方案、决算方案；

（六）审议批准公司的利润分配方案和弥补亏损的方案；

（七）对公司增加或者减少注册资本作出决议；

（八）对发行公司债券作出决议；

（九）对公司合并、分立、解散、清算或者变更公司形式作出决议；

（十）修改公司章程；

（十一）其他职权。（注：由股东自行确定，如股东不作具体规定应将此条删除）

第九条　股东会的首次会议由出资最多的股东召集和主持。

第十条　股东会会议由股东按照出资比例行使表决权。（注：此条可由股东自行确定按照何种方式行使表决权）

第十一条　股东会会议分为定期会议和临时会议。

召开股东会会议,应当于会议召开十五日前通知全体股东。(注:此条可由股东自行确定时间)

定期会议按(注:由股东自行确定)定时召开。代表1/10以上表决权的股东,1/3以上的董事,监事会或者监事(不设监事会时)提议召开临时会议的,应当召开临时会议。

第十二条 股东会会议由董事会召集,董事长主持;董事长不能履行职务或者不履行职务的,由副董事长主持;副董事长不能履行职务或者不履行职务的,由半数以上董事共同推举一名董事主持。(注:有限责任公司不设董事会的,股东会会议由执行董事召集和主持)

董事会或者执行董事不能履行或者不履行召集股东会会议职责的,由监事会或者不设监事会的公司的监事召集和主持;监事会或者监事不召集和主持的,代表1/10以上表决权的股东可以自行召集和主持。

第十三条 股东会会议作出修改公司章程、增加或者减少注册资本的决议,以及公司合并、分立、解散或者变更公司形式的决议,必须经代表2/3以上表决权的股东通过。(注:股东会的其他议事方式和表决程序可由股东自行确定)

第十四条 公司设董事会,成员为______人,由______产生。董事任期______年,但,每届任期不得超过三年,任期届满,可连选连任。

董事会设董事长一人,副董事长______人,由______产生。(注:股东自行确定董事长、副董事长的产生方式)

第十五条 董事会对股东会负责,行使下列职权:

(一)负责召集股东会,并向股东会议报告工作;

(二)执行股东会的决议;

(三)审定公司的经营计划和投资方案;

(四)制定公司的年度财务预算方案、决算方案;

(五)制定公司的利润分配方案和弥补亏损方案;

(六)制定公司增加或者减少注册资本以及发行公司债券的方案;

(七)制定公司合并、分立、变更公司形式、解散的方案;

(八)决定公司内部管理机构的设置;

（九）决定聘任或者解聘公司经理及其报酬事项，并根据经理的提名决定聘任或者解聘公司副经理、财务负责人及其报酬事项；

（十）制定公司的基本管理制度；

（十一）其他职权。（注：由股东自行确定，如股东不作具体规定应将此条删除）

（注：股东人数较少或者规模较小的有限责任公司，可以设一名执行董事，不设董事会。执行董事的职权由股东自行确定）

第十六条 董事会会议由董事长召集和主持；董事长不能履行职务或者不履行职务的，由副董事长召集和主持；副董事长不能履行职务或者不履行职务的，由半数以上董事共同推举一名董事召集和主持。

第十七条 董事会决议的表决，实行一人一票。

董事会的议事方式和表决程序。（注：由股东自行确定）

第十八条 公司设经理，由董事会决定聘任或者解聘。经理对董事会负责，行使下列职权：

（一）主持公司的生产经营管理工作，组织实施董事会决议；

（二）组织实施公司年度经营计划和投资方案；

（三）拟定公司内部管理机构设置方案；

（四）拟定公司的基本管理制度；

（五）制定公司的具体规章；

（六）提请聘任或者解聘公司副经理、财务负责人；

（七）决定聘任或者解聘除应由董事会决定聘任或者解聘以外的负责管理人员；

（八）董事会授予的其他职权。

（注：以上内容也可由股东自行确定）

经理列席董事会会议。

第十九条 公司设监事会，成员______人，监事会设主席一人，由全体监事过半数选举产生。监事会中股东代表监事与职工代表监事的比例为______：______。（注：由股东自行确定，但其中职工代表的比例不得低于1/3）

监事的任期每届为三年，任期届满，可连选连任。

（注：股东人数较少规格较小的公司可以设一名至二名监事）

第二十条 监事会或者监事行使下列职权：

(一)检查公司财务；

(二)对董事、高级管理人员执行公司职务的行为进行监督，对违反法律、行政法规、公司章程或者股东会决议的董事、高级管理人员提出罢免的建议；

(三)当董事、高级管理人员的行为损害公司的利益时，要求董事、高级管理人员予以纠正；

(四)提议召开临时股东会会议，在董事会不履行本法规定的召集和主持股东会会议职责时召集和主持股东会会议；

(五)向股东会会议提出提案；

(六)依照《公司法》第一百八十九条的规定，对董事、高级管理人员提起诉讼；

(七)其他职权。(注：由股东自行确定，如股东不作具体规定应将此条删除)

监事可以列席董事会会议。

第二十一条 监事会每年度至少召开一次会议，监事可以提议召开临时监事会会议。

第二十二条 监事会决议应当经半数以上监事通过。

监事会的议事方式和表决程序。(注：由股东自行确定)

第六章 公司的法定代表人

第二十三条 ______为公司的法定代表人，公司法定代表人由董事长(执行董事、经理)担任，任期______年，由______选举产生，任期届满，可连选连任。(注：由股东自行确定)

第七章 股东会会议认为需要规定的其他事项

第二十四条 股东之间可以相互转让其部分或全部出资。

第二十五条 股东向股东以外的人转让股权，应当经其他股东过半数同意。股东应就其股权转让事项书面通知其他股东征求同意，其他股东自接到书面通知之日起满三十日未答复的，视为同意转让。其他股东半数以上不同意转让的，不同意的股东应当购买该转让的股权；

不购买的,视为同意转让。

经股东同意转让的股权,在同等条件下,其他股东有优先购买权。两个以上股东主张行使优先购买权的,协商确定各自的购买比例;协商不成的,按照转让时各自的出资比例行使优先购买权。

(注:以上内容亦可由股东另行确定股权转让的办法)

自然人股东死亡后,其合法继承人可以继承股东资格。(注:本款也可以由股东自行确定)

第二十六条 有下列情形之一的,公司清算组应当自公司清算结束之日起30日内向原公司登记机关申请注销登记:

(一)公司被依法宣告破产;

(二)公司章程规定的营业期限届满或者公司章程规定的其他解散事由出现,但公司通过修改公司章程而存续的除外;

(三)股东会决议解散或者一人有限责任公司的股东决议解散;

(四)依法被吊销营业执照、责令关闭或者被撤销;

(五)人民法院依法予以解散;

(六)法律、行政法规规定的其他解散情形。

第二十七条 董事、高级管理人员不得有下列行为:

(一)挪用公司资金;

(二)将公司资金以其个人名义或者以其他个人名义开立账户存储;

(三)违反公司章程的规定,未经股东会或者董事会同意,将公司资金借贷给他人或者董事会同意,将公司资金借贷给他人或者以公司财产为他人提供担保;

(四)违反公司章程的规定或者未经股东会同意,与本公司订立合同或者进行交易;

(五)未经股东会同意,利用职务便利为自己或者他人谋取属于公司的商业机会,自营或者与他人经营与所任职公司同类的业务;

(六)接受他人与公司交易的佣金归为己有;

(七)擅自披露公司秘密;

(八)违反对公司忠实义务的其他行为。

董事、高级管理人员违反前款规定所得的收入应当归公司所有。

第二十八条 董事、监事、高级管理人员执行公务时违反法律、行政法规或者公司章程的规定，给公司造成损失的，应当承担赔偿责任。

第二十九条 公司每年______月______日前将财务会计报告送交各股东。

第三十条 公司的营业期限______年，自公司营业执照签发之日起计算。

（注：本章节内容除上述条款外，股东可根据《公司法》的有关规定，将认为需要记载的其他内容一并列明）

第八章 工 会 组 织

第三十一条 公司依照《中华人民共和国工会法》的规定成立工会，开展工会活动，维护职工核发权益。公司应当为本公司工会提供必要的活动条件。公司工会代表职工就职工劳动报酬、工作时间、福利、保险和劳动安全卫生等事项依法与公司签订集体合同。

第三十二条 公司依照宪法和有关法律的规定，通过职工代表大会或者其他形式，实行民主管理。

第三十三条 公司研究制定经营方面的重大问题、制定重要的规章制度时，应当听取公司工会的意见，并通过职工代表大会或者其他形式听取职工的意见和建议。

第九章 附 则

第三十四条 公司登记事项以公司登记机关核定的为准。

第三十五条 本章程一式______份，并报公司登记机关一份。

全体股东签字、盖公章：

年 月 日

附录9:股份有限责任公司章程参考样本

______股份有限公司章程(参考样本)

第一章　总　　则

第一条　本章程依据《中华人民共和国公司法》(以下简称《公司法》)及有关法律、行政法规、规章的规定制定。

第二条　本章程条款与法律、行政法规、规章不符的,以法律、行政法规、规章的规定为准。

第二章　公司名称和住所

第三条　公司名称:______股份有限公司。

第四条　公司住所:______。

邮政编码:______。

第三章　公司经营范围

第五条　公司经营范围:____。

(注:依法须经批准的项目,经相关部门批准后方可开展经营活动)

第四章　公司设立方式

第六条　公司采取下列第______种方式设立:

(一)公司以发起方式设立,由发起人认购公司应发行的全部股份。

(二)公司以募集方式设立,由发起人认购公司不少于应发行股份总数35%的股份,其余股份向社会公开募集或者向特定对象募集。

第五章　公司股份总数、每股金额和注册资本

第七条　公司股份总数：______万股。

第八条　公司股份每股金额：______元人民币。

第九条　公司注册资本：______万元人民币。

第十条　公司增加或减少注册资本，必须召开股东大会并作出决议。

第六章　发起人的姓名（名称）、认购的股份数、出资方式和出资时间

第十一条　发起人的姓名（名称）、认购的股份数、出资方式和出资时间如下：

发起人姓名（名称）	认购的股份数	认缴情况		
		出资额（万元）	出资方式（货币、实物、知识产权、净资产折合股本、土地使用权、股权、债权转股权等可以用货币估价并可以依法转让的其他非货币财产）	出资时间（　年　月　日前缴足）

（注：发起人应认足全部股份，即发起人认缴总额应与第九条约定的注册资本数额一致。）

发起人以非货币财产出资的，对出资的非货币财产须评估作价，核实财产，不得高估或者低估作价。法律、行政法规对评估作价有规定的，从其规定。

第七章　公司股东大会的组成、职权和议事规则

第十二条　公司股东大会由全体股东组成。股东大会是公司的权

力机构,其职权是:

(一)决定公司的经营方针和投资计划;

(二)选举和更换非由职工代表担任的董事、监事,决定有关董事、监事的报酬事项;

(三)审议批准董事会的报告;

(四)审议批准监事会的报告;

(五)审议批准公司的年度财务预算方案、决算方案;

(六)审议批准公司的利润分配方案和弥补亏损方案;

(七)对公司增加或者减少注册资本作出决议;

(八)对发行公司债券作出决议;

(九)对公司合并、分立、解散、清算或者变更公司形式作出决议;

(十)修改公司章程;

(十一)其他职权。

对上述所列事项股东以书面形式一致表示同意的,可以不召开股东大会会议,直接作出决定,并由全体股东在决定文件上签名、盖章。

第十三条 股东大会每年××月召开年会,有下列情形之一的,应当在两个月内召开临时股东大会:

(一)董事人数不足《公司法》规定人数或者公司章程所定人数的2/3时;

(二)公司未弥补的亏损达实收股本总额1/3时;

(三)单独或者合计持有公司10%以上股份的股东请求时;

(四)董事会认为必要时;

(五)监事会提议召开时;

(六)其他情形。

第十四条 股东大会会议由董事会召集,董事长主持;董事长不能履行职务或者不履行职务的,由副董事长主持;副董事长不能履行职务或者不履行职务的,由半数以上董事共同推举一名董事主持。

董事会不能履行或者不履行召集股东大会会议职责的,监事会应当及时召集和主持;监事会不召集和主持的,连续九十日以上单独或者合计持有公司10%以上股份的股东可以自行召集和主持。

第十五条 召开股东大会会议,应当将会议召开的时间、地点和审议的事项于会议召开二十日前通知各股东；临时股东大会应当于会议召开十五日前通知各股东；发行无记名股票的，应当于会议召开三十日前公告会议召开的时间、地点和审议的事项。

单独或者合计持有公司3%以上股份的股东，可以在股东大会召开十日前提出临时提案并书面提交董事会；董事会应当在收到提案后二日内通知其他股东；并将该临时提案提交股东大会审议。临时提案的内容应当属于股东大会职权范围，并有明确议题和具体决议事项。

股东大会不得对前两款通知中未列明的事项作出决议。

无记名股票持有人出席股东大会会议的，应当于会议召开五日前至股东大会闭会时将股票交存于公司。

第十六条 股东出席股东大会会议，所持每一股份有一表决权。但公司持有的本公司股份没有表决权。

第十七条 股东大会作出决议，必须经出席会议的股东所持表决权过半数通过。但是，股东大会作出修改公司章程、增加或者减少注册资本的决议，以及公司合作、分立、解散或者变更公司形式的决议，必须经出席会议的股东所持表决权的2/3以上通过。

第十八条 股东大会选举董事、监事，实行累积投票制。

第十九条 股东可以委托代理人出席股东大会会议，代理人应当向公司提交股东授权委托书，并在授权范围内行使表决权。

第二十条 股东大会应当对所议事项的决定作成会议记录，主持人、出席会议的董事应当在会议记录上签名。会议记录应当与出席股东的签名册及代理出席的委托书一并保存。

第八章 董事会的组成、职权和议事规则

第二十一条 公司设董事会，成员为______人，由股东大会选举产生；职工代表董事由公司职工通过职工代表大会（或职工大会或者其他形式）民主选举产生。董事每届任期______年，任期届满，连选可以连任。

董事任期届满未及时改选，或者董事在任期内辞职导致董事会成员低于法定人数的，在改选出的董事就任前，原董事仍应当依照法律、

行政法规和公司章程的规定,履行董事职责。

董事会设董事长一人,副董事长______人,由董事会以全体董事过半数选举产生。

第二十二条 董事会行使下列职权：

(一)负责召集股东大会会议,并向股东大会报告工作；

(二)执行股东大会的决议；

(三)决定公司的经营计划和投资方案；

(四)制定公司的年度财务预算方案、决算方案；

(五)制定公司的利润分配方案和弥补亏损方案；

(六)制定公司增加或者减少注册资本以及发行公司债券的方案；

(七)制定公司合并、分立、变更公司形式、解散的方案；

(八)决定公司内部管理机构的设置；

(九)决定聘任或者解聘公司经理及其报酬事项,并根据经理的提名决定聘任或者解聘公司副经理、财务负责人及其报酬事项；

(十)制定公司的基本管理制度；

(十一)其他职权。

第二十三条 董事会会议由董事长召集和主持;副董事长协助董事长履行职务,董事长不能履行职务或者不履行职务的,由副董事长履行职务;副董事长不能履行职务或者不履行职务的,由半数以上董事共同推举一名董事履行职务。

第二十四条 董事会每年××月和××月召开董事会会议,每次会议应当于会议召开十日前通知全体董事和监事。

代表1/10以上表决权的股东、1/3以上董事或者监事会,可以提议召开董事会临时会议。董事长应当自接到提议后十日内,召集和主持董事会议。

第二十五条 董事会会议应有过半数的董事出席方可举行。董事会作出决议,必须经全体董事过半数通过。

董事会决议的表决,实行一人一票。

第二十六条 董事会会议应由董事本人出席;董事因故不能出席,可以书面委托其他董事代为出席,委托书中应载明授权范围。

第二十七条 董事会应当对会议所议事项的决定作成会议记录,

出席会议的董事应当在会议记录上签名。

董事应当对董事会的决议承担责任。董事会的决议违反法律、行政法规或者公司章程、股东大会决议，致使公司遭受严重损失的，参与决议的董事对公司负赔偿责任。但经证明在表决时曾表明异议并记载于会议记录的，该董事可以免除责任。

第二十八条 公司设经理，由董事会决定聘任或者解聘，任期××年，可以连聘连任。经理对董事会负责，行使下列职权：

（一）主持公司的生产经营管理工作，组织实施董事会决议；

（二）组织实施公司年度经营计划和投资方案；

（三）拟定公司内部管理机构设置方案；

（四）拟定公司的基本管理制度；

（五）制定公司的具体规章；

（六）提请聘任或者解聘公司副经理、财务负责人；

（七）决定聘任或者解聘除应由董事会决定聘任或者解聘以外的负责管理人员；

（八）其他职权______。

经理列席董事会会议。

第九章　公司的法定代表人

第二十九条 公司的法定代表人由董事长/经理担任。

第三十条 法定代表人代表公司行使法律法规规定的有关职权。

第十章　监事会的组成、职权和议事规则

第三十一条 公司设监事会，成员______人，其中股东代表监事______人，职工代表监事______人。监事会中的股东代表监事由股东大会选举产生，职工代表监事由公司职工通过职工代表大会民主选举产生。监事的任期每届为三年，任期届满，可连选连任。

监事会设主席一人，由全体监事过半数选举产生。监事会主席召集和主持监事会会议；监事会主席不能履行职务或者不履行职务的，由监事会副主席召集和主持监事会会议；监事会副主席不能履行职务或者不履行职务的，由半数以上监事共同推举一名监事召集和主持监事

会会议。

董事、高级管理人员不得兼任监事。

第三十二条 监事会行使下列职权：

（一）检查公司财务；

（二）对董事、高级管理人员执行公司职务的行为进行监督，对违反法律、行政法规、公司章程或者股东大会决议的董事、高级管理人员提出罢免的建议；

（三）当董事、高级管理人员的行为损害公司的利益时，要求董事、高级管理人员予以纠正；

（四）提议召开临时股东大会会议，在董事会不履行本法规定的召集和主持股东大会会议职责时召集和主持股东大会会议；

（五）向股东大会会议提出提案；

（六）依照《公司法》第一百八十九条的规定，对董事、高级管理人员提起诉讼；

（七）其他职权。

监事可以列席董事会会议。

第三十三条 监事会每六个月至少召开一次会议，监事可以提议召开临时监事会会议。

第三十四条 监事会决议应当经半数以上监事通过。

监事会应当对所议事项的决定作成会议记录，出席会议的监事应当在会议记录上签名。

第三十五条 监事会的议事方式和表决程序按《公司法》规定执行。

第十一章 公司利润分配办法

第三十六条 公司分配当年税后利润时，应当提取利润的10%列入公司法定公积金。公司法定公积金累计额为公司注册资本的50%以上的，可以不再提取。

公司的法定公积金不足以弥补以前年度亏损的，在依照前款规定提取法定公积金之前，应当先用当年利润弥补亏损。

公司从税后利润中提取法定公积金后，经股东大会决议，还可以从税后利润中提取任意公积金。

股东大会或者董事会违反前款规定，在公司弥补亏损和提取法定公积金之前向股东分配利润的，股东必须将违反规定分配的利润退还公司。

第三十七条 公司弥补亏损和提取公积金后所余税后利润，按照股东持有的股份比例分配。

第十二章 公司的解散事由与清算办法

第三十八条 公司有以下情形之一时，解散并进行清算：

（一）公司章程规定的营业期限届满或者公司章程规定的其他解散事由出现；

（二）股东会决议解散；

（三）因公司合并或者分立需要解散；

（四）依法被吊销营业执照、责令关闭或者被撤销；

（五）人民法院依照《公司法》第二百三十一条的规定予以解散；

（六）其他解散事由出现。

第三十九条 公司因《公司法》第二百二十九条第（一）、（二）项规定而解散的，可以经出席股东大会会议的股东所持表决权的2/3以上通过修改公司章程或者经股东会决议而存续。

第四十条 公司因《公司法》第一百八十条第（一）、（二）、（四）、（五）项规定而解散的，应当在解散事由出现之日起十五日内成立清算组，开始清算。

第四十一条 清算组在清算期间行使下列职权：

（一）清理公司财产，分别编制资产负债表和财产清单；

（二）通知、公告债权人；

（三）处理与清算有关的公司未了结的业务；

（四）清缴所欠税款以及清算过程中产生的税款；

（五）清理债权、债务；

（六）处理公司清偿债务后的剩余财产；

（七）代表公司参与民事诉讼活动。

第四十二条 清算组应当自成立之日起十日内通知债权人，并于六十日内在报纸上公告。

在申报债权期间，清算组不得对债权人进行清偿。

第四十三条 清算组在清理公司财产、编制资产负债表和财产清单后，应当制定清算方案，并报股东大会确认。

公司财产在分别支付清算费用、职工的工资、社会保险费用和法定补偿金，缴纳所欠税款，清偿公司债务后的剩余财产，按照股东持有的股份比例分配。

清算期间，公司存续，但不得开展与清算无关的经营活动。公司财产在未依照前款规定清偿前，不得分配给股东。

第四十四条 清算组在清理公司财产、编制资产负债表和财产清单后，发现公司财产不足清偿债务的，应当依法向人民法院申请宣告破产。

公司经人民法院裁定宣告破产后，清算组应当将清算事务移交给人民法院。

第四十五条 公司清算结束后，清算组应当制作清算报告，报股东大会确认，并报送公司登记机关，申请注销公司登记，公告公司终止。

第四十六条 清算组成员应当忠于职守，依法履行清算义务。

清算组成员不得利用职权收受贿赂或者其他非法收入，不得侵占公司财产。

清算组成员因故意或者重大过失给公司或者债权人造成损失的，应当承担赔偿责任。

第十三章 公司的通知和公告办法

第四十七条 公司的通知以下列方式发出：

（一）以专人送出；

（二）以邮件方式送出；

（三）以传真或本章程规定的其他形式。

第四十八条 公司召开股东大会的会议通知，以本章程第四十七条规定的方式或电子邮件的方式进行。

公司召开董事会的会议通知，以本章程第四十七条规定的方式或电子邮件的方式进行。

公司召开监事会的会议通知，以本章程第四十七条规定的方式或电子邮件的方式进行。

公司通知以专人送出的，以被送达人在送达回执上签名（或盖章），被送达人签收日期为送达日期；公司通知以邮件送出的，自交付邮局之日起第五日为送达日期；公司通知以传真方式送出的，以该传真进入被送达人指定接收系统的日期为送达日期。

因意外遗漏未向某有权得到通知的人送出会议通知或者该等人没有收到会议通知，会议及会议作出的决议并不因此无效。

第十四章　公司的股份发行和转让

第四十九条　公司的资本划分为股份，每一股的金额相等。

公司的股份采取股票的形式。股票是公司签发的证明股东所持股份的凭证。公司成立后，即向股东正式交付股票。

第五十条　股份的发行，实行公平、公正的原则，同种类的每一股份应当具有同等权利。

同次发行的同种类股票，每股的发行条件和价格应当相同；任何单位或者个人所认购的股份，每股应当支付相同价额。

第五十一条　股票发行价格可以按票面金额，也可以超过票面金额，但不得低于票面金额。

第五十二条　股票采用纸面形式或者国务院证券监督管理机构规定的其他形式。

股票应当载明下列主要事项：

（一）公司名称；

（二）公司成立日期；

（三）股票种类、票面金额及代表的股份数；

（四）股票的编号。

股票由法定代表人签名，公司盖章。

发起人的股票，应当标明发起人股票字样。

第五十三条　公司发行的股票，可以为记名股票，也可以为无记名股票。

公司向发起人、法人发行的股票，应当为记名股票，并应当记载该发起人、法人的名称或者姓名，不得另立户名或者以代表人姓名记名。

第五十四条 公司发行记名股票的，应当置备股东名册，记载下列事项：

（一）股东的姓名或者名称及住所；

（二）各股东所持股份数；

（三）各股东所持股票的编号；

（四）各股东取得股份的日期。

发行无记名股票的，公司应当记载其股票数量、编号及发行日期。

第五十五条 公司发行新股，股东大会应当对下列事项作出决议：

（一）新股种类及数额；

（二）新股发行价格；

（三）新股发行的起止日期；

（四）向原有股东发行新股的种类及数额。

公司发行新股，可以根据公司经营情况和财务状况，确定其作价方案。

公司发行新股募足股款后，必须向公司登记机关办理变更登记，并公告。

第五十六条 股东持有的股份可以依法转让。

第五十七条 股东转让其股份，应当在依法设立的证券交易场所进行或者按照国务院规定的其他方式进行。

第五十八条 记名股票，由股东以背书方式或者法律、行政法规规定的其他方式转让；转让后由公司将受让人的姓名或者名称及住所记载于股东名册。

股东大会召开前二十日内或者公司决定分配股利的基准日前五日内，不得进行前款规定的股东名册的变更登记。但是，法律对上市公司股东名册变更登记另有规定的，从其规定。

第五十九条 无记名股票的转让，由股东将该股票交付给受让人后即发生转让的效力。

第六十条 发起人持有的本公司股份，自公司成立之日起一年内不得转让。公司公开发行股份前已发行的股份，自公司股票在证券交易所上市交易之日起一年内不得转让。

公司董事、监事、高级管理人员应当向公司申报所持有的本公司的股份及其变动情况，在任职期间每年转让的股份不得超过其所持有本公司股份总数的25%；所持本公司股份自公司股票上市交易之日起一年内不得转让。上述人员离职后半年内，不得转让其所持有的本公司股份。

第六十一条 公司不得收购本公司股份。但是，有下列情形之一的除外：

（一）减少公司注册资本；

（二）与持有本公司股份的其他公司合并；

（三）将股份奖励给本公司职工；

（四）股东因对股东大会作出的公司合并、分立决议持异议，要求公司收购其股份的。

公司因前款第（一）项至第（三）项的原因收购本公司股份的，应当经股东大会决议。公司依照前款规定收购本公司股份后，属于第（一）项情形的，应当自收购之日起十日内注销；属于第（二）项、第（四）项情形的，应当在六个月内转让或者注销。

公司依照第一款第（三）项规定收购的本公司股份，不得超过本公司已发行股份总额的5%；用于收购的资金应当从公司的税后利润中支出；所收购的股份应当在一年内转让给职工。

公司不得接受本公司的股票作为质押权的标的。

第六十二条 记名股票被盗、遗失或者灭失，股东可以依照《中华人民共和国民事诉讼法》规定的公示催告程序，请求人民法院宣告该股票失效。人民法院宣告该股票失效后，股东可以向公司申请补发股票。

第十五章 公司董事、监事、高级管理人员的资格和义务

第六十三条 有下列情形之一的，不得担任公司的董事、监事、高级管理人员：

（一）无民事行为能力或者限制民事行为能力；

（二）因贪污、贿赂、侵占财产、挪用财产或者破坏社会主义市场经济秩序，被判处刑罚，或者因犯罪被剥夺政治权利，执行期满未逾五年，被宣告缓刑的，自缓刑考验期满之日起未逾二年；

（三）担任破产清算的公司、企业的董事或者厂长、经理，对该公司、企业的破产负有个人责任的，自该公司、企业破产清算完结之日起未逾三年；

（四）担任因违法被吊销营业执照、责令关闭的公司、企业的法定代表人，并负有个人责任的，自该公司、企业被吊销营业执照、责令关闭之日起未逾三年；

（五）个人所负数额较大的债务到期未清偿被人民法院列为失信被执行人。

公司违反前款规定选举、委派董事、监事或者聘任高级管理人员的，该选举、委派或者聘任无效。

董事、监事、高级管理人员在任职期间出现本条第一款所列情形的，公司应当解除其职务。

第六十四条 董事、监事、高级管理人员对公司负有忠实义务，应当采取措施避免自身利益与公司利益冲突，不得利用职权牟取不正当利益。

董事、监事、高级管理人员对公司负有勤勉义务，执行职务应当为公司的最大利益尽到管理者通常应有的合理注意。

公司的控股股东、实际控制人不担任公司董事但实际执行公司事务的，适用前两款规定。

第六十五条 董事、监事、高级管理人员不得有下列行为：

（一）侵占公司财产、挪用公司资金；

（二）将公司资金以其个人名义或者以其他个人名义开立账户存储；

（三）利用职权贿赂或者收受其他非法收入；

（四）接受他人与公司交易的佣金归为己有；

（五）擅自披露公司秘密；

（六）违反对公司忠实义务的其他行为。

第六十六条 董事、监事、高级管理人员执行公司职务时违反法律、行政法规或者公司章程的规定，给公司造成损失的，应当承担赔偿责任。

第六十七条 股东大会要求董事、监事、高级管理人员列席会议的，董事、监事、高级管理人员应当列席并接受股东的质询。

董事、高级管理人员应当如实向监事会提供有关情况和资料，不得妨碍监事会行使职权。

第六十八条 董事、高级管理人员有《公司法》第一百八十八条规定情形的，连续一百八十日以上单独或者合计持有公司1%以上股份的股东，可以书面请求监事会向人民法院提起诉讼；监事有《公司法》第一百八十八条规定情形的，前述股东可以书面请求董事会向人民法院提起诉讼。

监事会或者董事会收到前款规定的股东书面请求后拒绝提起诉讼，或者自收到请求之日起三十日内未提起诉讼，或者情况紧急、不立即提起诉讼将会使公司利益受到难以弥补的损害的，前款规定的股东有权为了公司的利益以自己的名义直接向人民法院提起诉讼。

他人侵犯公司合法权益，给公司造成损失的，本条第一款规定的股东可以依照前两款的规定向人民法院提起诉讼。

第六十九条 董事、高级管理人员违反法律、行政法规或者公司章程的规定，损害股东利益的，股东可以向人民法院提起诉讼。

第十六章　股东大会会议认为需要规定的其他事项

第七十条 公司可以设立分公司。设立分公司，应当向公司登记机关申请登记，领取营业执照。分公司不具有法人资格，其民事责任由公司承担。

公司可以设立子公司，子公司具有法人资格，依法独立承担民事责任。

第七十一条 公司可以向其他企业投资；但是，除法律另有规定外，不得成为对所投资企业的债务承担连带责任的出资人。

第七十二条 公司向其他企业投资或者为他人提供担保，由股东大会/董事会决议。

公司为公司股东或者实际控制人提供担保的，必须经股东大会决议。

前款规定的股东或者受前款规定的实际控制人支配的股东，不得参加前款规定事项的表决。该项表决由出席会议的其他股东所持表决权的过半数通过。

第七十三条 公司可以依法发行债券，具体依照《公司法》第九章规定执行。

第七十四条 公司应当将公司章程、股东名册、公司债券存根、股东大会会议记录、董事会会议记录、监事会会议记录、财务会计报告置备于本公司。

第七十五条 股东有权查阅公司章程、股东名册、公司债券存根、股东大会会议记录、董事会会议决议、监事会会议决议、财务会计报告，对公司的经营提出建议或者质询。

第七十六条 公司的营业期限______年，自公司营业执照签发之日起计算。

第七十七条 本章程一式______份，并报公司登记机关两份。

第七十八条 本章程经股东大会表决通过后，自公司登记机关核准登记/备案之日起生效。

第七十九条 本章程未规定的事项，按《公司法》的相关规定执行。

第八十条 股东不按照规定缴纳出资的，除应当向公司足额缴纳外，还应当向已按期足额缴纳出资的股东承担违约责任。

第八十一条 其他事项：______。

全体发起人签字、盖章：

年　　月　　日

附录10：股东会会议分类、召集程序

(1)设有董事会的

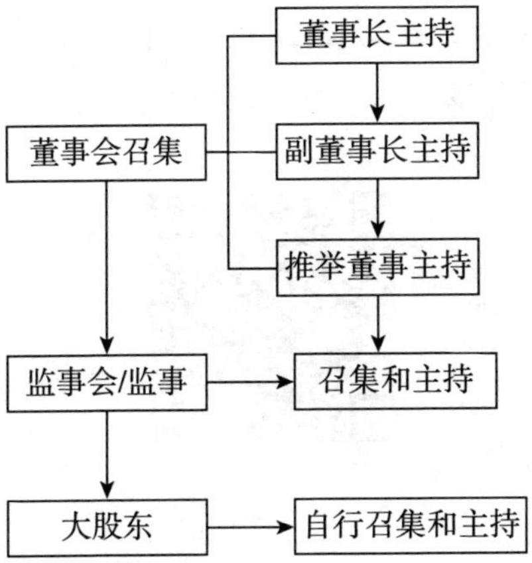

(2)不设董事会的

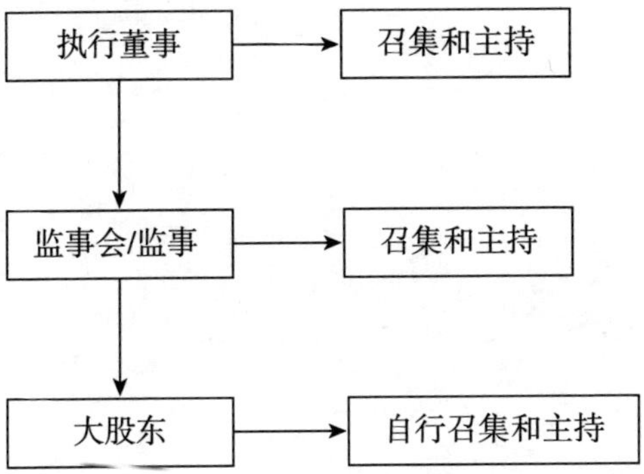

附录 11:《中华人民共和国公司法》新旧对照表(电子版)

本部分收纳了 2023 年《公司法》与 2018 年《公司法》的条文对照表,方便读者理解条文变化,结合条文进行比照学习。

附录 12：公司法及常用配套规定、司法解释(电子版)

本部分收纳了《中华人民共和国公司法》及常用配套规定、司法解释的完整版本。包括以下四个部分：(1)《公司法》及综合性的配套规定、司法解释等。(2)关于公司登记、设立、并购、解散、破产等有关的专题规定、司法解释等。(3)有关上市公司、企业债券等特殊的规定。(4)有关国有企业、中小企业、外商投资企业等特殊公司类型的规定。

本部分内容将根据法律法规的变化进行动态更新。